Nicole Truchseß
Markus Brandl

Mehr Bewerber!

Nicole Truchseß
Markus Brandl

Mehr Bewerber!

So begegnen
Personaldienstleister erfolgreich
dem Fachkräftemangel

WILEY-VCH Verlag GmbH & Co. KGaA

Unter Mitarbeit von Dr. Petra Begemann, Bücher für Wirtschaft + Management, www.petrabegemann.de

Alle Bücher von Wiley-VCH werden sorgfältig erarbeitet. Dennoch übernehmen Autoren, Herausgeber und Verlag in keinem Fall, einschließlich des vorliegenden Werkes, für die Richtigkeit von Angaben, Hinweisen und Ratschlägen sowie für eventuelle Druckfehler irgendeine Haftung

© 2020 Wiley-VCH Verlag & Co. KGaA, Boschstr. 12, 69469 Weinheim, Germany

Alle Rechte, insbesondere die der Übersetzung in andere Sprachen, vorbehalten. Kein Teil dieses Buches darf ohne schriftliche Genehmigung des Verlages in irgendeiner Form – durch Fotokopie, Mikroverfilmung oder irgendein anderes Verfahren – reproduziert oder in eine von Maschinen, insbesondere von Datenverarbeitungsmaschinen, verwendbare Sprache übertragen oder übersetzt werden. Die Wiedergabe von Warenbezeichnungen, Handelsnamen oder sonstigen Kennzeichen in diesem Buch berechtigt nicht zu der Annahme, dass diese von jedermann frei benutzt werden dürfen. Vielmehr kann es sich auch dann um eingetragene Warenzeichen oder sonstige gesetzlich geschützte Kennzeichen handeln, wenn sie nicht eigens als solche markiert sind.

Bibliografische Information der Deutschen Nationalbibliothek

Die Deutsche Nationalbibliothek verzeichnet diese Publikation in der Deutschen Nationalbibliografie; detaillierte bibliografische Daten sind im Internet über <http://dnb.d-nb.de> abrufbar.

Umschlaggestaltung: Susan Bauer, Mannheim
Umschlagabbildung: Mediteraneo – adobe.stock.com
Satz: Lumina Datamatics
Druck und Bindung:

Print ISBN: 978-3-527-50984-3
ePub ISBN: 978-3-527-82440-3

Gedruckt auf säurefreiem Papier.

10 9 8 7 6 5 4 3 2 1

Inhalt

Geleitwort	7
Eine Branche im Frustmodus ...	11

1 Personaldienstleistung heute: Neue Machtverhältnisse ... 15
 Alltagsfrust: Aufträge über Aufträge, aber keine Bewerber/innen? *15*
 Der Markt hat sich gedreht, aber er ist nicht leergefegt *18*
 Irgendwie anders? Junge Bewerber/innen und ihre Ansprüche *23*
 Mindset: Eine neue Situation erfordert neues Denken *25*

2 Personaler heute: Verwaltung war gestern! ... 31
 Die Tücken der Arbeitsteilung in der Personaldienstleistung *32*
 »Ich bin Recruiter, kein Vertriebler!« *36*
 Recruiting ist das neue Verkaufen! Heißt was genau? *40*
 Die Imagebremse – und wie Sie sie lösen *44*

3 Bewerber (m/w/d/*) finden: Erfolg hat, wer anders ist! ... 55
 Die Klassiker, nur besser: Stellenanzeigen und Website *56*
 Machen statt nur vornehmen: Empfehlungsprogramme *70*
 Überraschen: Sieben neue Ideen für mehr Sogwirkung *76*
 Klug einsetzen: Social Media *84*

4 Bewerber-Erfahrung im Fokus: »Candidate Experience« ... 95
 Der Bewerbungsprozess oder: Stefan sucht 'nen Job! *96*
 Bewerberservice oder: Highlights, die für Sie werben *102*
 Gute Kommunikation oder: Das richtige Wording *110*
 Bewerbungsmanagement oder: Organisation ist Trumpf *113*

5 Bewerbungsgespräch: Dialog statt Interview ... 121
 Richtig starten: Erstkontakt und Quick Check *121*
 Gut gerüstet: 7 Tipps fürs Vorstellungsgespräch *128*
 Zur Sache: Die besten Fragen *133*
 Win-win-win: Aktive Platzierung *146*

6 Bewerberauswahl: Augenmaß statt Checkliste ... 153
 Fachlich top, persönlich flop?: Die Tücken der Checkliste *154*
 Der menschliche Faktor: Was Sie besser können als Kollege Robot *160*

Um die Ecke denken: Quereinsteiger gewinnen — *164*
Nicht jeder passt: Schlüsselfaktor Cultural Fit — *167*

7 Bewerberbindung: Kontaktpflege statt Karteileiche — 175
Zwischenruf: Was wir vom Direktvertrieb lernen können — *176*
Handwerkszeug: Kontaktkettendenken — *180*
Erfolgsmotor: Externe Mitarbeiter/innen (gut) führen — *187*
Gewusst wie: Fragen als Führungstechnik — *199*

8 Das eigene Haus bestellen: Recruiting für die Personaldienstleistung — 205
Ambitionierte Rekrutierung bringt gute Leute — *205*
Was für eine Firma wollen Sie sein? Und wen brauchen Sie dafür? — *207*
Anregungen für das Vorstellungsgespräch — *210*
Sie finden keine Leute? Was Sie tun können — *213*

9 Ausblick: Das macht Sie zukunftsfähig! — 217

Anmerkungen — 219

Literaturverzeichnis — 223

Stichwortverzeichnis — 229

Über die Autoren — 231

Geleitwort

Liebe Leserin, lieber Leser,

der Personalmangel nimmt stetig zu. Zahlreiche Studien verdeutlichen, dass sich die Fachkräftesituation in Deutschland verschärft und in vielen Branchen händeringend nach Arbeitnehmern gesucht wird. Viele Stellen bleiben unbesetzt oder können nicht schnell genug besetzt werden. Für manchen ist der Gedanke ungewohnt, doch das Blatt hat sich gewendet: Heute müssen Unternehmen sich um geeignete Arbeitskräfte bewerben. Personaldienstleister und Zeitarbeitsunternehmen sind daher gefragter denn je. Sie sind Experten darin, qualifizierte Beschäftigte in Unternehmen zu vermitteln und damit deren Erfolg zu sichern. Doch wie lässt sich die Zahl der Bewerber erhöhen? Was können Personaldienstleister tun, um mehr qualifizierte Arbeitnehmer zu finden und zu vermitteln?

In diesem Ratgeber finden Personaldienstleister, die auch morgen noch erfolgreich sein wollen, wertvolle Tipps und Ratschläge. Die Autoren Nicole Truchseß und Markus Brandl wissen aus langjähriger Erfahrung, dass es einen Wandel in den Köpfen braucht, um dem Wandel auf dem Arbeitsmarkt erfolgreich zu begegnen. Personaldienstleister sollten bereit sein, ihren Blick zu weiten und neue Herausforderungen auf innovative Weise anzugehen. Sie sollten aktiv werden und die Chancen der aktuellen Arbeitsmarktsituation für ihre Branche erkennen. Die Kernbotschaft dieses Buches lautet: »Rekrutierung ist das neue Verkaufen.«

Das Autorenteam verrät Ihnen, was für eine optimale Bewerberansprache wichtig ist, und gibt effektive Hinweise für einen gelungenen Ablauf im Bewerberprozess. Auch die Themen Mitarbeiterbindung und Empfehlungsmarketing werden mit hohem Praxisbezug in den Fokus genommen. Nicht zuletzt brauchen Personaldienstleister eine klare Strategie für das Bewerbermanagement, die heute nur mit einer zeitgemäßen Software effizient umsetzbar ist, wie die Autoren sehr deutlich machen und wie wir selbst aus langjähriger eigener Beratungspraxis wissen. Unternehmen merken häufig zu spät, dass sich ihre Wettbewerbssituation am Markt auch aufgrund veralteter Arbeitsweisen und unflexibler Unternehmensprozesse verschlechtert. Nur wer Prozesse optimiert und die richtigen Werkzeuge einsetzt, kann dauerhaft erfolgreich und effektiv arbeiten. Längst gibt es dafür leistungsfähige Branchenlösungen.

Profitieren Sie von den Erfahrungen und Erkenntnissen des Autorenteams. Dieser umfassende Ratgeber wird Ihnen helfen, die richtige Strategie für Ihr Bewerbermanagement zu entwickeln und sich – auch und gerade in Zeiten des Fachkräftemangels – als gefragter Partner für Unternehmen wie für Jobsuchende zu profilieren. Dabei ist dieses Buch nicht ausschließlich für die Zeitarbeit und Personaldienstleiter geeignet. Im Gegenteil, ich bin fest davon überzeugt, dass nahezu jede Branche und jeder Personaler von Truchseß und Brandl profitieren kann.

Ich wünsche Ihnen zahlreiche Bewerberinnen und Bewerber und viel Erfolg für die spannende Zukunft!

Lingen, im Herbst 2019

Marc Linkert
LANDWEHR Computer und Software GmbH
Geschäftsführer

PS: Eine abschließende Bemerkung zum Thema »Bücher lesen« und zur Branche kann ich mir nicht verkneifen. Obwohl die digitale Welt unzählige Möglichkeiten der Informationsbeschaffung und Weiterbildung bietet, sollte das Lesen eines guten Buches nicht in Vergessenheit geraten. Darum lesen Sie dieses Buch bis zum Ende, ziehen Sie Ihre Schlüsse daraus und legen Sie los! Personaldienstleister müssen nun ENDLICH ins TUN kommen. Machen Sie wieder VERTRIEB! Wer könnte das besser als die vertriebsorientierte Zeitarbeitsbranche, die dieses Thema eindeutig im Blut hatte. Wo ist der Hunger geblieben, jeden, aber auch wirklich jeden Bewerber in Lohn und Brot zu bringen und dabei gute und faire Verrechnungssätze durchzusetzen? Also: Kopf hoch, Vertriebsfokus an! Begreifen Sie den Arbeitskräftemangel als Chance und HANDELN Sie. Besinnen Sie sich wieder auf Ihre Vertriebs-DNA!

Eine Branche im Frustmodus ...

Dies ist unser drittes Buch zum Thema Personaldienstleistung – der Branche, in der wir selbst lange Jahre an führender Stelle gearbeitet haben und die wir nach wie vor für eine der spannendsten überhaupt halten. Unser erstes Buch konzentrierte sich auf das Thema *Zeitarbeit erfolgreich verkaufen*. Das zweite war der Frage gewidmet, wie sich ein Unternehmen *Erfolgreich in der Personalvermittlung* aufstellt. Jetzt also *Mehr Bewerber! (m/w/d/ */☺)*. Aus zahlreichen Kundengesprächen, Seminaren und Coachings wissen wir: Damit sprechen wir vielen Personaldienstleistern aus dem Herzen. Gleichzeitig sind wir natürlich auch mit Rückmeldungen konfrontiert, was unsere (bisherigen) Bücher leisten und bewirkt haben. Vielleicht interessiert Sie das, denn es dürfte Ihre Erwartung beeinflussen, wie nützlich dieses Buch für Sie sein kann. Hier also zwei durchaus repräsentative Leserstimmen.

Kürzlich outete sich in einem Seminar zum Thema Fragetechnik einer der Teilnehmer als »Truchseß/Brandl-Leser«. Auf die Frage, »Und wie fällt Ihr Urteil aus?« kam die Antwort: »*Ich habe versucht, das umzusetzen, was Sie da schreiben. Aber erstens lässt mich meine Chefin nicht, weil sie meint, das ist alles Schnickschnack. Und zweitens klappt das nicht bei Helfern. Wir haben es mit einer Klientel zu tun, das können Sie sich gar nicht vorstellen. Wir sind schon froh, wenn die uns überhaupt verstehen. Was soll ich da anfangen mit Candidate Experience ...*« Ganz anders ein Kunde, der kurze Zeit später ebenfalls in einem Seminar auf uns zukam: »*Ich bin schon lange ein Fan von euch. Eure Bücher haben wir eins zu eins in unserer Firma umgesetzt. Die Bücher haben einen großen Anteil an unserem Erfolg!*« Ähnliches haben wir nicht nur einmal, sondern regelmäßig gehört, genauso wie die Klagen im ersten Bespiel. Nun haben ja beide dieselben Bücher gelesen. Woran liegt's, dass die Erfahrungen so unterschiedlich sind?

Erst einmal: Nein, wir haben den Bezug zur Realität nicht verloren. Wir wissen, dass in der Zeitarbeit nach wie vor ein Großteil des Umsatzes im so genannten Helferbereich (EG1 und EG2) gemacht wird und dass dieser Markt immer anstrengender wird. Und ja, viele unserer Lösungen und Vorschläge gehen von der Voraussetzung aus, dass man es mit kooperativen und der deutschen Sprache mächtigen Menschen zu tun hat. Nicht alles, was Sie lesen, taugt daher für *alle* Bewerberinnen und Bewerber. Wählen Sie aus, was jeweils passt – und trauen Sie den Menschen etwas zu! Dass jemand kaum Deutsch kann, bedeutet beispielsweise nicht, dass er für wertschätzenden Umgang und Freundlichkeit (als Grundbaustein der »Candidate Experience«) nicht empfänglich wäre und dadurch nicht motivierter an den Start ginge.

Zweitens: Natürlich macht es die Umsetzung einfacher, wenn die ganze Firma an einem Strang zieht und auch Chef oder Chefin hinter frischem Wind in der Rekrutierung stehen. Das erleben wir regelmäßig bei den Fans unserer Bücher. Doch auf der anderen Seite hat es jeder (und wir meinen hier wirklich jeden und jede) selbst in der Hand, was er an seinem Arbeitsplatz bewegt, wie er Anrufer behandelt, ein Vorstellungsgespräch führt, Bewerber/innen für die Zeitarbeit gewinnt, durch sein persönliches Auftreten Empfehlungen generiert und, und, und. Sie selbst entscheiden, ob Sie potenziellen Mitarbeiter/innen auf Augenhöhe und als guter Gastgeber begegnen oder ob Sie sie durch Gedankenlosigkeit oder Gleichgültigkeit vertreiben. Sie haben es in der Hand, ob Ihre Energie fürs Klagen und Kritisieren draufgeht oder fürs Anders- und Besser-machen. Wenn Sie sich für den zweiten Weg entscheiden, werden Sie feststellen, dass er zwar Anstrengung und Mühe verlangt, dass Sie sich selbst aber schnell besser dabei fühlen werden: weil Sie merken, dass sich was bewegt und weil Sie Erfolge sehen. Und weil es einfach mehr Spaß macht, sich auf das Positive zu konzentrieren und anzupacken, als sich dauerhaft im Frustmodus einzurichten.

Inzwischen gibt es erste Unternehmen, die beispielsweise aus der Sprach-Not eine Tugend gemacht haben und gut integrierte und inzwischen Deutsch sprechende Geflüchtete als Dolmetscher oder als Personalberater beschäftigen. Ein tolles Beispiel für den Anpackmodus!

Drittens: Es geht in diesem Buch also nicht nur um Facharbeiter/innen, auch wenn im Untertitel der viel beschworene Fachkräftemangel zitiert wird: Es geht um alle Bewerber/innen, mit denen Sie in der Personaldienstleistung zu tun haben, vom Produktionshelfer und Lageristen bis zur Interimsmanagerin. Damit Sie für Ihren ganz eigenen Arbeitsalltag den höchsten Mehrwert aus unserem Buch ziehen, empfehlen wir Ihnen, es gleich zweimal zu lesen: einmal für den Gesamtüberblick und erste Inspirationen, ein zweites Mal, um sich Ihre persönlichen »To-dos« herauszuziehen und in die Umsetzung zu gehen – idealerweise mit Ihren Kolleginnen und Kollegen, sonst eben für sich selbst. Sie kennen vielleicht die Empfehlung, es sei besser, ein kleines Licht zu entzünden als über die Dunkelheit zu klagen. Diese konfuzianische Weisheit ist runde 2500 Jahre alt und gilt noch immer, auch und gerade für unsere schnelllebige und einem rasanten Wandel unterworfene Branche. Wie Sie diesem Wandel erfolgreich begegnen und zukünftig mehr Bewerberinnen und Bewerber für Ihr Angebot begeistern, lesen Sie auf den folgenden Seiten. Wir wünschen Ihnen viel Freude bei der Umsetzung!

Dielheim, im Herbst 2019
Nicole Truchseß und Markus Brandl

1 Personaldienstleistung heute: Neue Machtverhältnisse

»Die Definition von Wahnsinn ist, immer wieder das Gleiche zu tun und andere Ergebnisse zu erwarten.«

(Albert Einstein – angeblich)

Menschen und Unternehmen zusammenzubringen – das ist eine Aufgabe, die wir auch nach mehr als zwei Jahrzehnten in der Personaldienstleistung ungeheuer spannend finden. Die Herausforderungen haben sich gewandelt, so viel ist sicher. Es genügt längst nicht mehr, eine Anzeige zu schalten und abzuwarten, dass das Telefon klingelt. So gesehen ist die Arbeitnehmerüberlassung tatsächlich schwieriger geworden. Was bei den branchentypischen Klageliedern allerdings ausgeblendet wird: Auch unsere Möglichkeiten haben sich gewandelt. Noch nie waren die Wege, Bewerber/innen anzusprechen, so vielfältig wie heute. Wer sie nutzt, wird auch weiterhin die Nase vorn haben. Schwierig wird es, wenn die Rezepte von gestern die Anforderungen von heute lösen sollen. Unser Credo: Gehen Sie neue Wege, und Sie werden vom Erfolg überrascht sein, auch und gerade im Zeitalter des vermeintlichen Fachkräftemangels!

Alltagsfrust: Aufträge über Aufträge, aber keine Bewerber/innen?

Wir arbeiten seit über 20 Jahren voller Leidenschaft in der Personaldienstleistung, zunächst als leitende Manager in namhaften Zeitarbeitsunternehmen, inzwischen als Unternehmer und Berater in Sachen Sales und HR. Aus unserer täglichen Praxis kennen wir daher die Branche und zahlreiche ihrer Unternehmen landauf, landab – ob groß, ob klein, ob auf dem flachen Land oder in der Stadt. Eines haben sie alle gemeinsam: So schlecht war die Stimmung noch nie. »*Vertrieb macht keinen*

Sinn, wir haben keine Bewerber mehr.« »Die Qualität der Bewerbungen ist eine Katastrophe und wird immer schlechter.« »Die Bewerber werden immer unzuverlässiger.« – Solche Klagen hören wir fast täglich. Gern wird im nächsten Atemzug die vermeintlich heile Welt der Neunzigerjahre heraufbeschworen, als jede Suchanzeige eine Menge Anrufe auslöste und sehr viele Arbeitssuchende gleich ohne Terminvereinbarung ins Büro strömten. Auch wir kennen das noch: Der Fokus unserer Arbeit lag zu Beginn der Arbeitnehmerüberlassung auf der Gewinnung von Unternehmensneukunden und auf dem Auftragsausbau bei Stammkunden. Die Zeit war geprägt durch ein ungebrochenes Erfolgsdenken. Viele Firmen hatten die Zeitarbeit noch überhaupt nicht für sich entdeckt. Über jeden neuen Auftraggeber freute sich das gesamte Niederlassungsteam, auch wenn die Auftragsdauer nur wenige Tage betrug.

Diese Pionierzeit ist längst vorbei und wird gern verklärt. Wie mühsam das Arbeiten ohne Internet, mit Festnetztelefon und Fax als schnellsten Kommunikationsmitteln manchmal war, gerät dabei in Vergessenheit. Wahr ist aber auch: Der Markt hat sich radikal geändert. Zuerst auf leisen Sohlen und dann mit großer Wucht kam der Wandel in der Personaldienstleistung, weg von einem Kundenmarkt, hin zu einem Bewerbermarkt. Anfangs spürten die Kunden der Zeitarbeitsfirmen diese grundlegende Veränderung noch nicht, und die Personaldienstleister kamen auch mit etwas weniger Bewerbungen zurecht. Doch bald war der Fachkräftemangel in aller Munde. So standen 2018 statistisch jeder offenen Stelle für Fachkräfte oder Spezialisten zwei arbeitslos gemeldete Arbeitnehmer gegenüber, während es 2007 mit neun Arbeitnehmern noch mehr als vier Mal so viele waren. Das meldet die aktuelle »Fachkräfteengpassanalyse« der Bundesagentur für Arbeit.[1] Zeitgleich erklärt die Online-Jobbörse StepStone, im ersten Halbjahr 2018 seien in Deutschland etwa 46 Prozent mehr Fachkräfte-Stellen ausgeschrieben worden als noch 2012. »Geeignete Kandidaten zu finden« sei daher für 82 Prozent der 15 000 von StepStone befragten Unternehmensvertreter (Führungs- und Fachkräfte sowie Recruiter) die größte Herausforderung der Zukunft.[2] Und schon 2013 warnte die Robert Bosch Stiftung, bis 2030 gehe »etwa jede achte Person im erwerbsfähigen Alter ›verloren‹«. Diesen Arbeitskräfteverlust gleiche auch die Zuwanderung nicht aus.[3] Inzwischen sind auch Helferstellen wie Lagerarbeiter oder Produktionshelfer in manchen Branchen und Regionen nicht mehr problemlos zu besetzen, wie wir von unseren Kunden in der Personaldienstleistung immer wieder hören. Parallel zur demografischen Entwicklung und zur neuen Arbeitsmarktsituation gab es weitere einschneidende Änderungen im Hinblick auf die Branche: Tarifverträge, die Branchenzuschläge und zu guter Letzt die Reform des Arbeitnehmerüberlassungsgesetzes (AÜG) mit Equal Pay und einer wieder eingeführten Höchstüberlassungsdauer. Das Ganze wurde 2018 mit der Einführung der europäischen Datenschutz-Grundverordnung (DSGVO) gekrönt.

Ja, es gibt eine Menge neuer Herausforderungen in der Arbeitnehmerüberlassung. Mit den skizzierten Problemen steht die Branche allerdings nicht alleine da, und einige der oft beklagten Miseren sind definitiv hausgemacht. So wird in Zeiten des vermeintlichen Arbeitskräftemangels Bewerber/innen nicht etwa der rote Teppich ausgerollt, im Gegenteil, man schickt sie wieder vor die Tür. Glauben Sie nicht? Dann kommt es bei Ihnen sicher auch nicht vor, dass Interessenten am Telefon mit einem »Senden Sie uns erst mal Ihre Unterlagen, wir melden uns dann bei Ihnen« abgewimmelt werden. Oder dass Bewerber/innen mit einer Kaskade von Fragen (Mobil? Wann verfügbar? Bereit zur Schichtarbeit?) in die Flucht geschlagen werden und man nach einem Ersttelefonat nie wieder etwas von ihnen hört. Dass jemand mit dem Personalbogen im Wartebereich vergessen und ein eintretender Bewerber minutenlang ignoriert wird, weil alle gerade anderweitig beschäftigt sind – ist alles nicht ungewöhnlich, wie wir aus Praxistests vor Ort wissen. Diese Vorgehensweisen waren auch schon vor 20 Jahren wenig wertschätzend.

Heute, wo sich die Machtverhältnisse geändert und attraktive Bewerberinnen und Bewerber die Qual der Wahl haben, sind sie schlicht geschäftsschädigend.

Es bringt nichts, über Fachkräftemangel, anspruchsvolle Bewerber/innen und mangelnde Resonanz auf angeblich bewährte Standard-Stellenanzeigen zu klagen und gleichzeitig auf überkommenen Verhaltensweisen und Rekrutierungsmethoden zu beharren – also noch mehr Stellenanzeigen zu schalten, Telefonate weiter so zu führen wie seit Jahren, soziale Medien als Tinnef abzutun, Empfehlungsmarketing nur halbherzig zu betreiben, unaufgeforderte Bewerbungen wie lästige Störungen zu behandeln, um nur einige Beispiele zu nennen. Die Welt hat sich verändert, ändern wir uns mit! Das ist ungewohnt, manchmal auch unbequem, in jedem Fall aber lohnend.

Der Markt hat sich gedreht, aber er ist nicht leergefegt

Natürlich kann kein Zweifel daran bestehen, dass wir heute weniger Stelleninteressenten haben als noch vor zehn Jahren. Ein Blick auf die Arbeitslosenstatistik genügt: Es gibt einfach weniger Menschen, die händeringend Arbeit suchen. »Leergefegt« ist der Bewerbermarkt dennoch nicht, denn auch in Zeiten der Fast-Vollbeschäftigung sind noch über eine Million Fachkräfte arbeitslos, wie die Bundesagentur bei einer »Engpassanalyse« betont. Hinzu kommen weitere 1,2 Millionen Arbeitslose mit geringerer Qualifikation sowie knapp eine Million Menschen in »entlastenden Arbeitsmarktprogrammen« oder »vorübergehender Arbeitsunfähigkeit«.[4] Davon einmal abgesehen: Warum zieht die Arbeitnehmerüberlassung sich den Schuh »Fachkräftemangel« so gern an, wo doch mehr als die Hälfte der Arbeitnehmer (2018: 55 Prozent) in diesem Bereich ungelernte Helfer sind?[5]

Vor diesem Hintergrund kann von einem flächendeckenden Arbeitskräftemangel kaum die Rede sein, auch wenn es in bestimmten Regionen und Berufen Engpässe gibt. Und selbst da müssen Unternehmen sich den Vorwurf gefallen lassen, den Fachkräftemangel als bequeme Ausrede für eigene Defizite im Recruiting zu benutzen. Der Personalexperte und Unternehmensgründer Martin Gaedt, der ein Buch unter dem Titel *Mythos Fachkräftemangel* geschrieben hat, verweist darauf, dass es manchen Unternehmen sehr wohl gelinge, »hochqualifizierte Fachkräfte selbst in die tiefste Pampa zu locken«, und anderen eben nicht.[6] Hidden Champions wie die Sick AG, Hersteller von Sensoren für die Fabrik-, Logistik- und Prozessautomation mit Sitz im beschaulichen Waldkirch, sind eben etwas rühriger als die Konkurrenz. Sick punktet mit Messepräsenzen, Praktikumsangeboten, Arbeitgebersiegeln (»Great Place to Work«) und Wettbewerbsteilnahmen (»Jugend forscht«) – ein Beispiel dafür, dass belohnt wird, wer neue Wege geht. Welche neuen Wege sind Sie beim Recruiting Ihrer Zeitarbeitsmitarbeiter/innen in den letzten Jahren gegangen?

Auch wenn es provokant klingt: In der Personaldienstleistung haben wir keinen Bewerbermangel oder Fachkräftemangel! Woran es derzeit mangelt, sind arbeitslose Menschen in Massen (wie das früher war). Es gibt Fachkräfte ohne Ende, nur haben die alle einen Job, und es ist die Kunst, sie zu identifizieren bzw. anzusprechen. Wir stellen unseren Seminarteilnehmern deshalb gern folgende Fragen:
1. Können Sie jedem Kandidaten, der Ihr Büro betritt, einen Job anbieten – ja oder nein?
2. Können Sie jedem Mitarbeiter, der frei wird, sofort einen Folgeauftrag vermitteln? Oder kommt es immer noch vor, dass Sie einem Ihrer Mitarbeiter kündigen müssen?
3. Wie hoch ist Ihr Marktanteil in Ihrer Stadt? 5 Prozent? Dann haben Sie noch 95 Prozent Luft nach oben!

Wenn Sie diese Fragen ehrlich beantworten, stellt sich wahrscheinlich heraus, dass Sie manchmal sogar mehr Kandidaten haben als Unternehmenskunden und dass nicht nur bei den

Recruiting-Anstrengungen, sondern auch beim Vertrieb neues Denken gefragt ist. Vermeiden Sie außerdem den Denkfehler mancher Arbeitgeber, die immer dann anklagend »Fachkräftemangel!« rufen, wenn sich auf eine ausgeschriebene Position nicht Hunderte Kandidaten bewerben, sondern vielleicht nur eine Handvoll – ganz so, als sei eine Stelle erst dann adäquat besetzt, wenn man mindestens ein paar Dutzend Bewerber/innen eine Absage erteilen konnte. Es kommt letztlich nicht auf die Anzahl der Bewerbungen an, sondern auf deren Qualität, auch darin sind wir uns einig mit Martin Gaedt.[7] Wer in der Lage ist, als findiger Dienstleister den Unternehmen passgenaue Kandidaten zu präsentieren, könnte daher sogar vom Mythos des Fachkräftemangels profitieren.

Bei all dem gilt auch: Jede Statistik hat ihre Tücken, auch die der Bundesagentur. Denn es hilft Ihnen erst einmal wenig, wenn Sie in München Mitarbeiter/innen suchen und es in Bremen heimatverwurzelte Stellensuchende mit einschlägiger Qualifikation gibt. Doch zu den explizit Arbeitssuchenden kommen eben zahlreiche wechselwillige Arbeitnehmer: Menschen, die latent auf der Suche sind, aber Ihre Stellenanzeige nicht lesen, weil der Leidensdruck so groß nun auch nicht ist; Menschen, die bei einem Wettbewerber angestellt sind oder trotz großer Unzufriedenheit im aktuellen Unternehmen ausharren. Dieser latente Bewerbermarkt wird von Branchenexperten auf rund 30 Prozent geschätzt.[8] Laut Gallup Engagement Index 2018 möchte fast jeder zweite Arbeitnehmer ohne emotionale Bindung ans Unternehmen in einem Jahr bei einer anderen Firma sein. In der großen Gruppe der Menschen mit geringer emotionaler Bindung (71 Prozent aller Beschäftigten) ist es immerhin jeder Fünfte.[9] Wenn Sie überlegen, wie viele Ihrer Bekannten abends beim Bier in der Kneipe über ihre Firma oder ihren Chef jammern und »eigentlich mal was anderes« machen wollen, wirkt das ziemlich realistisch. Konkret heißt das: Es gibt ein riesiges Potenzial von wechselwilligen Arbeitnehmern direkt vor Ihrer

Haustür. Dieses Potenzial verschenken Sie, wenn Sie ausschließlich auf gewohnte Rekrutierungsmethoden setzen, denn latent suchende Arbeitnehmer melden sich nicht auf Ihre Anzeigen und sie spazieren auch nicht unaufgefordert bei Ihnen vorbei. Sie reagieren allenfalls auf eine Empfehlung aus ihrem Freundes- oder Bekanntenkreis oder kommen ins Handeln, wenn sie aktiv angesprochen werden. Damit sind bereits zwei zeitgemäße Wege der Bewerberakquise benannt: Empfehlungsmarketing und »Active Sourcing«.

Insbesondere die gezielte Kandidatenansprache wird von vielen unserer Kunden skeptisch gesehen, oft mit dem Argument: »Ich würde das auch nicht wollen, dass man mich anspricht.« Befragungen wie die »Recruiting Trends«, die die Universität Bamberg und die Online-Börse Monster jährlich erheben, sprechen eine andere Sprache. Bereits 2016 gab über die Hälfte der 3400 Befragten an, sie würden lieber von einem Unternehmen oder einem Personalberater angesprochen, als sich dort zu bewerben.[10] 2019 sagten 36 Prozent der Kandidaten, sie hätten sich aufgrund einer Direktansprache bei einem Unternehmen beworben, bei dem sie sonst nicht angeklopft hätten. 18 Prozent wechselten auf diesem Weg die Stelle.[11] Das ist fast jeder Fünfte. Wie würden sich 20 Prozent mehr Einsätze und Vermittlungen auf Ihren Umsatz auswirken?

Befragt wurden für die Studie überwiegend qualifizierte Fachkräfte, darunter IT-ler, die sich über einen Mangel an Stellenangeboten nicht beklagen können. Wenn schon heiß umworbene, in Sachen Bewerbung versierte und eloquente Arbeitnehmer Unternehmensinitiativen begrüßen, wie sehr wissen dann weniger Qualifizierte, Helfer und Arbeitskräfte mit Sprachdefiziten es wohl zu schätzen, wenn ihnen Personaldienstleister aktiv den Weg zu einem Job ebnen? Doch in vielen Personalerköpfen steckt die unverrückbare Überzeugung: »Aktive Ansprache lohnt sich nicht, das wollen die Leute nicht!« Mit solchen Glaubenssätzen, die auf Hörensagen oder Einzelerfahrungen beruhen, stehen wir uns selbst im Weg und sabotieren unseren Erfolg. Das gilt auch für Überzeugungen wie »Der Markt ist leergefegt« und »In diesem oder jenen Bereich gibt es keine Bewerber«. Wer das glaubt, findet tatsächlich kaum jemanden – das bekannte Phänomen der sich selbst erfüllenden Prophezeiung. Ein anderer Einwand lautet: »Was sollen wir denn noch alles machen? Dafür haben wir keine Zeit!« Wir fragen dann immer: »Was haben Sie mehr *nicht*? Keine Bewerber? Oder keine Zeit?« Neues Handeln braucht zuallererst neues Denken. Einige Überlegungen zum Thema Mindset lesen Sie daher weiter unten in diesem Kapitel (»Eine neue Situation erfordert neues Denken«).

Was sich als Allererstes ändern muss, ist die Grundhaltung der Personaldienstleister (wie auch der Unternehmen im Allgemeinen) gegenüber Bewerberinnen und Bewerbern. Wer die Qual der Wahl hat, darf Ansprüche stellen. Das waren jahrzehntelang die Arbeitgeber, die meist unter einer Vielzahl von Kandidaten auswählen konnten, wann immer sie eine Stelle zu besetzen hatten. Heute sind die guten Kandidaten rar. Behandelt werden sie vielfach immer noch, als sei die Besetzung einer offenen Stelle ein Luxusproblem, bei dem man sich lange bürokratische Auswahlverfahren, intransparente Prozesse und wenig zugewandte bis arrogante Kommunikation problemlos leisten kann. Anschließend wundert man sich, wenn die Leute abspringen, und klagt über die Qualität der verbleibenden Bewerber/innen. Doch warum sollte ein Kandidat, der Alternativen hat, sich auf schlechten Service einlassen? Recruiting ist das neue Verkaufen! Anders ausgedrückt: Unsere Kunden in der Personaldienstleistung sind nicht länger nur die Unternehmen, an die wir Arbeitskräfte vermitteln. Unsere Kunden sind in gleicher Weise die Bewerberinnen und Bewerber – Kunden, die man magisch anziehen, gewinnen, begeistern und an sich binden muss. Noch vor wenigen Jahren lösten wir mit dieser These in Trainings oder Vorträgen Stirnrunzeln aus. Inzwischen nicken viele Personaldienstleister zustimmend. Woran es hapert, ist vielfach noch die

Umsetzung. Das ist eine gute und schlechte Nachricht zugleich. Eine gute Nachricht, weil jeder Personaldienstleister, der Ernst macht mit der Kundenorientierung im Recruiting, sich positiv von anderen abhebt und einen unschlagbaren Vorteil im Wettbewerb gewinnt. Die etwas weniger gute Nachricht: Ohne die Bereitschaft, aktiv etwas zu ändern in der Bewerberakquise wie im Bewerbermanagement, wird es nicht funktionieren. An welchen Stellschrauben Sie drehen können, verrät Ihnen dieses Buch.

Irgendwie anders? Junge Bewerber/innen und ihre Ansprüche

Ein junger Bewerber, der auf die Frage, was ihm im Beruf wichtig ist, wie aus der Pistole geschossen antwortet: »Keine Überstunden!« Ein anderer, der einen potenziellen Arbeitgeber (gönnerhaft?) wissen lässt, die Firma sei bei ihm, dem Bewerber, in der engeren Auswahl. Eine Bewerberin Anfang 20, die gar nicht erst erscheint und auf telefonische Nachfrage lapidar mitteilt, na ja, sie habe den Termin halt vergessen: Kaum ein Personaler, der nicht solche Geschichten erzählen kann und dabei zwischen Verblüffung und Empörung schwankt. Zur Klage über den Fachkräftemangel gesellt sich regelmäßig das Lamento über die »Jugend von heute« und ihre Ansprüche. Dieses Klagelied ist vermutlich so alt wie die Menschheit: »*Die Jugend von heute liebt den Luxus, hat schlechte Manieren und verachtet die Autorität. (…) Sie widersprechen ihren Eltern, legen die Beine übereinander und tyrannisieren ihre Lehrer.*« Zu diesem Schluss kam der griechische Philosoph Sokrates schon vor rund 2500 Jahren. Im 13. Jahrhundert urteilte ein Mönch ganz ähnlich: »*Die jungen Leute von heute denken an nichts anderes als an sich selbst. (…) Sie sind ungeduldig und unbeherrscht. Sie reden so, als wüssten sie alles, und was wir für weise halten, empfinden sie als Torheit.*« Und auch schon 1965 beklagte der DIHK, dass jeder zweite Azubi sehr mangelhafte Mathematikkenntnisse habe.[12]

All diese Klagen gibt es bis heute, zum Teil wortgleich. Doch heute hat das Lamento über die überzogenen Ansprüche der Jugend wissenschaftliche Nahrung erhalten, in Gestalt von Generationen-Modellen:

- Die »Babyboomer« (geboren 1946 bis 1964): pflichtbewusst, strebsam, karriereorientiert, sorgfältig und loyal.
- Die Generation X (geboren 1965 bis 1979): pragmatisch, individualistisch, ergebnisorientiert, aber auch skeptisch und mit Blick dafür, ob ihre Leistung vom Arbeitgeber belohnt wird.
- Die Generation Y (geboren 1980 bis 1995): selbstbewusst, sprunghaft, anspruchsvoll, mit Fokus auf Sinnhaftigkeit der Arbeit und Selbstverwirklichung.
- Die Generation Z (geboren ab 1996): egozentrisch, fordernd, stark vernetzt, sucht Sicherheit und eine Beschäftigung, die Spaß macht.

So skizziert Martina Mangelsdorf stark zusammengefasst die Generationen, mit denen Arbeitgeber heute zurechtkommen müssen.[13] Auch hier kommen die jüngeren Generationen nicht so gut weg, sie werden als anspruchsvoller und fordernder beschrieben als ihre Eltern und Großeltern. Aber stimmt das auch? Ist die Jugend von heute wirklich und wahrhaftig so viel schlechter als die Generationen vor ihr, zum ersten Mal in der Menschheitsgeschichte? Oder liegt hier schlicht ein Denkfehler vor, weil es nun einmal das Privileg der Jüngeren ist, Gewohntes infrage zu stellen und gegen etablierte Regeln zu rebellieren? Dieser Meinung ist jedenfalls der Soziologie-Professor Martin Schröder, der die umfangreichen empirischen Daten des sozioökonomischen Panels (SOEP) im Hinblick auf systematische Generationenunterschiede ausgewertet hat und zu dem Schluss kommt: »Das periodische Ausrufen neuer Generationen mit unterschiedlichen Einstellungsmustern illustriert die Konstruktion gesellschaftlicher Mythen und nicht tatsächliche Generationenunterschiede.«[14] Salopp gesagt: Gen X, Y, Z? – Alles

Humbug! Schröder bemängelt, populäre Studien verglichen Einstellungen nicht »kohortenübergreifend«, etwa indem sie gegenüberstellten, wie die Babyboomer, die Generation X und die Generation Y im Alter von 18 oder 20 Jahren gedacht haben und dabei auf gravierende Unterschiede stießen. Solche Langzeitstudien wären ja auch sehr aufwändig. Stattdessen stellt man fest, dass viele 18-Jährige heute einen anderen Blick aufs Leben haben als viele 45-Jährige, und konstruiert auf dieser Basis eine völlig neue Generation. So gesehen leisten auch die beliebten Generationsmodelle Klischees und Glaubenssätzen Vorschub, die im Rekrutierungsalltag eher hinderlich als hilfreich sind. Wie aufgeschlossen und kundenfreundlich geht wohl ein Personalexperte auf junge Mitarbeiter/innen zu, wenn er sie grundsätzlich für verwöhnt und aufsässig hält? Dabei verrät einem schon die eigene Lebenserfahrung, dass es unter Teens und Twens ähnlich viele charakterliche Unterschiede gibt wie unter den Älteren. Und manches Ärgernis im Recruiter-Alltag hat womöglich weniger mit laxer Einstellung zu tun als mit Unwissenheit, Unsicherheit oder sprachlichen Missverständnissen, gerade in der Klientel weniger qualifizierter Mitarbeiter/innen.

Zwei Unterschiede zwischen den Generationen sind allerdings unbestreitbar, und das sind der Umgang mit sozialen Medien und die bevorzugten Formen der Kommunikation. Die »Digital Natives«, für die das Internet so selbstverständlich ist wie Strom aus der Steckdose, handhaben beides radikal anders als frühere Generationen. Doch »Mobiles Recruiting« und Kandidatenansprache über Xing, Facebook und Co. stecken vielerorts noch in den Kinderschuhen. Womit wir erneut beim Thema Mindset und seiner Bedeutung für eine erfolgreiche Personalarbeit wären.

Mindset: Eine neue Situation erfordert neues Denken

»Ob du denkst, du kannst es, oder du kannst es nicht: Du wirst auf jeden Fall recht behalten«, wusste Henry Ford, einer der erfolgreichsten Industriellen seiner Zeit. Bevor Sie das als schalen Kalenderspruch abtun: Henry Fords Bonmot enthält eine tiefe psychologische Wahrheit. Wie wir leben, lieben und arbeiten, hängt wesentlich von unseren Glaubenssätzen ab. Glaubenssätze sind tief verwurzelte Überzeugungen, Faustregeln für die Bewältigung des Alltags sozusagen. Sie basieren auf Erziehung, Vorbildern, Erfahrung, manchmal auch auf bloßem Hörensagen. Glaubenssätze können hilfreich sein und uns durch schwierige Situationen tragen, etwa die Überzeugung, »Anstrengung wird früher oder später belohnt!«, oder die Maxime: »Wenn es linksrum nicht geht, versuche ich es halt rechtsrum!« Andere ermutigende Maximen sind zum Beispiel »Das Glück ist mit dem Tüchtigen« oder: »Wo ein Wille ist, ist auch ein Weg.« Mindestens ebenso verbreitet sind allerdings Glaubenssätze, die uns ausbremsen, einschränken und entmutigen. »Als Frau wirst du im Vertrieb sowieso nicht ernst genommen!«, sagte einmal eine sehr begabte Nachwuchskraft zu mir, die in Preisverhandlungen regelmäßig einknickte. »Montags macht Akquise keinen Sinn«, belehrte uns ein anderer Trainingsteilnehmer. Selbst nachdem er an einem Montag dank guter Vorbereitung einen interessanten Unternehmenskunden gewonnen hatte, wiegelte er ab: »Okay. Aber das war jetzt ein Einzelfall!« Negative Glaubenssätze sind ungeheuer hartnäckig, so hartnäckig, dass Nicole ein ganzes Buch über diese »Hirngespenster« geschrieben hat.[15] Hirngespenster sind emsig damit beschäftigt, uns im Beruf, aber auch im Privatleben immer wieder ein Bein zu stellen. Sie sind die Leibwächter des Gewohnten und Bequemen. Wer mehr erreichen will, muss daher als Erstes seine Hirngespenster vertreiben. Ein Beispiel aus der Personaldienstleistung, das zeigt, was Glaubenssätze anrichten können. Es geht um Rekrutierung über Xing als Möglichkeit aktiver Kandidatenansprache und eine typische Erfahrung von Nicole dazu:

Besser Altes glauben als mal Neues ausprobieren?

Ich frage in die Seminarrunde: »*Wer hat ein Xing-Profil?*« Von 15 Teilnehmern melden sich gerade einmal sechs.

»*Wie oft nutzen Sie es?*« – Schulterzucken.

»*Kennen Sie das super Tool der Suchanfrage auf Xing?*« – Ja, nein, keine Ahnung, lauten die Antworten. Nachdem ich das Tool demonstriere: »*Ach nein, das kannten wir noch nicht. Aber auf Xing gibt es doch keine Facharbeiter!*«

Ich gebe die Qualifikation und die Stadt ein und erhalte mit einem Klick 300 Kandidaten. – »*Ja, aber die ohne Bild* [Anmerkung: Ohnehin eine kleine Minderheit], *die gibt es ja nicht. Die sind nicht aktiv, die brauchen wir nicht anzuschreiben.*«

Ich sage: »*Wir haben das alles ausprobiert und wir wissen, dass die Kandidaten ohne Bild existieren und auch Interesse an Jobangeboten haben. Deshalb sind die nämlich auf Xing.*« – Reaktion: »*Da brauche ich aber den Premium Account. Und den zahlt mir mein Unternehmen nicht.*« Etliche Teilnehmer nicken zustimmend.

Wieder muss ich widersprechen. »*Doch, Ihr Chef zahlt sogar Xing Talent.*« – »*Das wusste ich nicht*«, räumt immerhin ein Teilnehmer ein.

Ich verweise darauf, dass man durch das Anlegen eines Suchauftrags sogar jeden Tag neue Xing-Mitglieder gemeldet bekommt, die auf der Suche sind. – Und die Antwort: »*Ja, aber dann muss ich die ja anschreiben jeden Tag.*«

Schuld am akuten Bewerbermangel sind im Verständnis der meisten Teilnehmer natürlich nicht solche ungeprüften Glaubenssätze, sondern – Sie ahnen es – schuld ist der Fachkräftemangel!

Glaubenssätze sind wahre Überlebenskünstler, sie halten auch dem harten Gegenwind der Realität erstaunlich lange stand. Wenn Sie als Personaldienstleister richtig durchstarten wollen, beginnen Sie am besten damit, dass Sie Ihre Glaubenssätze überprüfen und diejenigen über Bord werfen, die sich als Hirngespenster erweisen. Das geht am wirkungsvollsten durch einen Praxistest! Denn wie schon der am Kapitelanfang zitierte Albert Einstein (oder ein anderer kluger Mensch) bemerkte: Wer andere Ergebnisse will, muss anders handeln als bisher.

Mindset-Bilanz: Welche Glaubenssätze teilen Sie?

Im Folgenden finden Sie eine Liste weit verbreiteter Glaubenssätze in der Personaldienstleistung. Machen Sie den Test: Welche davon teilen Sie? Kreuzen Sie ganz spontan an, wenn Sie der Meinung sind, die jeweilige These stimmt.

Verbreitete Glaubenssätze	Stimmt!?
»Das schlechte Image der Zeitarbeit ist schuld daran, dass wir keine Bewerber/innen bekommen.«	☐
»Wieso soll ich denn zu Kundenunternehmen fahren und mir die Arbeitsplätze anschauen? Das steht heute doch alles im Netz.«	☐
»Über Zeitarbeit und wie das funktioniert muss ich nicht aufklären. Der Bewerber war ja schon bei anderen Personaldienstleistern.«	☐
»Warum soll ich zu Beginn des Vorstellungsgesprächs etwas über mich erzählen? Das interessiert Bewerber/innen doch nicht.«	☐
»Imageverbesserung ist die Aufgabe der Verbände und die machen nichts. Wir sind viel zu klein, um daran etwas zu ändern.«	☐
»Eine völlig andere, humorvoll-direkte Stellenanzeige? So möchte ich selbst nie angesprochen werden. Das macht keinen Sinn.«	☐
»Die Bewerber/innen werden immer unzuverlässiger. Und jetzt soll ich mich noch anstrengen, guten Service zu bieten?	☐
»Printmedien bringen heutzutage sowieso nichts mehr.«	☐
»Facebook ist tot. Und junge Leute sind da ohnehin nicht mehr. Die sind alle auf Snapchat.«	☐
»Ohne Bewerber/innen macht Akquise von neuen Unternehmenskunden sowieso keinen Sinn.«	☐
»Wunscharbeitgeber? Mit der Frage können meine Bewerber nichts anfangen!«	☐

Verbreitete Glaubenssätze	Stimmt!?
»Akquise-Telefonat beim Unternehmen in Anwesenheit des Bewerbers oder der Bewerberin? Das ist denen doch peinlich, wenn ich über sie spreche!«	☐
»Empfehlungen kommen automatisch, wenn ich einen guten Job mache.«	☐
»Ab sofort … … anders machen? Das erlaubt mein Chef sowieso nicht.« [Setzen Sie oben eine Maßnahme ein, die Sie sinnvoll finden.]	☐
»Bewerber/innen geben kein Feedback über den Einstellungsprozess.«	☐
[Hier können Sie eine für Sie wichtige Überzeugung eintragen: ……………………………………………………………]	☐

Wir schlagen vor, noch einmal zu dieser Liste zurückzublättern, wenn Sie am Ende des Buches angekommen sind. Welche Ihrer Glaubenssätze haben überlebt? Welche haben wir zumindest ins Wanken gebracht? Und welche neuen optimistischen Glaubenssätze sind womöglich entstanden? Abschließend hier wie am Ende jedes Kapitels unsere Kernbotschaften auf einen Blick.

Ihre Chancen auf einen Blick

- Viele Personaldienstleister klammern sich an traditionelle Wege der Bewerberakquise, obwohl der Markt heute anders tickt. Wer das erkennt und daraus die richtigen Konsequenzen zieht, hat die Nase vorn.
- Moderne Personaldienstleister haben zwei Kundengruppen, die sie durch guten Service überzeugen: Unternehmenskunden auf der einen, Bewerber/innen auf der anderen Seite. Wer sich als kompetenter Mittler zwischen beiden positioniert und Bewerber/innen wertschätzend behandelt, zieht Kandidaten magisch an.
- In der Branche wird viel geglaubt, aber wenig ausprobiert. Bei vielen Personaldienstleistern herrschen Glaubenssätze, die erfolgreiches Handeln im Alltag ausbremsen. Wer offen ist für neue Wege, kann mit wenigen gezielten Maßnahmen viel bewegen.

2 Personaler heute: Verwaltung war gestern!

> »Man hat stets zwei Kunden, den eigentlichen Kunden und den Mitarbeiter.«[1]
>
> (Rudolf Miele, Enkel des Miele-Gründers, führte das Unternehmen jahrzehntelang)

»Schicken Sie am besten Ihre Unterlagen, wir melden uns bei Ihnen.« »Ich brauche erst mal diesen Personalbogen von Ihnen, füllen Sie den bitte aus.« »Danke für Ihre Bewerbung, im Moment haben wir nichts Passendes; wir nehmen Sie in unseren Pool auf.« – Bei manchen Personaldienstleistern mahlen die bürokratischen Mühlen wie in einer staatlichen Behörde: unerbittlich, für Außenstehende weitgehend undurchsichtig und vor allem eines: langsam. Auch interessante Kandidaten werden in diesem System eher hingehalten als umworben. Einer Studie aus dem Jahr 2018 zufolge haben knapp 60 Prozent der Bewerberinnen und Bewerber schon einmal das Angebot eines Personaldienstleisters abgelehnt, weil ihnen die Bearbeitungszeit zu lange dauerte. Und stolze 85 Prozent haben nach ihrer Bewerbung auf eine Anzeige schon einmal vergeblich auf eine Antwort gewartet.[2] Wie kommt es, dass in unsere eigentlich dynamische Branche eine Verwaltungskultur einziehen konnte? Vermutlich liegt es daran, dass wir in komfortablen Zeiten eher darauf schauen konnten, was für uns einfacher ist, als darauf, worauf Bewerber/innen Wert legen. Besinnen wir uns auf den wahren Unternehmenszweck der Personaldienstleistung – Mehrwert für Kandidaten wie für Unternehmen zu schaffen! Das macht nicht nur mehr Spaß, sondern ist zugleich der ultimative Hebel für Erfolg. Wenn Recruiting das neue Verkaufen ist, hat das Folgen für Prozesse und Prioritäten im Unternehmen. Lesen Sie, welche.

Die Tücken der Arbeitsteilung in der Personaldienstleistung

»*Aufträge haben wir im Überfluss, uns fehlen die Mitarbeiter.*« Diesen Satz hören wir seit knapp zehn Jahren – mit steigender Tendenz und nun fast täglich in Seminaren und Coachings für Personaldienstleister. Diese Mangelsituation hat in den letzten Jahren sicherlich noch an Dramatik gewonnen. Wir fragen dann immer, was man denn unternommen habe, um die Situation zu ändern. Darauf heißt es häufig im Brustton der Überzeugung: »*Wir haben schon alles versucht!*« »Alles« bedeutet in Wahrheit meist »mehr vom selben« – mehr Anzeigen etwa, auf noch mehr Plattformen. Das ist ungefähr so, als ob man weiter in die falsche Richtung läuft und dabei nur das Tempo erhöht. Denn da die Mitbewerber es ähnlich halten, kann »mehr Desselben« kaum Erfolg bringen.

Das Spiel hat sich gedreht, und wer gewinnen will, muss es nach neuen Regeln spielen. Das meinen wir, wenn wir sagen »Recruiting ist das neue Verkaufen!« Vor Jahren wurden wir irritiert angesehen, wenn wir diese These formulierten. Heute weiß jeder Personalverantwortliche, der händeringend auf der Suche nach Mitarbeiter/innen ist, dass wir im HR-Bereich schon lange unsere Einkaufsposition verloren haben und nun gute (Verkaufs-)Argumente für anspruchsvolle Kandidaten bereithalten müssen, um sie für unser Unternehmen zu gewinnen. Theoretisch ist das den allermeisten Verantwortlichen klar. Doch was bedeutet es ganz praktisch? Zuallererst gilt es Abschied vom bequemen Schubladendenken zu nehmen. Auch in der Personaldienstleistung haben sich die Organisationsformen in den letzten Jahrzehnten verändert. Kaum ein Berater betreut heute noch den gesamten Prozess von der Kundenakquise und Kandidatensuche über die Bewerberauswahl bis zur Vermittlung. Stattdessen hat sich eine Zweiteilung etabliert, in der der Vertrieb um Unternehmenskunden wirbt und Recruiter die Mitarbeiter/innen suchen. Diese Arbeitsteilung wirkt erst einmal plausibel, hat aber ihre Tücken, denn beide Teams schieben sich häufig den Schwarzen Peter zu, wenn es darum geht, wer verantwortlich ist, wenn das Unternehmen hinter den vereinbarten Zielen zurückbleibt. »*Ich habe ja tolle Kandidaten, nur mein Sales-Kollege holt die falschen Aufträge*«, beschwert sich dann der HR-Consultant. »*Bei mir stapeln sich die Aufträge, aber mein HR-Sparringspartner schafft es einfach nicht, die richtigen Leute zu rekrutieren*«, klagt der Vertrieb. Uneinigkeit herrscht auch darüber, wer denn für die aktive Platzierung von vielversprechenden Kandidaten verantwortlich ist. »*Das muss der Vertrieb machen, nur bekommt er das nie hin*«, heißt es da auf der einen Seite, »*Ich kenne den Kandidaten ja überhaupt nicht, mehr und besser über ihn sprechen kann doch viel eher mein HR-Kollege*«, entgegnet die andere Seite. In schöner Eintracht manövriert man sich so gemeinsam in eine Sackgasse. Da kann man den Geschäftsbetrieb auch gleich einstellen.

Für eine erfolgreiche Personaldienstleistung müssen heute alle Abteilungen des Unternehmens und alle Verantwortlichen von Vertriebsdenken durchdrungen sein. Das bedeutet: Statt den eigenen Bereich zu »verwalten« und ängstlich Zuständigkeitsbereiche zu hüten, sollte der gemeinsame Vermittlungserfolg das Denken und Handeln aller prägen. Ganz praktisch kann das heißen:

- Recruiting (HR) und Sales (Vertrieb) arbeiten enger zusammen als bisher und tauschen sich regelmäßig über aktuelle Projekte aus.
- Feste Zweierteams aus HR und Vertrieb bearbeiten bestimmte Branchen bzw. bestimmte Großaufträge gemeinsam. Entsprechende Bonusregelungen belohnen den gemeinsamen Erfolg und verhindern Schubladendenken.
- Der Vertrieb informiert HR-Kollegen im Vorfeld über Akquise-Aktionen und damit auch über möglichen zukünftigen Mitarbeiterbedarf.
- Das Recruiting hält den Vertrieb über interessante Kandidaten auf dem Laufenden, gemeinsam werden daraus möglicherweise resultierende Akquise-Aktionen besprochen.

- HR und Vertrieb stimmen ab, wer für die aktive Platzierung attraktiver Kandidaten verantwortlich ist.
- In regelmäßigen Meetings (»Vertriebsrunden«) – beispielsweise einmal wöchentlich – werden mit dem ganzen Team aktuelle Bedarfe bzw. Herausforderungen besprochen und konkrete Lösungsversuche eingeleitet.

Je nach herrschender Unternehmenskultur mag die Devise »Teamwork statt Schubladendenken« zunächst auf Widerstand stoßen. Entscheidend ist, dass die Geschäftsführung die neue Form der Zusammenarbeit selbst vorlebt und deren Verankerung im Alltag hartnäckig einfordert. Aus der Change-Forschung wissen wir, dass erstens ein Bewusstsein für die Dringlichkeit einer Veränderung (etwa die aktuellen unbefriedigenden Geschäftszahlen und die daraus möglicherweise resultierenden negativen Folgen für alle Beteiligten) Motor der Veränderung ist und zweitens erste sich einstellende Erfolge mit der neuen Herangehensweise Menschen ins Handeln bringen. Im Klartext: Wenn alle Betroffenen wissen, dass es fünf vor zwölf ist, und wenn alle Betroffenen die Vorteile der neuen Herangehensweise erfahren, ist Wandel am ehesten möglich. Überdies werden eigene Ideen energischer umgesetzt als Vorschläge von außen, wie das folgende Beispiel zeigt:

Der Prophet im eigenen Land – wie Umdenken funktioniert!

Eine Zeitarbeitsfirma klagt über eklatanten Mangel an Bewerberinnen und Bewerbern, und das seit Längerem. Schließlich beauftragt die Geschäftsführung uns damit, dem Team das (neue) Thema Personalvermittlung näherzubringen. Die Frage lautet also: Wie kann man attraktive Kandidaten für reguläre Positionen bei Unternehmen ansprechen? Der Auftrag erweist sich als zäh. Die Mitarbeiter wehren sich tatkräftig gegen alle Vorschläge, mit dem Argument: »Dafür haben wir keine Zeit! Wir haben schließlich alle Hände voll zu tun, Bewerber für die Zeitarbeit zu suchen!« Der Zusammenhang, dass Stellenanzeigen für die Direktvermittlung bei Kunden gleichzeitig auch mehr Bewerber/innen für die Zeitarbeit bringen – durch größere Sichtbarkeit des Unternehmens, Ansprache einer weiteren Zielgruppe und höhere Empfehlungsrate –, wird nicht gesehen. Der Geschäftsführer ist verzweifelt. Schließlich schlagen wir einen Workshop mit dem Titel »Bewerber/innen finden und binden« vor. Wir lassen die Gruppe einen ganzen Tag am Thema arbeiten und geben ihr unter anderem die Aufgabe, nach neuen Wegen für die Bewerberfindung zu suchen. Impulsfragen sind zum Beispiel »Was zieht Sie selbst bei der Jobsuche an?« »Aus welchen Gründen haben Sie selbst sich schon beworben?« Motive wie Jobsicherheit oder auch einfache Bewerbungsverfahren werden genannt. Und auf einmal sagt ein Mitarbeiter: »Was haltet ihr von der Idee, mehr Personalvermittlungsanzeigen zu schalten? Damit erreichen wir auch wieder andere Bewerber, weil wir eine andere Zielgruppe ansprechen, nämlich die, die nicht aktiv, aber latent auf Jobsuche sind, weil sie unzufrieden sind!« Gesagt, getan. Einem beliebten Kollegen glaubt man eben eher als einer Trainerin oder dem Geschäftsführer. Es nützt daher wenig, wenn nur die Geschäftsleitung von Berater-Impulsen überzeugt ist: Es bewegt sich erst etwas, wenn der Sinn einer Veränderung auch vom Team erkannt und verinnerlicht wird. Unsere Aufgabe als Trainer und Coaches ist es, genau diesen Sinneswandel anzustoßen.

»Ich bin Recruiter, kein Vertriebler!«

Eine neue Arbeitsteilung, die eher auf Kooperation als auf Abgrenzung setzt, verändert die Rollen. Damit tun sich manche HR-Kollegen schwer. *»Ich bin Recruiter, kein Vertriebler!«*, das haben wir nicht nur einmal gehört, sondern immer wieder – gern auch in Form einer empörten Zurückweisung: *»Fürs Verkaufen bin ich nicht zuständig!«* Verkauf hat in Deutschland leider immer noch ein schlechtes Image, obwohl unser gesamter Wohlstand letztlich auf dem Kaufen und Verkaufen von Gütern und Dienstleistungen beruht. Dass Sohn oder Tochter Arzt, Ingenieurin oder Professorin werden, erzählt man mit stolzgeschwellter Brust weiter. Dass jemand »im Vertrieb« arbeitet, damit lässt sich die Nachbarschaft weniger beeindrucken. Und dass man »zum Klinkenputzen nicht geeignet ist«, schmeichelt für viele dem eigenen Selbstbild. All das macht den Einstellungswandel weg von der Einkaufshaltung und hin zur Verkäufer-Haltung für manchen Mitarbeiter in der Personaldienstleistung nicht einfach. Doch es führt kein Weg daran vorbei: Wer zukünftig am Markt erfolgreich sein will, braucht Verkäufermentalität. Wir empfehlen daher, bei Neueinstellungen von vornherein darauf zu achten, ob jemand eine solche Einstellung mitbringt. Verkäufermentalität setzt sich zusammen aus den folgenden Komponenten:

- hohe Eigenmotivation (Erfolg haben wollen, Ehrgeiz),
- starke Handlungsorientierung (Probleme lösen wollen, »Machen statt Labern«),
- betriebswirtschaftliches Denken (Augenmerk darauf, was sich unterm Strich lohnt),
- Kontaktfreude (mit unterschiedlichen Menschen umgehen und sich auf sie einstellen können),
- Kommunikationstalent (Eloquenz),
- hohes Maß an Empathie,
- Kundenorientierung (Servicementalität statt Selbstbezogenheit oder gar Besserwisserei),

- Frustrationstoleranz (Misserfolge und Absagen verkraften können, sich danach rasch wieder motivieren können).

Im Kapitel 8 (»Das eigene Haus bestellen«) gehen wir genauer auf diese Eigenschaften ein und darauf, wie Sie gute Kandidaten für Ihr eigenes Unternehmen entdecken. Zugegeben: Die Eier legende Wollmilchsau, die alle Voraussetzungen zugleich mitbringt, ist ein seltenes Geschöpf. Klar ist aber auch, dass jemand, den Sie erkennbar zum Jagen tragen müssen, Ihr Business in diesen herausfordernden Zeiten nicht voranbringen wird. Letztlich gilt auch für uns als Personaldienstleister das, was wir unseren Unternehmenskunden vermitteln sollten: Statt mit einer langen Checkliste in der Hand nach dem vermeintlich idealen Kandidaten zu fahnden, der jede formale Qualifikation perfekt erfüllt (manchmal sogar solche, die für die Stelle gar nicht erforderlich wären), geht es vielmehr darum, nach der passenden Motivation und Einstellung beim Kandidaten zu fahnden. Einzelne Qualifikationen kann man nachschulen, tief verwurzelte Charakterzüge und Eigenschaften dagegen nicht mehr ändern. Das ist keine neue Erkenntnis: Die meisten Personaler kennen den Spruch: »Eingestellt wegen der Qualifikation, entlassen wegen der Persönlichkeit.« Dann sollten wir aber auch selbst die richtigen Konsequenzen aus dieser Einsicht ziehen!

Was aber ist mit den Mitarbeiter/innen, die schon da sind und die nach eigenem Bekunden keine Vertriebler sind – oder sein wollen? Hinterfragen Sie diese Einstellung: »Wie meinen Sie das?« Finden Sie heraus, welche negativen Glaubenssätze der Betreffende mit dem Thema Verkauf/Vertrieb verbindet. Möglicherweise werden Sie mit Etiketten wie »Klinken putzen«, »aufschwatzen«, »anpreisen« konfrontiert. Bohren Sie nach: Wie kommt dieses Bild zustande? Diskutieren Sie – im zweiten Schritt auch gemeinsam im Team – was »Verkaufen« im Kontext unserer Dienstleistung bedeutet, nämlich den bestmöglichen Service für Kunden wie Kandidaten zu erbringen, Menschen berufliche Perspektiven zu eröffnen, Bewerber/innen und Unternehmen mit optimaler Passung zusammenzubringen und Ähnliches. Nur wenn sich das Bild im Kopf ändert, wird sich auch das Verhalten ändern. Bloße Appelle an Ihre Mitarbeiter/innen, »mehr Vertrieb« zu machen, werden wirkungslos verpuffen, solange Ihre Mannschaft das als Zumutung betrachtet, denn das beste Coaching nützt nichts, wenn es durch störrische »Hirngespenster« sabotiert wird. Wunder wirkt hingegen das eigene positive Vorbild, also das konsequent kundenorientierte Handeln der Niederlassungsleitung gegenüber Unternehmen wie potenziellen neuen Mitarbeiter/innen. Taten zählen mehr als Worte!

Wenn Sie selbst Mitarbeiterin oder Mitarbeiter in der Personaldienstleistung sind: Welche Gedanken gingen Ihnen durch den Kopf, als Sie den letzten Abschnitt lasen? Runzeln Sie gerade skeptisch die Stirn? Dann bitten wir Sie nur um eines: Lassen Sie unsere Vorschläge auf sich wirken, statt sie gleich abzulehnen. Und probieren Sie das eine oder andere erst einmal aus. Vielleicht merken Sie ja, dass eine Veränderung Ihre Aufgabe erleichtert und Ihren Erfolg beflügelt. Überhaupt: Wie sehen Sie Ihre eigene Branche? Wer sich das Zerrbild des schlechten Branchenimage zu eigen macht, wird dadurch ausgebremst. Steuern Sie aktiv gegen, indem Sie es besser machen als die schwarzen Schafe – Sie werden nicht nur mehr Erfolg haben (unter anderem durch mehr Bewerber/innen), sondern sich auch selbst besser fühlen (vgl. das Kapitel »Die Imagebremse« weiter unten in diesem Kapitel).

Dass beim Thema Kundenorientierung noch Luft nach oben ist, verdeutlicht ein Mystery-Shopping-Test, bei dem vor einigen Jahren 80 Niederlassungen eines großen Personaldienstleisters hinsichtlich ihrer Beratungsqualität und ihres Umgangs mit Bewerber/innen analysiert wurden. Zwei Testbewerber suchten die Büros incognito auf und beurteilten jede Filiale entlang der Schulnote 1 bis 6 unter folgenden Fragestellungen:

- Wie werde ich empfangen?
- Wie freundlich / wie höflich werde ich bedient?
- Wie ist der Eindruck der Niederlassung in puncto Ordnung, Sauberkeit, Organisation usw.?
- Weiß ich hinterher, mit wem ich gesprochen habe?
- Wie war der Ablauf im Vergleich zum Soll-Ablauf [wurde vorher durch die Geschäftsführer beschrieben]?
- Weitere Punkte wie fachliches Know-how, Verbindlichkeit, Bemühen, aktives Zuhören der Personaldisponenten, konkrete Jobangebote, konkrete Verdienstmöglichkeiten, Ehrlichkeit, Erklärung von Zeitarbeit und Tarifvertrag usw.

Wie würde Ihr Unternehmen bei einem solchen Test abschneiden? Vielleicht lehnen Sie sich einen Moment zurück und lassen sich Ihre Geschäftsstelle durch den Kopf gehen. Unsere Ergebnisse für die Großorganisation waren ernüchternd: Nur fünf der Niederlassungen erhielten die Note »sehr gut«, knapp die Hälfte wurde mit »ausreichend« oder »mangelhaft« bewertet, sieben Niederlassungen erhielten sogar ein »Ungenügend«. Dabei verzeichnete dieses Unternehmen im Testjahr sogar noch Umsatzzuwächse in zweistelliger Höhe. Was wäre erst möglich, wenn Vertrieb in beide Richtungen – Kandidaten und Kundenunternehmen – ernstgenommen und konsequent umgesetzt würde?

Hinterfragen Sie auch den Glaubenssatz, zum Verkauf müsse man »geboren« sein. Das ist eine verbreitete Annahme, mit der mancher sich auch vor neuen Aufgaben drückt. Machen Sie sich bewusst, was Sie im Laufe ihres Lebens schon alles gelernt haben, von Kopfrechnen bis Kindererziehung. Dagegen sind ein paar Grundregeln des Verkaufens ein Klacks. Bei 99 Prozent aller Verkäufer ist Verkaufen keine angeborene Naturbegabung, sondern die Summe aus guter Vorbereitung, erworbenem Handwerkszeug (zum Beispiel Fragetechniken, Gesprächsführung, Maßnahmen zur Kundenbindung) sowie konsequenter Anwendung beziehungsweise Übung. Verkaufen kann man lernen!

Recruiting ist das neue Verkaufen! Heißt was genau?

Die kluge Ausrichtung der Rekrutierung auf die Bedürfnisse der Bewerberinnen und Bewerber wird sich wie ein roter Faden durch dieses Buch ziehen. Sie ist der Schlüssel dazu, mehr Bewerber anzuziehen. Welche Herausforderungen sich aus einer vertrieblichen Grundhaltung ergeben, verdeutlicht Abbildung 1. Erläuterungen im Uhrzeigersinn und damit entlang der Chronologie des Recruitingprozesses:

Image der Zeitarbeit verbessern

Attraktive Bewerber/innen suchen attraktive Arbeitgeber. Aus diesem Grund tut jeder Personaldienstleister gut daran, die Vorteile der Arbeitnehmerüberlassung zu verdeutlichen und sich auch in der täglichen Praxis von den schwarzen Schafen der Branche zu distanzieren. Gleichzeitig stärkt ein positives Unternehmensimage die Motivation und »Vertriebsbereitschaft« der eigenen Mitarbeiter/innen bzw. Personaldisponenten. Wie Sie für sich und Ihre Branche werben können, erfahren Sie im letzten Abschnitt dieses Kapitels (»Die Imagebremse – und wie Sie sie lösen«).

Neue/kreative Wege der Bewerberansprache

Von aktiver Kandidatenansprache bis zur One-Click-Bewerbung, von Mitarbeiter-werben-Mitarbeiter-Kampagnen bis zum Social-Media-Einsatz – es gibt eine Fülle von Maßnahmen, die Ihnen mehr Bewerberinnen und Bewerber bescheren können. Erfolgsentscheidend ist dabei die Integration in die tägliche Praxis. Viele kleine, aber gut vorbereitete und konsequent umgesetzte Aktionen (von der Empfehlungskarte bis zur Xing-Recherche) bewirken mehr als große Pläne in der Schublade. Mehr dazu lesen Sie in Kapitel 3 »Bewerber (m/w/d/*) finden«.

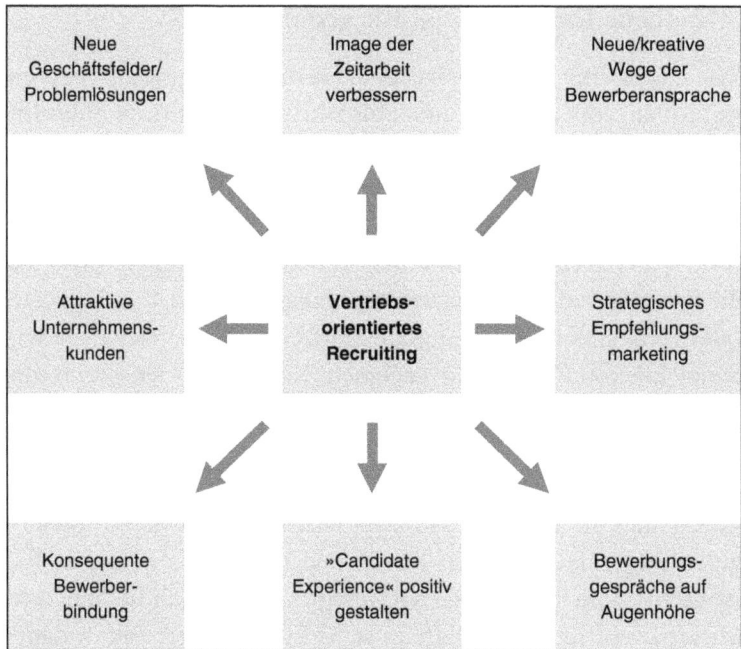

Abbildung 1: Was bedeutet vertriebsorientiertes Recruiting konkret?

Strategisches Empfehlungsmarketing

Empfehlungen sind der direkteste, einfachste und noch dazu kostengünstigste Weg zu neuen Bewerbern. Was Sie dafür tun können, von Ihren Mitarbeiter/innen, aber auch von Ihren Unternehmenskunden und sogar von Bewerber/innen, denen Sie absagen müssen, empfohlen zu werden, lesen Sie ebenfalls in Kapitel 3.

Bewerbungsgespräche auf Augenhöhe

Der Kandidat ist kein Bittsteller, sondern ein potenzieller Partner und möglicher neuer Mitarbeiter. Höflichkeit und Stringenz schließen sich nicht aus. Das Vorstellungsgespräch ist die beste Gelegenheit, gute Mitarbeiter für Ihr Unternehmen zu begeistern. Was es dazu braucht, erfahren Sie in Kapitel 4.

»Candidate Experience« positiv gestalten

Wie erlebt eine Bewerberin/ein Bewerber die Zusammenarbeit mit Ihnen, vom ersten Kontakt bis zum ersten Auftrag? Fühlt Ihr Gegenüber sich respektiert, zeitnah informiert und wertgeschätzt? Funktionierende Prozesse (»Bewerbermanagement«) sowie eine menschlich-positive Haltung bilden die Grundlage für ein erfolgreiches Miteinander und kleine Highlights erhalten die Freundschaft. Mehr hierzu ebenfalls in Kapitel 4. In Kapitel 6 (»Bewerberauswahl: Augenmaß statt Checkliste«) schärfen wir Ihren Blick außerdem für geeignete Kandidaten jenseits traditioneller und sehr enger Auswahlkriterien.

Konsequente Bewerberbindung

Wie halten Sie Kontakt zu Bewerbern aus der zweiten Reihe – guten Kandidaten, denen Sie aktuell keine Anstellung bieten konnten? Wie binden Sie vielversprechende Kandidaten und Mitarbeiter/innen dauerhaft an sich? Ein wichtiger Faktor dabei ist, ob und wie Sie Ihre Führungsrolle gegenüber bei Ihnen angestellten Mitarbeiter/innen wahrnehmen. Idealerweise nennen Mitarbeiter/innen auf die Frage nach dem Arbeitgeber nicht (wie leider oft) das momentane Einsatzunternehmen, sondern die Personaldienstleistung, bei der sie in Wirklichkeit angestellt sind. Dafür müssen Ihre Mitarbeiter/innen sich bei Ihnen gut aufgehoben fühlen. Überlegungen hierzu finden Sie im Kapitel 7.

Attraktive Unternehmenskunden

Ein Faktor, den wir in diesem Buch nicht vertiefen können, der aber keinesfalls in Vergessenheit geraten darf: Um Ihr Business voranzubringen, brauchen Sie beides – attraktive Bewerber/innen bzw. Mitarbeiter/innen *und* attraktive Unternehmenskunden. Zählen angesehene Firmen zu Ihrem Kundenkreis, können Sie interessante Bewerber leichter für sich gewinnen. Und zuverlässige und kompetente Mitarbeiter/innen wiederum erleichtern Ihnen die Akquise von Unternehmenskunden – ein

Kreislauf, den Abbildung 2 verdeutlicht. Hieraus folgt, dass permanente Akquise in beide Richtungen angesagt ist. In der Praxis machen sich viele Personaldienstleister erst auf die Suche nach geeigneten Mitarbeiter/innen, wenn der Unternehmensauftrag da ist, und sie verfolgen die Akquise neuer Unternehmenskunden mit angezogener Handbremse, weil sie akuten Bewerbermangel fürchten. So wird aus dem Kreislauf eine Abwärtsspirale. Verhindern lässt sich das, indem die aktive Platzierung von guten Mitarbeiter/innen für Sie ebenso zur selbstverständlichen Routine wird wie die Ansprache neuer interessanter Unternehmenskunden. Anders gesagt: Sie brauchen Personaler, die sich für den kandidatenorientierten Vertrieb zuständig fühlen. Praktische Tipps zur aktiven Platzierung von Mitarbeiter/innen bekommen Sie in Kapitel 5.

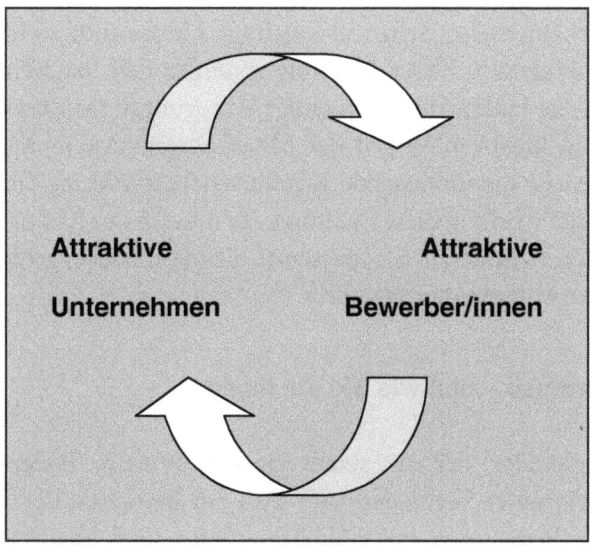

Abbildung 2: Vertriebliche Balance in der Personaldienstleistung

Neue Geschäftsfelder und Problemlösungen

Der Arbeitsmarkt hat sich in den letzten Jahren stetig flexibilisiert. Die lebenslange Festanstellung beim selben Arbeitgeber gehört weitgehend der Vergangenheit an. Vor allem größere Personaldienstleister haben darauf längst mit einer Ausweitung ihres Angebotes reagiert und bieten Unternehmenskunden neben der klassischen Arbeitnehmerüberlassung auch Leistungen wie Personalvermittlung (Recruiting für Festanstellungen), Personalberatung, Contracting (Vermittlung von Freelancern), Outplacement, Interimsmanagement oder Weiterbildungsmaßnahmen (beispielsweise mehrmonatige Ausbildungen im IT-Bereich)[3]. Problemlösungen aus einer Hand erhöhen die Attraktivität eines Anbieters. Das gilt nicht nur für die ganz Großen: Wer als regionaler Mittelständler oder kleinerer Anbieter weiß, wo Unternehmen vor Ort der Schuh drückt, kann gezielt attraktive Angebote entwickeln, von der Azubi-Rekrutierung über Studienabbrecher-Programme bis zur Unterstützung bei der Eingliederung von Flüchtlingen in den Arbeitsmarkt oder bei der Rekrutierung ausländischer Fachkräfte. Auch hier sind unternehmerisches Denken und verkäuferischer Scharfblick gefragt. Umfassende strategische Empfehlungen in dieser Richtung sprengen den Rahmen dieses Buches. Sie finden allerdings einige Anregungen im Zusammenhang mit kreativen Wegen der Mitarbeiterakquise in Kapitel 3. Daneben ist die umfassende Konkurrenzbeobachtung ein erster sinnvoller Schritt in diese Richtung. Sie müssen das Rad nicht neu erfinden: Adaptieren Sie passende Erfolgsmodelle großer wie kleinerer Mitbewerber für sich.

Die Imagebremse – und wie Sie sie lösen

Ein Personaler, der mit seiner eigenen Branche hadert, wird selten ein guter Verkäufer sein. Und ein Bewerber, der Arbeitnehmerüberlassung mit »Sklavenarbeit« und Niedriglöhnen assoziiert, wird sich nur zögernd oder gar nicht bei Ihnen melden. Es ist daher längst überfällig, dass ambitionierte Branchenvertreter deutlich vermitteln, was sie leisten und warum Zeitarbeit ein attraktives Angebot ist, auch für arbeitssuchende Bewerberinnen und Bewerber! Dabei bringt es nichts, auf Verbandsvertreter oder die PR-Abteilungen der Großunternehmen zu schielen. Hier sind Sie ganz konkret selbst gefordert, denn ein potenzieller Mitarbeiter beurteilt die Branche nach demjenigen, der ihm gegenübersitzt, nicht nach irgendwelchen Presseverlautbarungen.

Tabu Zeitarbeit?

Eine junge Bewerberin, BWL-Absolventin, stellt sich bei uns für eine interne Position im Marketing vor. Es dauert anderthalb Stunden, in denen wir über alles Mögliche sprechen, bis die Kandidatin uns verschämt gesteht, ihre aktuelle Position bei einem Maschinenbaukonzern sei durch eine Zeitarbeitsfirma vermittelt. Und das, obwohl die Bewerberin weiß, dass wir selbst aus dieser Branche kommen und für diese Branche arbeiten.

Beim Thema Zeitarbeit herrscht in der breiten Öffentlichkeit gefährliches Halbwissen. Daran ändern zunehmend positive Stimmen, wie etwa ein Bericht im Wirtschaftsmagazin *Plusminus* unter dem etwas unglücklichen Titel »Schmuddelimage ade – warum sich Leiharbeit für viele Beschäftigte lohnt« wenig. Darin berichteten im März 2019 eine Altenpflegerin, ein Lokführer und ein Schweißer darüber, dass ihre Arbeitsbedingungen (zum Beispiel Gehalt und Arbeitszeit) besser seien als in einer Festanstellung.[4] Selbst die Bundesagentur für Arbeit, traditionell nicht gerade ein Freund der Arbeitnehmerüberlassung, stellte in einer eigenen Erhebung »Aktuelle Entwicklungen in der Zeitarbeit« 2019 unter anderem fest:
- »Zeitarbeit bietet jungen Menschen, Geringqualifizierten und Ausländern eine gute Einstiegsmöglichkeit in den Arbeitsmarkt.«
- »Drei Viertel der Arbeitslosen, die aus Arbeitslosigkeit eine Beschäftigung in der Zeitarbeit aufgenommen haben, sind

sowohl nach sechs als auch nach zwölf Monaten sozialversicherungspflichtig beschäftigt, teilweise auch in anderen Branchen.«
- »Die sozialversicherungspflichtige Beschäftigung ist die dominierende Beschäftigungsform in der Zeitarbeit. Mit 964 000 waren mehr als neun von zehn Leiharbeitnehmern im gleitenden Jahresdurchschnitt Juli 2017 bis Juni 2018 sozialversicherungspflichtig beschäftigt.« Konkret stehen 93 Prozent der regulär Beschäftigten in der Arbeitnehmerüberlassung 87 Prozent Sozialversicherte auf dem Arbeitsmarkt insgesamt gegenüber. Die Arbeitnehmerüberlassung steht in Sachen sozialer Sicherheit also sogar besser da als andere Unternehmen.

Auch wenn die Wortwahl (»Leiharbeit«) die Arbeitnehmerüberlassung weiterhin tendenziell abwertet, muss selbst die Bundesagentur die Integrationsfunktion und die sozialen Standards der Branche anerkennen. Und wenn 64 Prozent der Zeitarbeitsmitarbeiter/innen vorher arbeitslos waren – jeder Fünfte (19 Prozent) sogar mehr als ein Jahr –, machen viele Kolleginnen und Kollegen in der Personaldienstleistung offenbar einen besseren Job als die Behörde.[5] Was also können Sie selbst tun, um das Image der Branche zu korrigieren?

Stellen Sie sich den üblichen Vorbehalten

Die gängigen Vorurteile zur Zeitarbeit, die durch einen Teil der Politik und der Presse am Leben erhalten werden, kennen Sie vermutlich:
- »Die Verträge sind auf Zeit befristet, deshalb auch der Begriff Zeitarbeit.«
- »Zeitarbeit ist schlecht bezahlt / schlechter bezahlt als »normale« Arbeit.«
- »Wer in der Zeitarbeit gelandet ist, hat eh verloren bzw. es sonst zu nichts gebracht.«
- »Zeitarbeit ist nur etwas für schlecht qualifizierte Hilfsarbeiter.«

- »Wer krank wird, fliegt sofort raus. Dasselbe passiert, wenn der Einsatz beim Kunden zu Ende ist.«
- »Man muss unbezahlten Urlaub nehmen, um einsatzlose Zeiten zu überbrücken.«
- »Die Lohnabrechnungen sind so komplex, da wird beschissen ohne Ende und keiner merkt etwas.«
- »Zeitarbeiter werden behandelt wie Arbeiter zweiter Klasse.«
- »In den Firmen sind Zeitarbeiter immer die Deppen, die als Erstes fliegen und um die sich keiner kümmert.«
- »Die Bezahlung ist unter Mindestlohn.«
- »Das sind doch alles Sklavenhändler, Menschenhändler, Verbrecher und Mafiosi!«
- Und weitere Vorurteile.

Dass Mitarbeiter/innen von Zeitarbeitsunternehmen dieselben sozialen Absicherungen genießen wie Mitarbeiter/innen anderer Unternehmen, etwa bei der Lohnfortzahlung im Krankheitsfall, beim Urlaub und bei Kranken-, Pflege- und Arbeitslosenversicherung, ist längst nicht allen Menschen bekannt. Doch Hand aufs Herz: Von nix kommt nix. Wir müssen selbstkritisch feststellen, dass es in der Branche leider noch immer schwarze Schafe gibt, die absichtlich oder unabsichtlich Fehler machen und dadurch der Branche einen extrem schlechten Ruf bescheren. Da hilft nur eins: Es selbst besser machen und das auch deutlich kommunizieren, nach dem bewährten Motto »Tue Gutes und rede darüber«.

Gehen Sie offensiv mit Vorurteilen um

Wenn Sie als Niederlassungsteam oder als Personalberater mehr Kandidaten für sich gewinnen wollen, müssen Sie dafür sorgen, dass Ihr Unternehmen im Alltag kein einziges der oben genannten Klischees bedient. Beweisen Sie das Gegenteil! Nur so kann man Vorurteile widerlegen. Gehen Sie noch einen Schritt weiter: Nutzen Sie Vorbehalte für sich und Ihren Bewerbungsprozess! Wir stellen immer wieder fest, dass mit Bewerbern viel zu wenig über solche Fragen gesprochen wird. Man redet nicht über Vorbehalte, über Gerüchte, über Hörensagen. Man redet auch zu wenig über schlechte Erfahrungen des Bewerbers oder ihm bekannter Personen in der Branche. Schade, denn nur was auf den Tisch kommt, kann man geraderücken. Stellen Sie daher am Anfang eines Vorstellungsgespräches mindestens eine der folgenden Fragen:

- Welche Vorbehalte haben Sie eventuell beim Thema Zeitarbeit?
- Welche Erfahrungen haben Sie bisher gemacht?
- Was haben Sie gehört über Zeitarbeit?
- Was hat man Ihnen über das Thema Zeitarbeit/Leiharbeit erzählt?
- Welche Ängste haben Sie möglicherweise selbst?
- Was, befürchten Sie, könnte passieren?
- Wie könnte Ihr privates Umfeld auf Zeitarbeit reagieren?

Hören Sie Bewerber/innen in Ruhe zu und haken Sie nach – nicht belehrend oder abwiegelnd, sondern freundlich und verständnisvoll. Das ist Ihre Chance, tief sitzende Glaubenssätze auszuräumen. Tun Sie das nicht, wird der Bewerber und vielleicht spätere Mitarbeiter geradezu darauf warten, dass ein Fehler passiert, der sein Negativbild bestätigt: Dann wusste er es doch gleich, dass Zeitarbeit mies ist! Markus hat in seiner aktiven Laufbahn etwa 3000 Bewerbungsgespräche geführt und viele Mitarbeiter/innen kommen und gehen sehen. Die besten Gespräche, Abläufe und Arbeitsverhältnisse waren immer die, an deren Anfang offen und ehrlich über Vorbehalte, Vorteile und Nachteile gesprochen wurde. Wenn Sie diese Erfahrung selbst gemacht haben, können Sie noch einen Schritt weiter gehen und gängige Vorbehalte bereits bei der Personalsuche und Anzeigengestaltung für sich nutzen, etwa mit Schlagzeilen wie:»Sind auch Sie der Meinung, Zeitarbeit ist Sklavenarbeit? Wir beweisen Ihnen das Gegenteil!« oder »Zeitarbeiter werden ausgebeutet?! Nicht bei uns! Kommen Sie vorbei und lassen Sie sich vom Gegenteil überzeugen!«.

Zur Glaubwürdigkeit gehört natürlich auch, mögliche Nachteile der Zeitarbeit offen zu benennen, als da wären:
- Manchmal (vor allem im Helferbereich) sind Jobs dabei, die sonst keiner machen will. Da muss man durch – mit der Perspektive, es beim nächsten Projekt besser zu treffen und sich den Weg zur besseren Qualifizierung zu ebnen.
- Manchmal hat man Phasen häufiger Einsatzwechsel. Nach einer Statistik der Bundesagentur dauerten im ersten Halbjahr 2018 18 Prozent der Einsätze weniger als einen Monat, 28 Prozent zwischen einem Monat und einem Jahr sowie 19 Prozent mehr als ein Jahr.[6]
- Die Arbeitswege sind zum Teil lang und anstrengend.
- Und ja, in manchen Unternehmen werden Zeitarbeitskräfte anders behandelt als das eigene Stammpersonal.
- In Kundenunternehmen wird sehr auf die Mitarbeiter/innen und deren Leistung geachtet. Der Kunde »kauft« kurzfristig eine Arbeitskraft ein, die entweder Auftragsspitzen überbrücken oder im Hinblick auf eine spätere Übernahme »getestet« werden soll. Er wird daher besonders kritisch darauf achten, was er für sein Geld bekommt. Deshalb ist vor allem ein engagierter Einsatzbeginn extrem wichtig.

Vortrag beim Bildungsträger? So wird es ein Erfolg!

Viele in der Branche kennen und fürchten die Situation: Sie haben die Chance, bei einem Bildungsträger Ihr Unternehmen und aktuell offene Stellen vor Arbeitssuchenden zu präsentieren, organisiert von der Agentur für Arbeit oder dem Träger selbst. Die anwesenden Teilnehmer/innen, allesamt potenzielle neue Mitarbeiter/innen, sind nicht unbedingt freiwillig da. Hier kommt oft alles zusammen: Menschen mit schlechten Erfahrungen, Menschen mit viel Hörensagen, Rudelbildung und Gruppendynamik, Klassensprecher und Rädelsführer, die dem Vortragenden in die

Parade fahren möchten. Wir haben viele solcher Vorträge gehalten, und beim ersten Dutzend stand fast immer das Thema Vorbehalte am Ende im Mittelpunkt und bestimmte so den Gesamteindruck der Teilnehmer. Das führte dazu, dass wir irgendwann genau mit den Vorurteilen und Nachteilen angefangen haben. Bevor auch nur eine Power-Point-Folie gezeigt wurde, haben wir zu Fragen ermuntert und eine offene Diskussion gestartet. Dann konnten wir Aufklärungsarbeit leisten, erfolgreich Menschen überzeugen, Jobs präsentieren und etwas über uns und das Unternehmen erzählen. Die umgekehrte Reihenfolge ging meistens schief oder war sehr schwierig.

Stärken Sie das Selbstbewusstsein der Mitarbeiter/innen!

Kompetente Berater in der Zeitarbeit (»Personaldisponenten«) haben großes rechtliches und organisatorisches Fachwissen: Sie kennen den Arbeitsmarkt und die Anforderungen verschiedener Unternehmen; sie tragen Verantwortung für den Mitarbeiter-Einsatz, sie führen externe Mitarbeiter/innen und füllen dabei im gewerblichen Bereich und bei voriger Langzeitarbeitslosigkeit nebenbei nicht selten die Rolle eines Sozialarbeiters aus; sie beherrschen die juristischen Grundlagen der Arbeitnehmerüberlassung vom Arbeitsvertrag über das Arbeitsrecht bis hin zum Arbeitnehmerüberlassungsgesetz (AÜG) und den Vorschriften des Datenschutzes. Sie haben daher allen Grund, stolz auf ihren Job zu sein. Ist das nicht der Fall, dann häufig, weil die negative öffentliche Debatte am Selbstwertgefühl nagt. Stärken Sie Ihren Mitarbeiter/innen den Rücken, begegnen Sie ihnen mit Wertschätzung und rüsten Sie sie mit Gegenargumenten gegen haltlose Vorurteile aus.

Ein Personalberater, der überzeugend – und das heißt: mit voller Überzeugung! – verkaufen soll, sollte in der Lage sein, sämtliche Vor- und Nachteile der Zeitarbeit aufzuzählen. Wir stellen immer

wieder fest, dass es vielen Beratern schwerfällt, sämtliche Pluspunkte zu nennen und schlüssig zu argumentieren. Hier ein Überblick:
- Bezahlung nach Tarifvertrag iGZ oder BAP (hier gibt es nur sehr wenige Ausnahmen, die nicht erwähnenswert sind).[7]
- Die Konditionen sind besser als die Mindestlöhne in Deutschland.
- Zeitarbeitsfirmen sind ganz »normale« Arbeitgeber mit sämtlichen Sozialleistungen und Arbeitgeberpflichten.
- Es gibt mindestens 24 Tage Urlaub (einige Zeitarbeitsfirmen gewähren freiwillig mehr).
- Es gelten die gesetzlichen Kündigungsfristen.
- Arbeitsverträge sind meistens unbefristet.
- Zeitarbeit hat oftmals einen hohen Lern- und Qualifizierungseffekt. Wer längere Zeit in verschiedenen Einsätzen gearbeitet hat, steigert als Arbeitnehmer seinen Marktwert.
- Die Übernahmechancen sind sehr groß. Viele Unternehmen, auch namhafte Konzerne, rekrutieren ausschließlich über Zeitarbeit.
- Ein Zeitarbeitsunternehmen ebnet Bewerber/innen den Weg in den Arbeitsmarkt, auch solchen, die auf sich allein gestellt geringe Chancen haben. Kompetente Berater erarbeiten mit den Mitarbeiter/innen ein überzeugendes Profil und stellen sie verschiedenen Unternehmen vor. Sie organisieren gegebenenfalls Qualifizierungsmaßnahmen. Sie kennen den Arbeitsmarkt und können Arbeitnehmer beraten.
- Zeitarbeitnehmer können in Ruhe abwarten, bis das richtige Übernahmeangebot kommt, der perfekte Chef, der ideale Betrieb. Passiert das erst einmal nicht, ist das kein Problem, denn der Job ist sicher. Markus führte in seiner Zeit als Disponent und Niederlassungsleiter eines Zeitarbeitsunternehmens viele langjährige Mitarbeiter/innen. Er kann sich zum Beispiel an einen Elektriker erinnern, der insgesamt 15 Übernahmeangebote bekam und alle ablehnte. Seine Begründung: »Ich arbeite

extrem gerne bei Herrn Brandl, werde super behandelt und bezahlt. Warum sollte ich wechseln?«

Wichtig sind auch individuelle Vorteile des Unternehmens, der Niederlassung und natürlich auch des Beraters, beispielsweise solche:

- »Ich kümmere mich persönlich um alle meine Mitarbeiter, besuche Sie regelmäßig am Arbeitsplatz und habe ein offenes Ohr für Sie, wenn es Probleme gibt.«
- »Ich bin spezialisiert auf den XY-Bereich, kenne mich da aus langjähriger Erfahrung aus (oder: ... habe selbst eine Ausbildung im Bereich XY).«
- »Ich arbeite seit vielen Jahren in der Branche, kenne daher viele Kunden und bringe Sie mit Unternehmen zusammen, die möglichst gut für Sie passen.«
- »Unser Unternehmen ist im XY-Verband engagiert und nach DIN ISO XXXX zertifiziert.«
- »Wir haben mehrere Standorte, daher ein besonders großes Kontaktnetz und eine große Zahl von Unternehmenskunden.«
- »Auch wenn wir es mit einem lachenden und einem weinenden Auge sehen: Viele unsere Mitarbeiterinnen und Mitarbeiter werden von unseren Unternehmenskunden übernommen. Dort an der Fotowand sehen Sie aktuelle Beispiele.«
- »Wir sind tarifgebunden [und gewähren darüber hinaus x zusätzliche Urlaubstage].«

Zeitarbeit ist nicht bei jedem und auch nicht immer dazu gedacht, um bis zur Rente dort zu arbeiten. Zeitarbeit ist jedoch eine hervorragende Möglichkeit, um schnell in Arbeit zu kommen und Geld zu verdienen, dazu eine Chance, verschiedene Unternehmen kennenzulernen und um herauszufinden, welche Tätigkeiten und welcher Arbeitgeber langfristig zu einem passen. Niederlassungsleitern, die über mangelnde Vertriebsmotivation ihrer internen Mitarbeiter/innen klagen, empfehlen wir daher, das Problem an der Wurzel zu packen und in einem moderierten

Workshop gängige Vorurteile zur Branche und eigene Bedenken einem Faktencheck zu unterwerfen, um anschließend gemeinsam Gegenargumente zu sammeln. Im zweiten Schritt können dann Vertriebskompetenzen und bewerberorientiertes Verhalten geschult werden. Denn erst ein positives Selbstbild verleiht Mitarbeiter/innen die nötige Eigenmotivation und Überzeugungskraft beim Außenauftritt.

Ihre Chancen auf einen Blick

- Überbrücken Sie die organisatorische Trennung von »Recruiting« und »Akquise«. Sorgen Sie dafür, dass Teammitglieder, die Unternehmenskunden akquirieren, und Teammitglieder, die Mitarbeiter/innen suchen, eng zusammenarbeiten. Denn ein erfolgreiches Zeitarbeitsunternehmen braucht beides: attraktive Unternehmenskunden und attraktive Mitarbeiter/innen.
- Motivieren Sie sich und/oder Ihre internen Mitarbeiter/innen dazu, ihre Dienstleistung mit Begeisterung zu verkaufen. Grundlage dafür ist ein positives Selbstbild. Hinzu kommen verkäuferische Fertigkeiten, die man lernen kann.
- Gehen Sie in die Image-Offensive: Behandeln Sie Ihre Zeitarbeitsmitarbeiter/innen fair und reden Sie über die Vorteile einer Anstellung bei Ihnen. Sprechen Sie Vorurteile gegenüber Zeitarbeit schon im Bewerbungsgespräch offen an und korrigieren Sie diese.

3 Bewerber (m/w/d/*) finden: Erfolg hat, wer anders ist!

> »Die Neugier steht immer an erster Stelle eines Problems, das gelöst werden will.«
>
> (Galileo Galilei – der unser Weltbild revolutionierte)

Welche Erfolgschancen würden Sie einem Handwerksbetrieb in der tiefsten norddeutschen Provinz geben, der Auszubildende zum Glaser sucht? Nicht unbedingt der Traum der WhatsApp-Generation, noch dazu mit der Adresse »An der Autobahn 1« im »Gewerbegebiet Debstedt«. Könnte schwierig werden. Das dachte sich offenbar auch Glasermeister Sven Sterz. Doch wenige Wochen später konnte er sogar drei statt der ursprünglich geplanten zwei Azubis einstellen. Des Rätsels Lösung: Sterz machte alles anders. Statt der üblichen Anzeige drehte er ein Video mit Knalleffekt. Darin rutscht ihm erst einmal mit Karacho eine große Glasscheibe von der Schulter, bevor er Tacheles redet: Er sucht Azubis, für die er »immer da ist«. Allerdings verlangt er auch etwas dafür: »Zuverlässigkeit« etwa. Und abbrechen und die Schuld auf andere schieben, das lasse er nicht gelten! Wer sich bewähre und die Ausbildung mit mindestens »befriedigend« bestehe, erhalte Sonderzahlungen. Die Fahrtkosten zur Berufsschule im fernen Bremerhaven spendiere er auch.[1]

Das Video wurde auf Facebook knapp 35 000 Mal geteilt, der Handwerksmeister konnte sich vor Bewerbungen kaum retten. Seine Mischung aus augenzwinkerndem Humor und norddeutscher Direktheit kam prima an. Ein Einzelfall? Nicht auf andere Berufe übertragbar? Mag sein. Doch darum geht es nicht. Es geht darum, aus routinierten Bahnen der Bewerberfindung auszubrechen, um den oft beklagten Bewerbermangel zu überwinden. Denn Menschen, die sich beruflich verändern wollen, gibt es immer. Sie müssen sie nur erreichen. Sven Sterz hat es vorgemacht.

Unsere Vorschläge für mehr Erfolg bei der Bewerberfindung lesen Sie in diesem Kapitel.

Die Klassiker, nur besser: Stellenanzeigen und Website

Nein, wir werden das Kind nicht mit dem Bade ausschütten. Bevor wir uns ein Beispiel am findigen Handwerksmeister nehmen und neuen, kreativen Wegen der Bewerberfindung nachgehen, schauen wir uns erst einmal die klassischen Wege an: Stellenanzeigen und Ihre Unternehmenswebsite. Denn anders als manche Social-Media-Vertreter glauben machen wollen, sucht ein Großteil der Bewerber/innen nach wie vor auch auf traditionelle Weise. Je nach Quelle differieren die Zahlen etwas, doch Internetstellenbörsen und damit Stellenanzeigen liegen unangefochten auf Platz 1 der Bewerbungskanäle (genutzt von mehr als der Hälfte bis zu zwei Dritteln der Bewerber/innen), gefolgt von Unternehmenswebsites, die von 30 bis 40 Prozent angeklickt werden. Printmedien erreichen 10 bis 20 Prozent.[2] Die Spannbreiten hängen vermutlich mit unterschiedlichen Präferenzen in verschiedenen Altersgruppen und Berufsbildern zusammen. Das bedeutet aber auch: Eine Aussage wie »Printmedien bringen heutzutage nichts mehr!« steht auf wackeligen Beinen, denn es gibt durchaus noch Kandidaten, die diesen Kanal nutzen. Hier ist Ihre Erfahrung mit den von Ihnen vertretenen Berufsbildern gefragt. Wenn Sie Ihre Bewerber/innen regelmäßig fragen: »Wie sind Sie auf diese Stelle aufmerksam geworden?«, wissen Sie, ob sich Print in diesem oder jenem Fall für Sie lohnt. Bitte haken Sie auch nach, wo Bewerber/innen Sie gegebenenfalls noch wahrgenommen haben. Denn wir wissen, es bedarf mehr als nur einen Impuls, um zu »kaufen« bzw. das Interesse zu wecken.

Doch ob Print oder online, der klassische Weg der Anzeige verlangt erst einmal einen ansprechenden Text. Leider folgen viele Arbeitgeber dabei denselben ausgetretenen Pfaden wie schon vor 20 oder 30 Jahren. Hand aufs Herz: Wie ist das bei

Ihnen? Haben Sie sich an die immer gleichen Textbausteine Ihrer Auftraggeber so sehr gewöhnt, dass Sie deren blutleere Standardtexte ungerührt bei der Suche nach Zeitarbeitskandidaten übernehmen? Sind Ihnen gar die Anzeigenphrasen so sehr in Fleisch und Blut übergegangen, dass Sie bei eigenen Textentwürfen ebenfalls »ein attraktives Arbeitsumfeld« anbieten, eine »erfolgreich abgeschlossene Ausbildung im Bereich XY oder vergleichbare Berufserfahrung« anmahnen und abschließend die übliche Soft-Skill-Schleife drehen, mit bekannten Bausteinen von »freundlichem Auftreten« über »Teamorientierung« bis »Zuverlässigkeit«? Fantasielosigkeit rächt sich: Was ohne Herzblut heruntergeschrieben wird, strafen Bewerber/innen mit Gleichgültigkeit und Misstrauen: In einer Befragung von rund 1000 Stellensuchenden, die sich in den vergangenen drei Jahren mehr oder weniger intensiv beworben hatten, zweifelten zwei Drittel an der Ehrlichkeit der Unternehmen generell und mehr als die Hälfte hielt die Aussagen in Stellenanzeigen für wenig glaubwürdig. Nicht besser ist es bei den Karriere-Websites von Unternehmen: Nur vier von zehn Besuchern vertrauten den dort getroffenen Aussagen.[3] Wenn Sie also verzweifeln, weil der früher stetig fließende Strom von Bewerbungen zu einem kläglichen Rinnsal geworden ist, liegt es womöglich auch an lieblosen Anzeigen, die in Zeiten hoher Arbeitslosigkeit funktionierten, heute jedoch einfach weggeklickt werden.

Was eine gute Stellenanzeige ausmacht

Eine Stellenanzeige ist häufig das Erste, was potenzielle Bewerber/innen von Ihnen sehen. Sie prägt den Eindruck daher entscheidend. Umfragen zufolge wünschen sich Anzeigenleser/innen dabei vor allem präzise Informationen. Für über 90 Prozent stehen dabei in der Zeitarbeit wichtige Eckdaten zum Job ganz oben:
- Zeitpunkt der Stellenbesetzung,
- Gehalt bzw. Stundenlohn,
- Arbeitszeit,
- Name, Telefonnummer und E-Mail des Ansprechpartners.

Eigentlich Selbstverständlichkeiten, und doch geben mehr als zwei Drittel der Bewerber/innen in der Arbeitnehmerüberlassung an, schon einmal von einer Bewerbung abgesehen zu haben, weil »die Stellenanzeige nicht gut war« – die Mehrheit von ihnen, weil wesentliche Informationen zur Stelle fehlten.[4] Die Online-Jobbörse StepStone kommt für den Arbeitsmarkt generell in einer Befragung von 20 000 Fach- und Führungskräften zu ähnlichen Ergebnissen. Danach vermissen Kandidaten in Stellenanzeigen besonders häufig Informationen zum Gehalt (59 Prozent) sowie zu Arbeitszeiten und Arbeitszeitmodellen (50 Prozent). Die Zeiten, in denen man durch magere Infos beim Gehalt im Vorstellungsgespräch besser pokern konnte, sind offenbar vorbei. Überhaupt klaffen beim Thema Anzeigen das Selbstbild der Personaler und die Einschätzung ihrer Zielgruppe auseinander. 72 Prozent der Personalverantwortlichen glauben beispielsweise, ihre Stellenanzeigen seien eindeutig. Dieser Meinung sind aber nur 36 Prozent der angesprochenen Kandidaten.[5] Sie sollten sich daher nicht scheuen, auch gewohnte Standards wie Ihre Anzeigentexte kritisch unter die Lupe zu nehmen.

Worauf Stellensuchende in einer Anzeige besonders achten, ist inzwischen ebenfalls erforscht, und zwar mittels »Eye-Tracking« (Verfolgung der Augenbewegungen). An der Spitze des Leserinteresses steht der Jobtitel, gefolgt von Aufgaben, Anforderungsprofil sowie Benefits. Das ergab ein Versuch mit 429 Probanden vom Arbeiter bis zum leitenden Angestellten.[6] Sind Ihre Jobtitel eindeutig? Haben Sie Vorteile und Zusatzleistungen im Text genannt? Vergessen Sie nicht: Ihre Stellenanzeige ist heute weniger ein großzügiges Angebot an potenzielle Mitarbeiter/innen, sondern eher Werbung in eigener Sache, die interessante Kandidaten überzeugen soll. Insofern verblüfft es, wenn Pluspunkte wie Zahlung nach Tarif, unbefristete Anstellung, Weiterbildungs- und Übernahmemöglichkeiten, Sozialleistungen wie Urlaubs- und Weihnachtsgeld, Mitarbeiterrabatte in Anzeigen nicht erwähnt werden – gerade vor dem Hintergrund hartnäckiger Vorurteile gegenüber der Arbeitnehmerüberlassung (vgl. »Die Imagebremse« in Kapitel 2). Was für Sie selbstverständlich sein mag, muss Ihr Adressat nicht unbedingt wissen. Am Ende des Tages zählt aber einzig und allein die Meinung der Zielgruppe, also der Bewerber/innen, die zu Ihnen ins Büro gefunden haben. Bitte fragen Sie daher Ihre Kandidaten, was sie konkret an einer Stellenanzeige angesprochen und zum Handeln bewegt hat.

Bei all dem geht der Trend zur Kurzanzeige, wie Matthias Mäder, Experte für Personalmarketing, betont, auch bei Printanzeigen.[7] Konzentrieren Sie sich auf das Wesentliche. Hier kommt ein weiterer Aspekt ins Spiel: Die Verknüpfung von Zeitungsanzeigen mit digitalen Inhalten, etwa über QR-Codes. Auch bei Online-Anzeigen stellt sich die Frage, ob diese auf der Höhe der Zeit und den Gewohnheiten mobiler Nutzer angepasst sind. Dazu gehört die Möglichkeit, die Anzeige mit einem Click in sozialen Medien zu teilen, also Bekannte auf Facebook, Xing, LinkedIn, WhatsApp auf die Stelle aufmerksam zu machen. Auch die Verlinkung auf ein (möglichst unkompliziertes) Bewerbungsformular oder die Möglichkeit, ein vorhandenes Kurzprofil hochzuladen und sich so mit einem Klick zu bewerben, fallen in diese Kategorie. Zudem wächst der mobile Zugriff auf Anzeigen und Karrierewebsites stetig – Mäder 2017 schätzt ihn auf bis zu 60 Prozent – eine Quote, die weiter steigen wird, sodass auch bei der Gestaltung die Devise »Mobile First« ausgegeben wird.[8] Je einfacher Sie es einem Interessenten machen, desto eher wird er sich bewerben. Wer sich im Netz an One-Click-Service und einfache Benutzerführung gewöhnt hat, verliert erwiesenermaßen rasch die Geduld, wenn ein Anbieter ihm Steine in den Weg legt. Für wichtige Kampagnen kann es sich lohnen, eigens gedrehte authentische Mitarbeitervideos zu verlinken, in denen Fach- und Führungskräfte Unternehmen und Job vorstellen und dessen Vorzüge glaubwürdig präsentieren. Beispiele wie einen Verkehrsbetrieb, einen kleine Möbelfirma oder einen mittelständischen Maschinenbauer finden Sie in diesem Kapitel im Abschnitt »Klug einsetzen: Social Media«.

Sobald Sie Stellenanzeigen als Werbung in eigener Sache betrachten, werden Sie auch auf die optische Gestaltung Wert legen und sich von der klassischen Traueranzeigen-Anmutung verabschieden. Die bereits zitierte Eye-Tracking-Studie liefert auch hierzu (vorhersehbare, weil unmittelbar einleuchtende) Ergebnisse:

- Fotos wecken Aufmerksamkeit, wobei ein großes Bild besser wirkt als etliche kleine. Besonders wirksam sind Bilder mit mehreren Personen.
- Bullet-Point-Aufzählungen werden stärker wahrgenommen als ungegliederte Texte.
- Das Firmenlogo sollte oben auf der Seite stehen, nicht mittig oder unten.
- Der Jobtitel fällt am besten ins Auge, wenn er in der Mitte einer Anzeige steht.[9]
- Man könnte sogar überlegen, mit »wir bieten« zu starten anstatt mit »wir suchen«.

Angesichts des eingangs geschilderten Glaubwürdigkeitsproblems von Unternehmen sind Agenturfotos mit Vorsicht zu genießen. Die künstliche Anmutung perfekt geschminkter Models mit Zahnpasta-Lächeln weckt eher Misstrauen, erst recht, wenn erfahrene Bewerber/innen das Foto schon aus anderen Anzeigen kennen. Bieten Sie, wenn möglich, lieber authentische Fotos aus Ihrem Unternehmen oder aus dem jeweiligen Einsatzbetrieb. Ehrlichkeit schlägt dabei Perfektion – denken Sie an den kantigen Auftritt von Glaser Sterz, der als professioneller Werbespot mit Schauspielereinsatz kaum dieselbe Wirkung entfaltet hätte. Ein Muster für eine gut gestaltete, informative Online-Anzeige finden Sie in Abbildung 3. Sie verbindet Übersichtlichkeit mit Bewerberservice in Form der Verlinkung mit Social Media und Verweis auf ein Bewerbungsformular (»Jetzt bewerben«), das man idealerweise auch durch einfaches Hochladen eines tauglichen Profils in den sozialen Medien ausfüllen kann.

Die Klassiker, nur besser: Stellenanzeigen und Website

FIRMEN-LOGO	Wer wir sind:
	[Infos zum Zeitarbeitsunternehmen]

[Foto mit authentischen Mitarbeiter/innen, evtl.
ORIGINELLE HEADLINE]

Jobtitel (m/d/w)

Wir suchen:	[Infos zum Kundenunternehmen– Branche, Standorte, Zeitpunkt der Stellenbesetzung]	Stellendetails: Ort: Musterstadt Vollzeit
Ihre Aufgaben:	• • …. [3 bis 5 Punkte]	Anzeige teilen:
Ihr Profil:	• • …. • [3 bis 5 Punkte]	Jetzt bewerben> [Link Onlineformular]
Was wir bieten:	• Bezahlung nach …-Tarif + Zuschläge • Urlaubs- und Weihnachtsgeld • Fortbildung • Option auf Übernahme bei einem renommierten Unternehmen [gegebenenfalls weitere Punkte]	

Ihr Ansprechpartner: [Name, Telefon, E-Mail, Adresse]

Wir freuen uns auf Ihre Kontaktaufnahme, per Post, per Mail, über unser Online-Formular oder telefonisch !

Abbildung 3: Schema für mögliche Stellenanzeige

Apropos Glaser Sterz: Wie steht es nun mit witzigen und ungewöhnlichen Elementen in Stellenanzeigen? Da Bewerber/innen von der Anzeige auf Ihr Unternehmen und die dort herrschende Kultur schließen, sind Regelbrüche oder eine Prise Humor gute Möglichkeiten, um sich sympathisch zu präsentieren. Risiken und Nebenwirkungen: Humor ist Geschmackssache. Der »Persoblogger« Stefan Scheller präsentiert unter der Überschrift »Wie sehen kreative Stellenanzeigen aus?« eine Auswahl von Anzeigen, von denen einige kräftig daneben greifen – es sei denn, man findet es witzig, wenn eine Bank auf einer (Karriere-)Leiter oben die Jungs und unten die Mädels zeigt oder wenn ein Klempnerbetrieb mit der Frage »Du spielst gern mit Nippeln?« auf Azubifang geht. Andere Beispiele sind gelungener und setzen auf schonungslose Ehrlichkeit, etwa wenn eine Kita-Erzieherin mit dem in Abbildung 4 gezeigten Profil gesucht wird.

- Sie arbeiten gerne bei 300 Dezibel, also der Lärmkulisse eines Düsenjets.
- Sie beherrschen das Wort »Nein!« in 24 Sprachen.
- Ihre Knochen verkraften permanentes Krabbeln, Hocken auf Zwergenstühlen und Stemmen von pummeligen Fünfjährigen.

Abbildung 4: Ehrlichkeit ist Trumpf (aus einer Anzeige für Kita-Erzieherinnen)[10]

Auch Anzeigen im regionalen Dialekt (»Laschdwaga-Fahror« gesucht) oder solche mit provokanten Jobtiteln (»Eierlegende Wollmilchsau (m/w)« für die häusliche Krankenpflege) gibt es schon. Manches davon funktioniert nur auf Papier, weil es den Suchmechanismen im Netz zuwiderläuft. Zudem wäre es für Personaldienstleister eine echte Herausforderung, für jede Stelle eine neue Kreativoffensive zu starten. Wenn Sie trotzdem aus

dem üblichen Rahmen ausbrechen wollen, sind ungewöhnliche oder witzige Anzeigen-Headlines ergänzend zum jeweiligen Jobtitel eine Möglichkeit. Beispiele:
- »Haben Sie es satt, zu arbeiten, wenn Ihre Freunde feiern?« (So könnte man Quereinsteiger aus der Hotellerie für die Personaldienstleistung gewinnen.)
- »Wie wäre es, wenn Ihr Partner m/w/d am Wochenende zu Hause ist?« (Headline einer Anzeige, in der Fahrer gesucht und gezielt deren Partnerinnen angesprochen werden.)
- »Montag ist der schlimmste Tag der Woche?« (Eine Anzeige mit der Aufforderung »Komm in die Gastro! Montags Ruhetag«.)[11]

Brechen Sie aus dem Personaler-Jargon aus, packen Sie Ihre Leser emotional, zielen Sie auf deren Wünsche und Probleme. Was nahtlos zu der Frage führt: Wie gut kennen Sie als Personaldienstleister eigentlich Ihre Zielgruppe? Wie genau schaut der Mitarbeiter aus, den Sie gerade mit dieser Anzeige ansprechen wollen? Wie alt ist er? Ist er männlich/weiblich/divers? Welche Nationalität hat er, welchen Status, welche Hobbys? Was für Werte? Wo hält er sich in seiner Freizeit auf, welche Medien nutzt er? In Seminaren bekommen wir fast nie Antworten auf diese Fragen! Doch je schärfer Ihr Ziel-Bild ist, desto erfolgreicher wird Ihre Suche verlaufen. Malen Sie sich dazu Ihre Zielperson genau aus – entwerfen Sie einen »Bewerber-Avatar«! Überlegen Sie anschließend, welche »Magic Words« die Aufmerksamkeit der jeweiligen Zielperson erregen könnten: Welche Probleme, Wünsche, Träume können Sie adressieren? Denken Sie dabei nicht nur an die Bewerber/innen selbst, sondern auch an Partner oder Familienmitglieder. Eine Printanzeige für Azubis oder junge Jobeinsteiger erreicht ihr Ziel möglicherweise eher, wenn Sie die Aufmerksamkeit der Eltern gewinnen.

Originalität ist nicht einfach, aber wirkungsvoll. Das belegen Erfolgsbeispiele wie eine Kampagne der Hannoverschen Verkehrsbetriebe (Üstra), die 2015 mit der Headline »Wir manchen

Rockstars« um Fahrer warb und dazu attraktive Mitarbeiter und Mitarbeiterinnen im Faltenrock in Anzeigen, Videos und auf Fahrzeugen präsentierte. Ja, auch die Männer trugen Röcke![12] Das Unternehmen stellte sich modern und unkonventionell vor, konträr zum vermutlich eher langweiligen Image des öffentlichen Nahverkehrs. Wie der Handwerker im Eingangsbeispiel setzte die Üstra unter anderem auf Facebook-Marketing, um jüngere Kandidaten zu erreichen.[13] Mehr zu diesem Thema im Abschnitt »Social Media«. Abschließend eine Checkliste, mit der Sie vorhandene Anzeigen prüfen können.

CHECKLISTE STELLENANZEIGE

Zielperson klar?

- Bewerber-Avatar entworfen (Alter, Geschlecht, Nationalität, Status, Hobbys, Werte, Mediennutzung)?
- Magic Words eingekreist (typische Probleme, Wünsche, Träume der Zielgruppe)?

Werbliches:

- Zündende Headline?
- (Authentisches) Foto?
- Übersichtliche Gestaltung mit Bullet Points?
- Logo oben, Jobtitel mittig, Headline darüber platziert?

Informationen zur Stelle:

- Verständlicher Jobtitel?
- Zeitpunkt der Stellenbesetzung?
- Gehalt/Stundenlohn?
- Arbeitszeit?
- Anforderungen/Qualifikationen?
- Benefits?
- Generell: Das Wesentliche auf den Punkt gebracht?

Bewerberservice:

- Name, Telefonnummer und E-Mail des Ansprechpartners?
- Anzeige für mobile Geräte optimiert?
- Verlinkung zum Bewerbungsformular oder Möglichkeit der One-Click-Bewerbung über das Hochladen eines Social-Media-Profils?
- Verlinkung auf Zusatzinfos (Unternehmensdarstellung, Jobvideos)?
- Social-Media-Buttons zur Weiterempfehlung der Position (je nach Zielgruppe Facebook, Twitter, Xing, LinkedIn)?
- Mögliche Bewerbungswege (persönlich, Online-Formular bzw. One-Click durch Hochladen eines Profils, individuelle E-Mail, gelbe Post)?

Worauf Sie bei Ihrer Website achten sollten

Infos im Web zu recherchieren ist heute für viele Menschen so selbstverständlich wie Zähneputzen. Ihre Unternehmenswebsite ist daher ein wichtiges Vertriebsinstrument. Oft entscheidet sich hier blitzschnell, ob ein Bewerber auf Sie zukommt oder weitersurft. »Nach 40 Sekunden klickt er [der Bewerber] wieder weg, wenn es kein Leckerli zum Anbeißen gibt«, warnt unser Kollege Martin Gaedt.[14] Rechnen Sie mit der Ungeduld von Internetnutzern, die zügig klickend und wischend durch die digitale Welt navigieren. Finden sie das Gesuchte nicht auf Anhieb oder werden sie nicht durch interessante Headlines, Buttons, Kundenstimmen oder Beispiele gefesselt, verlassen sie Ihre Seite gleich wieder.

Eine grundsätzliche Frage lautet: An wen richtet sich Ihre Seite vorrangig – an Kundenunternehmen oder an zukünftige Mitarbeiter/innen? Da Sie eine ausgewogene Balance zwischen attraktiven Auftraggebern und attraktiven Mitarbeiter/innen brauchen, um langfristig erfolgreich zu sein (vgl. Kapitel 2), sollten beide Gruppen gleichermaßen angesprochen werden. Das betrifft auch und gerade Referenzen. Bei unserer Recherche im Netz sind wir auf Unternehmensseiten gestoßen, in denen ausschließlich Entleiher zu Wort kommen, die betonen, wie »kostengünstig« die Arbeitnehmerüberlassung bei diesem Personaldienstleister sei. Bewerber/innen schreckt man so vermutlich eher ab. Bewerberorientierter handhabt das ein anderer Anbieter, der verschiedene Mitarbeiter/innen für sich sprechen lässt und dabei sogar Vorurteile gegenüber Zeitarbeit offensiv aufgreift. Ein Beispiel sehen Sie in Abbildung 5.

»Nachdem ich mit Zeitarbeit schon schlechte Erfahrungen gemacht hatte, ...

... habe ich mich mit Skepsis bei XXX-Zeitarbeit beworben. Von Anfang an war ich von der freundlichen und kompetenten Beratung positiv überrascht. Begeistert war ich, als mir Herr .... schon nach wenigen Tagen eine tolle Stelle in einer renommierten Firma mit guter Bezahlung anbieten konnte. Jetzt werde ich von dieser Firma fest übernommen. XXX war ein absoluter Glücksgriff für mich! Auf diesem Wege möchte ich mich bei Herrn .... und seinem Team bedanken. XXX-Zeitarbeit kann ich wärmstens weiterempfehlen.«

(Mark Müller, Musterstadt)

Abbildung 5: Beispiel für Mitarbeiterreferenz auf der Unternehmenswebsite

Kundenreferenzen werden häufig unterschätzt, und Bewerber/innen sind heute Kunden. Die meisten von uns allen schauen automatisch bei »Kundenstimmen« nach, wenn wir uns über irgendein Unternehmen informieren. Ebenso wichtig wie direkte Referenzen sind Bewertungen bei kununu und Google. Sie sollten daher im Auge behalten, was im Netz über Sie steht und zufriedene Mitarbeiter/innen routinemäßig bitten, ihre Meinung auf Bewertungsportalen öffentlich zu machen – schon, um unfaire Einzelmeinungen auszugleichen.

Insgesamt gelten für Ihre Website ganz ähnliche Kriterien wie für Stellenanzeigen. Die Seite sollte übersichtlich und ansprechend zugleich sein, authentisch wirken und den Besucher nicht mit langen Textwüsten, komplizierter Nutzerführung oder überlangen Bewerbungsformularen ermüden. Nutzen Sie die folgende Checkliste für eine Qualitätskontrolle. Vielleicht nehmen Sie sich gelegentlich Zeit, die Seiten von Wettbewerbern anzusehen. Sie werden ziemlich rasch feststellen, was gut ankommt und ob Ihre Website da mithalten kann.

CHECKLISTE WEBSITE

Erster Eindruck:

- Spricht die Eröffnungsseite Bewerber/innen und Kundenunternehmen gleichermaßen an?
- Überzeugen Gestaltung und Bildelemente (großzügiger Aufbau, moderne Anmutung, authentische Fotos)?
- Sieht die Seite auch auf mobilen Geräten (Smartphone, Tablet) gut aus?
- Gibt es auf der Eröffnungsseite ein Element, das Bewerber/innen zum Dranbleiben motiviert? Beispiele: Mitarbeiterreferenz mit Foto, Link wie »Express-Bewerbung«, interessante Headline (»*Zeitarbeit ist nichts für Sie? Vielleicht doch!*«), kurzes Erklär-Video zur Arbeitnehmerüberlassung[15].

Übersicht:

- Sind die Texte kurz und leicht verständlich (kein Personaler-Jargon, keine altbekannten Floskeln, keine überlangen Erläuterungen)? Idealerweise muss der Nutzer am PC nicht oder nur wenig scrollen.
- Finden Bewerber/innen schnell das Gesuchte?
  - Jobangebote (allgemeine Suchmaske und Sortierung nach Arbeitsbereichen),
  - Bewerbungswege (online/per Post/persönlich),
  - Firmeninfos wie Kontaktadresse und Ansprechpartner.

Marketing:

- Sind Mitarbeiterreferenzen prominent platziert (idealerweise mit Foto und vollständigem Namen)?
- Wird über soziale Standards und rechtliche Rahmenbedingungen (etwa Sozialversicherung, Tarifbindung) informiert?
- Werden gegebenenfalls Zusatzleistungen wie Weiterbildung, zusätzliche Urlaubstage, Branchenaufschläge erwähnt?
- Werden Infos zur Arbeitnehmerüberlassung gegeben (kurz und knapp, allgemein verständlich) – als Übersicht oder unter FAQs (»Frequently asked questions«)?
- Werden allgemeine Vorurteile gegenüber Zeitarbeit angesprochen und korrigiert?
- Werden Bewerber/innen ermuntert, Unterlagen auch gleich persönlich vorbeizubringen?
- Sind Gütesiegel oder Zertifizierungen abgebildet?
- Werden Mitarbeiter/innen zur Werbung weiterer Mitarbeiter/innen ermuntert und mit einer Prämie belohnt, wenn der Empfohlene mindestens x Tage gearbeitet hat?

Bewerberservice:

- Wird Ihre Seite über Google schnell gefunden? Wenn nicht, sollten Sie mit einem SEO-Experten sprechen.[16]
- Sind Name, Telefonnummer und E-Mail des richtigen Ansprechpartners leicht zu finden?
- Stellen sich die Ansprechpartner mit einem sympathischen Foto vor?
- Gibt es ein (kurzes) Bewerbungsformular oder die Möglichkeit zur One-Click-Bewerbung (etwa durch Hochladen eines Social-Media-Profils)?
- Finden Bewerber/innen Infos zum Bewerbungsablauf (als Bestandteil einer positiven »Candidate Experience«, vgl. Kapitel 4)?
- Downloads: Können Bewerber/innen nützliche Infos herunterladen (Infos zur Zeitarbeit, Tarifvertrag, Bewerbungsformular)?
- Gibt es Social-Media-Buttons zur Weiterempfehlung der Position (Facebook, Twitter, Xing, LinkedIn)?

Wie unterschiedlich Unternehmen sich präsentieren, zeigen die beiden folgenden repräsentativen Textauszüge, für die wir echte Texte nur leicht abgewandelt haben. Was denken Sie: Wo wird die Lust der Bewerber/innen, sich beim Unternehmen zu melden, eher geweckt?

Beispiel 1: Die alte Personaler-Welt

Wir bieten unseren Kunden professionelle Personaldienstleistung auf der Basis einer vertrauensvollen Zusammenarbeit

Bewerber/innen, Mitarbeiter/innen und Personaler/innen der Kundenunternehmen haben in unseren ortsnahen Geschäftsstellen denselben Ansprechpartner – wir garantieren direkte Kommunikation ohne Umwege! Wir fungieren als Bindeglied zwischen Unternehmen, die für spezifische Aufgaben und unterschiedliche Jobprofile schnell passende Mitarbeiter/innen benötigen, und Bewerber/innen, die kurzfristig eine ihrer Qualifikation entsprechende Arbeitsstelle suchen.

Beispiel 2: Eine neue Bewerberansprache

Finde mit uns Deinen nächsten Job!

Hallo, wir sind XXX — Deine Zeitarbeitsfirma aus YYY. Wir wissen, wie mühsam die Jobsuche sein kann. Keine Panik: Wir helfen Dir, den passenden Job zu finden, für den du morgens gerne aufstehst. Unser Motto: unkompliziert, langfristig und sicher.

Wir vermitteln gewerblich-technische Fach-, Führungs- und Hilfskräfte an unsere Kundenunternehmen. Schau einfach in unserer Jobbörse vorbei. Aktuell haben wir im Auftrag unserer Kunden 30 spannende Jobs in Musterstadt, Mustercity und Musterdorf.

Bewirb Dich einfach! Das geht ganz schnell – natürlich auch online!

Beispiel 2 mag manchem (auch manchem Bewerber) zu salopp sein. Doch im gewerblich-technischen Bereich und für jüngere Bewerber/innen ist diese direkte und schnörkellose Ansprache wahrscheinlich wirkungsvoller als die Personalfloskeln im ersten Beispiel. Nehmen Sie den zweiten Textauszug als Anregung, Ihren eigenen Stil zu finden, nicht als Mustertext. Das Erfolgsrezept lautet »kapieren, nicht kopieren«. Unsere Erfahrung: Womit sich alle zur Not arrangieren können, wird niemanden wirklich begeistern. Doch genau darauf kommt es heute an!

Machen statt nur vornehmen: Empfehlungsprogramme

Wie viele Bewerbungen haben Sie in den letzten Tagen aufgrund einer Empfehlung erhalten? Wie viele im letzten Monat? Im letzten Quartal? Wenn Ihnen da nur wenig in den Sinn kommt, vernachlässigen Sie einen wichtigen Recruiting-Kanal. Damit sind Sie in großer Gesellschaft: Die Online-Stellenbörse StepStone meldet, dass nur vier von zehn Unternehmen ein Mitarbeiterempfehlungsprogramm haben[17], und das, obwohl Empfehlungen nach Stellenanzeigen und Unternehmenswebsites der häufigste Weg zu neuen Mitarbeiter/innen sind. Laut Institut für Arbeitsmarkt und Berufsforschung (IAB) wird jede dritte Stelle über persönliche Kontakte besetzt.[18] Kein Wunder, denn in puncto Glaubwürdigkeit schlägt die Empfehlung eines Freundes oder Bekannten jede noch so teure PR-Aktion. Besonders naheliegend ist dabei die Strategie »Mitarbeiter werben Mitarbeiter«. Nahezu alle Personaldienstleiter haben solche Programme, der Output allerdings könnte unterschiedlicher nicht sein. Bei manchen Unternehmen erleben wir hier völlige Flaute. Die internen Mitarbeiter/innen wissen teilweise nicht einmal, dass es ein solches Programm gibt. Oder es wird nur sehr sporadisch umgesetzt, ohne System und ohne Auswertung der Ergebnisse. Bei anderen Unternehmen hingegen sind die Programme der reinste Segen. Sie laufen, und zwar richtig gut mit steigender Tendenz. Kostengünstiger kann man neue Mitarbeiter/innen schließlich kaum rekrutieren.

Mitarbeiter werben Mitarbeiter

Wie wird Ihr Mitarbeiter-Empfehlungsprogramm zum Recruiting-Turbo? Zehn praktische Tipps:
1. Empfehlenswert sein
   Das Wichtigste zu Beginn: Seien Sie kein mieser Arbeitgeber! Nur wer einen hervorragenden Job macht, wird logischerweise weiterempfohlen. In der Zeitarbeit ist das noch wichtiger als in anderen Branchen. Also sorgen Sie dafür, dass Ihre Mitarbeiter/innen zufrieden sind. Dazu mehr im Kapitel 7 »Erfolgsmotor: Externe Mitarbeiter/innen gut führen«.
2. Anreize bieten
   Legen Sie großzügige Anreizparameter fest und belohnen Sie erfolgreiche Empfehlungen zeitnah. Dabei locken 300 Euro

brutto nicht mehr jeden hinter dem Ofen hervor. Manche Mitarbeiter/innen fragen sich, was Ihnen ein Headhunter für den gleichen Dienst berechnen würde. Sie müssen es ja nicht übertreiben, aber was spricht gegen eine Prämienstaffel nach Qualifikation des empfohlenen Mitarbeiters? Beispiel: Für die Empfehlung eines Elektrikers (oder anderen Facharbeiters) gibt es 800 Euro, für die Empfehlung einer ungelernten Kraft die Hälfte. Ausbezahlt wird der »Finderlohn«, wenn der neue Kollege mindestens eine Woche gearbeitet hat. Klar, es könnte passieren, dass Sie auch mal drauflegen. Aber im Vergleich zu anderen Rekrutierungskosten ist dieses Risiko überschaubar, oder?

3. Werbung machen
Entwerfen Sie einen Flyer, eine Postkarte oder ein tolles Plakat, am besten alle drei. Achten Sie auf eine motivierende Wortwahl. »Werden Sie Talentsucher!« und »Ihr Finderlohn« klingt einladender als »Mitarbeiter werben Mitarbeiter« und »Prämie«. Wenig aufwändig, aber sehr wirksam ist eine Fotowand in der Niederlassung mit Bildern neu eingestellter Kollegen und dem Hinweis auf den Recruitingweg »Kollegenwerbung!« Als Renner kann sich daneben ein Mitarbeiterranking erweisen. Küren Sie den »Headhunter des Monats: Max Meise! Hat im April seinen Lohn verdoppelt«. (Achtung: Sie brauchen für solche Maßnahmen aus Datenschutzgründen das schriftliche Einverständnis der Betroffenen!)

4. Routinen einführen
Gute Gewohnheiten machen das Leben leichter. Die Flyer werden immer (!!!) ausgeteilt – bei jedem Bewerbungsgespräch, mit jeder Gehaltsabrechnung, bei jedem Mitarbeiterbesuch in der Niederlassung und bei jedem Arbeitsvertragsabschluss. Neuen Mitarbeiter/innen erklären Sie kurz, worum es beim Empfehlungsprogramm geht und wie sie davon profitieren. Kurz: Das Thema muss permanent angesprochen werden! Sie werden sehen, einfach tun ist viel

energiesparender und wirksamer, als jedes Mal zu grübeln, ob sich die Flyer-Übergabe jetzt wohl lohnt.
5. Hilfestellung geben
Viele Menschen haben eine gewisse Scheu und trauen sich nicht, andere anzusprechen. Ihnen können Sie mit ein paar Tipps helfen, wie es das Empfehlen funktioniert – beispielsweise, dass der Betreffende keine langen Reden halten muss, sondern dem Empfehlungsnehmer nur erzählt, dass er mit Ihnen als Arbeitgeber sehr zufrieden ist, und Ihre Kontaktdaten (am besten eine Visitenkarte) weitergibt. Alles Weitere regeln Sie dann selbst. Manchem Mitarbeiter hilft auch der Hinweis, dass er einem Bekannten mit einer Empfehlung einen Gefallen tut und nicht etwa als Bittsteller dasteht. Schließlich freuen wir alle uns über gute (!) Empfehlungen, gleichgültig, ob es um Filme, Friseure, Steuerberater oder eben Jobs geht.
6. Digitales Empfehlen ermöglichen
Versehen Sie jede Ihrer Stellenanzeigen mit Social-Media-Buttons, die eine einfache Weiterempfehlung per Facebook, Twitter, Xing, WhatsApp oder LinkedIn möglich machen. Damit erreichen Sie vor allem Stellensuchende. Idealerweise werden jedoch auch bestehende Mitarbeiter/innen kontinuierlich über offene Stellen informiert, die für das eigene Netzwerk von Interesse sein könnten. Das leisten neuerdings digitale Empfehlungsprogramme wie Firstbird, Talentry oder Eqipia (seit 2016 ein Tochterunternehmen von Xing). Loten Sie aus, ob sich eine entsprechende Software für Sie lohnt. Einen ersten Einblick in solche Systeme geben Petersohn (2017) und Osmann (o. J.). Eine Alternative ist die von einem österreichischen Softwareunternehmen entwickelte Mitarbeiter-App Lolyo, die nicht nur die interne Kommunikation verbessern soll, sondern auch über ein integriertes »Mitarbeiter-werben-Mitarbeiter«-Programm verfügt.[19] Unabhängig von solchen Lösungen können Sie geeignete Mitarbeiter/innen, die das möchten, wöchentlich per Newsletter über Stellen in ihrem Arbeitsbereich informieren.

7. Abschiedsempfehlungen einholen
   Führen Sie mit ausscheidenden Mitarbeitern ein Austrittsgespräch, bei dem Sie sich für die Zusammenarbeit bedanken und sich nach Anregungen erkundigen. Nutzen Sie die Gelegenheit auch, um noch einmal nach Empfehlungen zu fragen. Ein Mitarbeiter, der Sie als fairen Arbeitgeber kennengelernt hat und ausscheidet, weil er vom Auftraggeber übernommen wurde, teilt diese Positiverfahrung in den meisten Fällen gerne mit anderen.
8. Besuche bei Auftraggebern nutzen
   Besuchen Sie Ihre Mitarbeiter/innen regelmäßig vor Ort bei Ihrem Auftraggeber? Hoffentlich, denn auch hier können Sie Ihre Mitarbeiter/innen, Kollegen, Schichtleiter und andere Führungskräfte ganz nebenbei nach konkreten Empfehlungen fragen. Gleichzeitig haben solche Besuche den Effekt der »Selbstempfehlung«: Mitarbeiter/innen und Kolleg/innen aus der Zeitarbeit, deren Arbeitgeber sich weniger kümmern, werden so auf Ihr Unternehmen aufmerksam, möglicherweise auch Festangestellte, die wiederum andere Arbeitssuchende kennen und Sie empfehlen können.
9. Nehmen und geben
   »Chef, ich brauch mehr Geld!« – Wenn Sie das hören, ist das eine ideale Situation, um das Thema Mitarbeiterwerbung zu pushen. Gute Leute kennen in der Regel andere gute Leute. Entgegnen Sie einfach: »Kein Problem, Herr Mitarbeiter! Wieviel mehr Geld wollen Sie? 500 Euro? Oder besser 1000? Bringen Sie mir zwei Facharbeiter, und das Geld ist quasi schon auf Ihrem Konto.« Am besten funktioniert das augenzwinkernd und mit etwas Einfühlungsvermögen. Es gibt keinen besseren Moment als diesen, um darauf hinzuweisen, dass Mitarbeiterwerbungen sich in Euro und Cent auszahlen.
10. Erfolgskontrollen einführen
    Betrachten Sie das Empfehlungsprogramm als Chefsache, managen Sie es professionell. Wenn Sie den bloßen Zufall

durch die Strategie ersetzen wollen, brauchen Sie Zahlen, Daten, Fakten. Relevante Kennzahlen sind:
- Empfehlungen im Zeitraum XY,
- Umsatz mit den empfohlenen Mitarbeiter/innen (pro Monat/pro Jahr),
- ausgeschüttete Provisionen (pro Monat/pro Jahr),
- Zieldefinitionen: Wie viele Empfehlungen streben wir im Zeitraum YZ (nächstem Quartal/nächstem Jahr) an?

Interne Mitarbeiter/innen, Bewerber/innen und Kundenunternehmen als Empfehlungsgeber

»Jedes Unternehmen, das auch nur einen Anflug von Fachkräftemangel spürt, muss Mitarbeiterempfehlungsprogramme nutzen«, sagt Professor Armin Trost, Experte für Human Resources Management.[20] Neben extern eingesetzten Mitarbeiter/innen betrifft dies natürlich auch interne Mitarbeiter/innen. Hier sind die mentalen Hürden mitunter hoch, weil das Negativimage der Branche viele Personalberater zögern lässt. »Ich habe aufgehört zu erzählen, für welche Branche ich arbeite, weil ich auf Partys dann immer blöd angegangen werde«, lautet ein typisches Statement aus unseren Seminaren. Dort schauen die meisten betreten zu Boden, wenn wir fragen, ob sie selbst neue Zeitarbeitsmitarbeiter/innen werben. Dabei sind selbstbewusste und überzeugte interne Mitarbeiter/innen die besten Unternehmensbotschafter. Wenn Sie Ihre Hausaufgaben gemacht haben und zu den Guten in der Branche gehören, sollten Sie Ihren Personalfachleuten den Rücken stärken. Dazu können Sie beispielsweise in einem Workshop gemeinsam Argumentationsstrategien gegen unfaire Pauschalangriffe erarbeiten. Ein Mitarbeiter, der die Pluspunkte Ihres Unternehmens parat hat und mit konkreten Erfolgsbeispielen punkten kann, lässt sich nicht so schnell ins Bockshorn jagen. Bei den Prämien sollten dieselben Regelungen greifen wie für Zeitarbeitsmitarbeiter/innen.

Ein weiterer Weg zu Empfehlungen, der noch viel zu wenig genutzt wird: Bewerber werben Bewerber! Dabei ist es ganz einfach. Laden Sie jeden Kandidaten, der zu einem persönlichen Gespräch in Ihre Niederlassung kommt, ein, noch jemanden mitzubringen, der ebenfalls auf Stellensuche ist. Fragen Sie Bewerber/innen, die Ihnen absagen, nach Empfehlungen. Wenn Sie als Unternehmen im Bewerbungsprozess durch Fairness, Zuverlässigkeit und Wertschätzung punkten, haben Sie gute Erfolgschancen. Selbst Bewerber/innen, für die Sie aktuell keine Stelle haben, können Sie unter dieser Voraussetzung nach Empfehlungen fragen. Geben Sie Bewerber/innen Ihren Empfehlungsflyer, eine Empfehlungspostkarte mit witzigem Motiv sowie Ihren Kontaktdaten oder zumindest Ihre Visitenkarte mit. Nicht jedem fällt spontan ein möglicher Kandidat ein, vielleicht aber schon auf dem Heimweg. Wie viele Kontakte haben Sie pro Woche? Rechnen Sie nur einmal hoch, was es bedeuten würde, wenn nur jeder Zehnte davon Ihnen einen weiteren Mitarbeiter oder eine Mitarbeiterin beschert.

Und noch eine Möglichkeit, mit potenziellen Mitarbeiter/innen ins Gespräch zu kommen: Fragen Sie Ihre Auftraggeber nach Mitarbeiter-Empfehlungen, immer dann, wenn Sie mit jemandem intensiver im Gespräch sind, beispielsweise beim Jahresabschlussgespräch mit Ihrem Auftraggeber. Und was passiert bei Ihren Kundenunternehmen eigentlich mit Bewerber/innen, denen man mit echtem Bedauern absagen musste – also den Kandidaten aus der zweiten Reihe? Das ist einer unserer kreativen Tipps, die wir Ihnen im nächsten Abschnitt vorstellen.

Überraschen: Sieben neue Ideen für mehr Sogwirkung

In nahezu jedem Workshop mit Personaldienstleistern entwickeln die Teilnehmerinnen und Teilnehmer neue, spannende Ideen der Kandidatenfindung. Wer sich einmal entschlossen hat, die eingefahrenen Gleise zu verlassen, dem eröffnen sich vielfältige Möglichkeiten. Die besten Ideen stellen wir Ihnen hier vor, von A wie »Absage-Bonbon« bis W wie »Werbung an ungewöhnlichen Orten«.

1. Absage-Bonbon

Haben Sie Ihre Bestandskunden schon einmal gefragt, wie viele Bewerbungen sie auf Stellenanzeigen erhalten und wie vielen Kandidaten sie absagen müssen? In Seminaren kann uns diese Frage kaum jemand beantworten, denn oft ist der Entscheider für Zeitarbeit nicht zugleich zuständig für Festeinstellungen. Die meisten Personaler schreiben auch heute noch viele Absagen, und jede dieser Absagen frustriert ihren Empfänger und sorgt teilweise für negative Mundpropaganda über das Unternehmen insgesamt. Das gilt auch dann, wenn die Personalabteilung sich nicht auf diplomatische Floskeln beschränkt, sondern glaubhaft ihr Bedauern ausdrückt. Bieten Sie guten Kunden eine Zusammenarbeit an und vereinbaren Sie, dass Bewerber/innen aus der zweiten Reihe vorgeschlagen wird, ihre Daten an Sie weiterzugeben. Im Idealfall profitieren davon drei Parteien: Der Auftraggeber, weil er dem Kandidaten in guter Erinnerung bleibt, Sie, weil Sie einen vielversprechenden Bewerber gewinnen, der anderswo schon professionell »durchleuchtet« wurde, und natürlich der Bewerber, dem eine mögliche Alternative geboten wird. Durch die DSGVO sollte man sich hier nicht ausbremsen lassen, denn dafür gibt es Lösungen, beispielsweise indem der Partner im Kundenunternehmen sich im ersten Step mündlich oder auch per E-Mail das Okay holt. Die Bewerberansprache könnte wie in Abbildung 6 gezeigt aussehen.

Diese Vorgehensweise hat sich im Bereich der Personalvermittlung mehr als einmal bewährt und ist im Rahmen der Personaldienstleistung auch möglich. Auch mit einem Wettbewerber, den Sie gut kennen, können Sie sich in dieser Weise vernetzen und Bewerber/innen »weiterreichen«. Denn selbst wenn vermeintlich für das gleiche Berufsbild gesucht wird, unterscheiden sich Kandidaten vom Cultural Fit sehr voneinander.

> Hallo Herr Bewerber,
>
> ich wollte Sie heute persönlich informieren, dass wir uns leider für einen anderen Kandidaten entschieden haben. Sie haben jedoch einen sehr guten Eindruck bei uns hinterlassen. Wir würden Sie daher gerne an unseren Personalpartner weiterempfehlen. Sind Sie damit grundsätzlich einverstanden?
>
> Wenn ja, wird sich Herr/Frau ... mit Ihnen in Verbindung setzen, bzw. ich kann Ihnen gerne die Kontaktdaten weiterleiten.
>
> Beste Grüße
>
> Maxie Musterfrau

Abbildung 6: Kooperation mit Kundenunternehmen

Das heißt, ein sehr guter und bereits geprüfter Bewerber passt vielleicht nicht zu Ihrem Unternehmen und Ihren Kunden, jedoch in die Branche. Das klingt verrückt? Warum eigentlich?!

2. Aktive Bewerberansprache

Wie im Kapitel 1 (»Der Markt hat sich gedreht«) schon geschildert: Nur ein Teil der Menschen, die sich beruflich verändern möchten, ist tatsächlich aktiv auf Stellensuche. Geschätzt zwischen 30 und 50 Prozent sind latent wechselwillig. Die Personalbranche hat daher die gezielte Bewerberansprache entdeckt und dafür auch gleich einen flott klingenden Anglizismus eingeführt: »Active Sourcing«. Unternehmen drehen damit den Spieß sozusagen um und bewerben sich bei potenziellen Kandidaten. Eine zentrale Rolle spielen dabei Soziale Netzwerke, in denen aufgrund der dort eingestellten Profile passende Kandidaten recherchiert und kontaktiert werden können (siehe den folgenden Abschnitt »Klug einsetzen: Social Media«). Bei attraktiven Festanstellungen leuchtet das Sourcing-Prinzip spontan ein, aber ist es auch in der Arbeitnehmerüberlassung einsetzbar? Ist die Branche attraktiv genug, um Mitarbeiter/innen zu gewinnen, die noch gar nicht aktiv suchen? Ja, wir sind überzeugt, dass sich Active Sourcing auch in unserer Branche lohnt, wenn es gelingt, die Vorteile der Zeitarbeit attraktiv zu präsentieren und passende Kandidaten in der richtigen Lebenssituation anzusprechen. Seien Sie nah dran an potenziellen Kandidaten und gehen Sie aktiv auf Menschen zu. Hier einige Möglichkeiten:

- Vom Kundenunternehmen übernommene frühere Mitarbeiter/innen nach drei Monaten noch einmal kontaktieren: Wie zufrieden ist der Mitarbeiter? Die Zahl der Probezeitkündigungen ist höher als gemeinhin geschätzt. Möglicherweise kehrt der Mitarbeiter gern zurück (vgl. hierzu auch das Kapitel 7 »Bewerberbindung«).
- Geeignete Mitarbeiter/innen von Unternehmen, die in wirtschaftlichen Schwierigkeiten sind oder Jobs in eine andere Region verlagern wollen, proaktiv ansprechen. Motto: »Handeln, bevor es zu spät ist!« oder »Jobs vor Ort«.
- Dahin gehen, wo potenzielle Mitarbeiter sich aufhalten: Baustellen, Gewerbegebiete, Industriemessen. Möglicherweise ist ein Flyer am Kiosk und »Arbeiterverpflegungsstützpunkt« sinnvoller platziert als in Ihrem Foyer. Oder: einfach hingehen, zuhören und potenzielle Mitarbeiter direkt ansprechen.
- »Ausgelernt und noch kein Job in Sicht?« Bieten Sie Berufsschulen unter diesem Motto eine Informationsveranstaltung für das letzte Ausbildungsjahr an, auf der Sie Kandidaten in gefragten Berufen gezielt ansprechen.
- »Abi und noch keinen Plan? Lerne verschiedene Berufsfelder kennen!« Viele Abiturienten gönnen sich heute nach dem Abi ein Jahr Auszeit, nicht immer zur Begeisterung der Eltern. Laden Sie per Handzettel in einschlägigen Stadtvierteln zu einer Infoveranstaltung oder zu Einzelgesprächen in Ihrer Niederlassung ein.

3. Bewerberservice

»Wir schätzen Ihre Immobilie! Kostenlos und unverbindlich.« Wer in einem begehrten Stadtviertel wohnt, findet regelmäßig solche Angebote in seinem Briefkasten. Dahinter verbirgt sich natürlich eine Akquise-Strategie. Dieser Grundgedanke lässt sich auf die Mitarbeiterakquise übertragen: Bieten Sie einen kostenlosen Service und kommen Sie so ins Gespräch mit potenziellen Kandidaten. Das kann zum Beispiel ein »Kostenloser Lebenslauf-Check« sein, der online erfolgt und bei dem der Einsender konkrete Verbesserungsvorschläge erhält, oder ein Online-Test »Ihre Chancen auf dem Arbeitsmarkt«. Alternativ können Sie Checklisten zum Download auf Ihrer Website zur Verfügung stellen, mit deren Hilfe ein Arbeitnehmer nach Angabe von E-Mail-Adresse und (freiwilliger!) Angabe des Berufs seine Unterlagen optimieren oder sich auf ein Vorstellungsgespräch vorbereiten kann. Verschenken Sie Tipps, gewinnen Sie Vertrauen! Und laden Sie passende Nutzer zu einem unverbindlichen Gespräch ein.

4. Infostände und Vorträge

Wenn potenzielle Mitarbeiter/innen nicht zu Ihnen kommen, gehen Sie dorthin, wo potenzielle Mitarbeiter/innen sind – vor die Supermärkte und auf die Fußballplätze, in die Einkaufszentren und auf die Wochenmärkte. Verteilen Sie Flyer mit aktuellen Jobangeboten oder bauen Sie einen kleinen Stand auf. Seien Sie auf Personalmessen und Jobbörsen präsent und ansprechbar, nutzen Sie alle Möglichkeiten, die sich Ihnen bieten, Ihr Unternehmen zu präsentieren und neue Kunden – Mitarbeiter/innen wie Auftraggeber – zu werben. Gehen Sie dabei offensiv mit Vorurteilen gegenüber der Branche um und locken Sie Neugierige mit einem knackigen Vortragstitel (»Alles Ausbeuter? Chancen und Risiken der Zeitarbeit«). Ein solcher Vortrag sollte gründlich vorbereitet, unterhaltsam bebildert und inhaltlich ausgewogen sein. Das macht erst einmal Arbeit, zahlt sich aber bei wiederholtem Einsatz aus.

5. Kooperationen

Eine Seminarteilnehmerin berichtete, sie sei von einem Immobilienmakler im Bekanntenkreis angesprochen worden: Ob sie wohl einen Job für eine Wohnungsinteressentin und eventuell auch für deren Ehemann habe? Das Paar wolle in die Stadt ziehen, brauche dafür aber einen Lohnnachweis bzw. Arbeitsvertrag zur Vorlage beim Vermieter. Beiden konnte geholfen werden. Erstaunlich war, dass die Kollegin diese Erfolgsstory nicht multiplizierte und weitere Immobilienmakler ansprach. Nach dem Seminar stand das nun auf ihrer To-do-Liste – eine außergewöhnliche, aber auch plausible Idee. Eine solche Kooperation kann übrigens in beide Richtungen funktionieren: Ein Mitarbeiter, dem Sie einen Job in einer anderen Stadt vermitteln, braucht dort vielleicht auch eine Wohnung und einen fähigen Makler. Experten sprechen in solchen Fällen von Marketing-Kooperationen. Als Kooperationspartner kommt infrage, wer sich mit einem alternativen Angebot an die gleiche Zielgruppe wendet. Infrage kommen auch Kundenunternehmen, mit denen Sie schon länger zusammenarbeiten. Auf Recruiting- und anderen Fachmessen könnten Sie beispielsweise als »Untermieter« auf deren Messestand auftreten. Und da Personaldienstleister de facto oft Basisarbeit bei der Integration Geflüchteter leisten: Warum nicht Organisationen oder Vereinen, die mit der Unterbringung und Integration befasst sind, anbieten, beim Einstieg in den Arbeitsmarkt zu kooperieren?

6. Personalvermittlungsanzeigen

Der Erfolg vieler Personaldienstleister basiert nicht zuletzt auf dem Ausbau ihres Dienstleistungsangebots. Insbesondere werden verstärkt Personalvermittlungen vorgenommen. Davon profitiert nicht nur das Vermittlungsgeschäft selbst, sondern auch die Arbeitnehmerüberlassung:

- Mehr Anzeigen machen generell mehr Bewerber/innen auf das Unternehmen aufmerksam und führen zu mehr Anfragen

und Initiativbewerbungen, auch für Zeitarbeit. Personalvermittlung stärkt das Image des Unternehmens und erhöht seinen Bekanntheitsgrad.
- Auftraggeber nehmen den Personaldienstleister stärker wahr und können abgelehnten Bewerber/innen Zeitarbeit als Alternative empfehlen. Durch die Personalvermittlung lernen die Ansprechpartner im Unternehmen, die für Direkteinstellungen verantwortlich sind (oft andere als die Zuständigen für Zeitarbeit), den Personaldienstleister kennen.
- Durch Personalvermittlungsanzeigen kommt man in Kontakt mit Bewerber/innen, die sich auf eine Zeitarbeitsannonce nicht gemeldet hätten. Ist der Kandidat einmal vor Ort und bekommt ein attraktives Angebot, lässt er sich möglicherweise auf Zeitarbeit mit Übernahmemöglichkeit (im Branchenjargon »temp to perm«) ein. Diese Option unterscheidet sich nur graduell von einem unbefristeten Arbeitsverhältnis, das während der Probezeit ja ebenfalls ohne Angabe von Gründen beendet werden kann. Unserer Schätzung nach liegt die Übernahmequote aus Zeitarbeit im kaufmännischen Bereich bei über 50 Prozent, insgesamt bei circa 30 Prozent.

7. Werbung, Werbung, Werbung

Je bekannter Sie sind, desto größer ist die Chance, dass Kandidaten von sich aus auf Sie zukommen. Und je größer Ihr Netzwerk potenzieller Mitarbeiter/innen, desto rascher können Sie auf Kundenanfragen reagieren. Außerdem haben Sie die Möglichkeit, besonders interessante Mitarbeiter/innen auch ohne konkrete Anfrage direkt an Kundenunternehmen zu vermitteln (»Aktive Platzierung«, mehr dazu in Kapitel 5). Machen Sie daher auch an Orten auf sich und /oder konkrete Jobangebote aufmerksam, wo man es nicht unbedingt erwartet. Viele Personaldienstleister nutzen nicht einmal relativ naheliegende Möglichkeiten wie den Klappaufsteller vor der Filiale oder das Plakat mit aktuellen Stellenangeboten im Schaufenster. Auch Verkehrsmittelwerbung ist eine Überlegung wert. Wählen Sie Linien, auf denen Ihre Zielgruppe unterwegs ist. Und falls es Ihnen zu kostspielig ist, gleich einen ganzen Bus oder eine Straßenbahn bekleben zu lassen: Plakate im Innenraum sind schon für kleines Geld zu haben. Präsentieren Sie sich ungewöhnlich und humorvoll, etwa großen Bannern an der Hausfassade, figurativen Pappaufstellern, prägnanten Kurzbotschaften mit einlesbarem QR-Code für die Details. Werben Sie mit realen Erfolgsbeispielen, Mitarbeiter/innen, die gerne bei Ihnen arbeiten, oder Ex-Mitarbeiter/innen, die durch Sie ihren Traumarbeitgeber gefunden haben. Und probieren Sie einfach mal etwas Neues aus, wie im folgenden Beispiel:

Tinder: Bewerbersuche auf der Dating-Plattform?

Eine Kundin ruft mich (Nicole) an und will wissen, ob ich es nicht allmählich übertreibe mit der Bewerbung unserer Bücher über Social Media. Was war passiert? Ich hatte bei einer Werbeaktion über Facebook einen falschen Haken gesetzt, und die Bücher erschienen nun auch auf Tinder, einer Flirt-Plattform. Diese etwas peinliche Situation erzählte ich zwei Wochen später einem Kollegen. Der lachte und meinte, er habe bei einem Facebook-Workshop (zum Thema »Wie sieht mein Bewerber-Avatar aus?«) festgestellt, dass die jungen Kollegen aus der Servicetechnik in der Pause immer am »Wischen« auf dem Handy waren. Für nicht Eingeweihte: Bei Tinder signalisiert man durch das Wischen nach rechts Interesse an einer Person. Nach links wischen bedeutet Desinteresse. Nach dieser Beobachtung entschloss man sich, probeweise auf Tinder eine Stellenanzeige zu platzieren. Die Resonanz war sehr gut.
Manchmal muss man eben nur wissen, wo der Wunschmitarbeiter in seiner Freizeit surft!

Schön wäre auch, wenn die Branche gemeinsam mehr Imagewerbung und Branchen-PR machen würde – also gemeinsam gegen Vorurteile angeht und die Vorteile der Zeitarbeit präsentiert, nach dem Motto: Allein ist man schneller, gemeinsam kommt man ans Ziel.

Klug einsetzen: Social Media

Social Media sind das Hauptmedium der aktiven Bewerberansprache (»Active Sourcing«). Je nach Branche und Altersgruppe bleibt die Ansprache von Angesicht zu Angesicht zwar ebenfalls vielversprechend: Produktionshelfer oder Zimmermädchen finden sich seltener in Karrierenetzwerken als höher qualifizierte Arbeitskräfte. Dennoch kommt modernes Recruiting an Social Media nicht vorbei. Nach einer Umfrage des Bundesarbeitgeberverbandes der Personaldienstleister (BAP) nutzen 95 Prozent der Zeitarbeitsmitarbeiter/innen zwischen 18 und 39 Jahren WhatsApp, 72 Prozent nutzen Facebook und 42 Prozent Xing. Bei der Jobsuche folgen soziale Netzwerke mit 53 Prozent als drittwichtigster Weg auf die Suche in Job-Portalen (71 Prozent) und Empfehlungen von Freunden und Bekannten (60 Prozent).[21] Welche Möglichkeiten gibt Ihnen das? Zum einen können Sie soziale Medien als Plattformen nutzen, um Ihr Unternehmen bekannter zu machen und positiv im Gedächtnis Ihrer Zielgruppen zu verankern. Dies ist eine eher indirekte Strategie. Zum anderen können Sie passende Kandidaten über soziale Netzwerke direkt kontaktieren. Beides setzt einen Einstellungswandel voraus, den Jürgen Sorg, Experte für Social-Media-Personalmarketing, so beschreibt: »Will man seine Zielgruppe im Social Web richtig adressieren, dann ist es ratsam, zuzuhören. Erfolgreiches Recruiting und Personalmarketing im Social Web fragt nach den sozialen und kommunikativen Bedürfnissen der Nutzer und richtet die eigenen Aktivitäten nach diesen aus.«[22] So gesehen ist der Glasermeister im Eingangsbeispiel ein Naturtalent: Er weiß offenbar, wo Azubis der Schuh drückt (Unsicherheit beim Übergang von der Schule in den

Beruf, wenig Geld, Fahrtkosten), redet Klartext, greift ihnen finanziell unter die Arme und präsentiert sich humorvoll und cool.

Funktion 1: Sich als Unternehmen präsentieren

Wechseln Sie für einen Moment die Perspektive: Was, glauben Sie, suchen Menschen am Arbeitsplatz? Und was lässt sie zögern, sich bei einem Zeitarbeitsunternehmen zu bewerben? Seit vielen Jahren ergeben Studien bei der ersten Frage immer dasselbe: Neben angemessener Bezahlung und Sicherheit ist Mitarbeiter/innen vor allem ein gutes Arbeitsklima wichtig. Dazu zählen ein kollegiales Miteinander und ein fairer Chef, Wertschätzung und Respekt. In all diesen Punkten ist das Image der Zeitarbeit eher negativ (vgl. Kapitel 2 »Die Imagebremse«). Hochglanzbroschüren und Anzeigen allein werden daran wenig ändern, solange es schwarze Schafe und alte Vorurteile gibt. Social Media sind ein Weg, zu demonstrieren, dass Sie anders sind. Erzählen Sie *Ihre* Geschichte und *Ihr* Warum, für die Branche zu arbeiten. Strahlen Sie Tatkraft und Begeisterung aus. Setzen Sie einen Anker im Kopf Ihrer Bewerberzielgruppe. Hören Sie auf, langweilige Standardanzeigen zu vervielfältigen und einfach nur Jobs anzubieten. Berichten Sie von sich, Ihren Wünschen, Träumen und Sorgen – und auch davon, welche Wünsche Ihrer Kunden (der Bewerber/innen!) Sie erfüllen und welche ihrer Sorgen Sie ausräumen können. So holen Sie Menschen emotional ab und schaffen einen perfekten Ausgleich zur unpersönlichen digitalisierten Welt von heute. Setzen Sie Ihre emotionale Intelligenz ein, beweisen Sie Empathie und stellen Sie als Sahnehäubchen das unschätzbare Netzwerk vor, das Sie sich über Jahre hinweg aufgebaut haben und das Sie zum Nutzen Ihrer Mitarbeiter/innen einsetzen.

Diese Mitarbeiter/innen sind zugleich die wirksamsten und glaubwürdigsten Werbebotschafter. Das haben auch außerhalb der Personaldienstleistung immer mehr Unternehmen verstanden und lassen zufriedene Mitarbeiter/innen in sozialen Medien und auf Videos für sich sprechen. Einige Beispiele:

- Weber Maschinenbau, ein mittelständischer Hersteller von Wurst- und Käseschneidemaschinen, hat seinen Facebook-Auftritt in die Hände der Azubis gegeben und gewinnt so neue Nachwuchskräfte. Einen Erfahrungsbericht finden Sie auf Youtube.[23]
- Ehring Markenmöbel, Hersteller von Kindermöbeln, betreibt einen professionellen Facebook-Account, in dem Mitarbeitergeschichten und Videos aus dem Arbeitsalltag im Mittelpunkt stehen. Nicht nur die Bekanntheit des Unternehmens ist laut Inhaber Ralf Ehring dadurch gestiegen, auch die Zahl der Bewerbungen hat zugenommen. 15 neue Mitarbeiter/innen seien über Facebook gewonnen worden. Dabei würden manche Stelleninteressenten von ihren Kindern auf das Facebook-Profil aufmerksam gemacht.[24]
- Semco Glas führt Interessenten von seiner Karriereseite direkt zur Company-Seite bei Xing, wo Interessenten mit Mitarbeiter/innen in Kontakt treten können. Azubis werden auf eine Facebook-Seite verwiesen, die sich speziell Azubi-Themen widmet.[25]
- Verschiedene Unternehmen wie die Firma Eismann zeigen auf Ihrer Karriereseite Mitarbeitervideos mit Erfahrungen aus dem Arbeitsalltag statt auf Standardtexte der Personalabteilung zu setzen.[26]
- Bei den Verkehrsbetrieben Zürich bewirbt sich der Chef per Video bei potenziellen Busfahrern und auch die Fahrer selbst kommen zu Wort, in einem anderen Spot stellt ein »Trampilot« sich und seinen Joballtag vor.[27]
- Die Deutsche Flugsicherung (DFS) begeistert mit einem Azubiblog Nachwuchskräfte für das Berufsfeld.[28]

Videos, in denen Mitarbeiter/innen und Führungskräfte eines Unternehmens ihren Alltag schildern und um Neuzugänge werben, vermitteln einen authentischen Eindruck von der Kultur dort und fördern den »Cultural Fit« potenzieller neuer Mitarbeiter/innen. »Die Bewerber müssen (…) endlich nicht mehr die Katze im Sack kaufen«, heißt es in einem Beitrag von Katharina von Wyl, der zeigt, worauf es bei solchen Kurzfilmen ankommt. Vor allem wird bewusst die glatte Fassade herkömmlicher Werbespots vermieden.[29] Ein wesentlicher Vorteil: Bilder wirken direkter als Texte und sind auch für Menschen zugänglich, die sich mit dem Lesen schwertun. Auch das macht sie für die Arbeitnehmerüberlassung interessant. Dabei haben Personaldienstleister grundsätzlich zwei Möglichkeiten. Die erste: Personaldisponenten stellen sich und ihr Arbeitsgebiet vor und werben persönlich um Kandidaten. Damit verankern sie sich im Bewusstsein von Bewerber/innen als Führungskräfte, die sich für externe Mitarbeiter/innen verantwortlich fühlen und sich kümmern, wie ein guter Chef das eben tun sollte. Die zweite Möglichkeit: Mitarbeiter/innen im Außeneinsatz erklären, wie das mit der Zeitarbeit funktioniert, wie zufrieden sie sind und was sie am Personaldienstleister schätzen. Verbreitet werden die Videos über die Unternehmenswebsite und über soziale Medien wie Facebook. Ergänzend oder alternativ können Sie in einem Blog Erfahrungsberichte und Mitarbeiterporträts posten oder Beiträge mit nützlichen Tipps für potenzielle Mitarbeiter/innen veröffentlichen, von Bewerbungstipps über das Mitarbeiterwerben-Mitarbeiter-Programm bis hin zu Hinweisen »Wie lese ich meine Lohnabrechnung?«. Bei allen indirekten Maßnahmen in den sozialen Medien, ob via Video, Blog oder Facebook oder auch in einer WhatsApp-Gruppe für Interessierte gilt: Sie zielen nicht auf den unmittelbaren Erfolg nach dem Motto »heute gepostet, morgen Bewerbungen erhalten«. Die Ziele sind eher mittel- und langfristig, sie liegen in erster Linie in Kundenbindung, Imagepflege, Steigerung des Bekanntheitsgrades, und erst in zweiter Linie in direktem Recruiting. Beim »Active Sourcing« im engeren Sinne steht genau das im Mittelpunkt.

Funktion 2: Kandidaten direkt ansprechen

Im ersten Kapitel haben wir schon davon berichtet, wie eine gezielte Xing-Suche nach potenziellen Jobkandidaten sekundenschnell Dutzende Treffer ergab (vgl. den Abschnitt »Mindset: Eine neue Situation erfordert neues Denken«). Anders als Facebook werden Xing und auch LinkedIn vor allem beruflich genutzt. Wer sein Profil hier einstellt und Werdegang und Erfahrungsschatz öffentlich zugänglich macht, präsentiert sich in den meisten Fällen damit bewusst auch potenziellen Arbeitgebern. Da LinkedIn primär hochqualifizierte Fach- und Führungskräfte vernetzt, konzentrieren wir uns im Folgenden auf Xing. Dort haben Premiummitglieder inzwischen die Möglichkeit, nur für Recruiter zugängliche Jobwünsche zu posten, inklusive Gehaltsvorstellung und Wunscharbeitgeber. Recruiter wiederum können über ihr persönliches Profil nach Mitgliedern in verschiedenen Branchen, Tätigkeitsfeldern, Postleitzahlgebieten, Bundesländern usw. fahnden (vgl. Abbildung 7) und damit auch Kandidaten aufspüren, die nur latent auf der Suche sind. Ferner können sie ein persönliches Netzwerk aufbauen, Kontaktanfragen auf den Weg bringen, Gruppen beitreten, dort Artikel posten usw. Auch Suchaufträge lassen sich anlegen (über Xing Premium), vgl. Abbildung 8. Natürlich muss ein Xing-Profil gepflegt werden. Einmal eingerichtet ist der zeitliche Aufwand jedoch überschaubar.

Eine Alternative zum Privat-Account als Kontaktfundus, den der jeweilige Mitarbeiter mitnimmt, wenn er das Unternehmen verlässt, ist der »Xing Talentmanager«. Er kostet Unternehmen 329 Euro monatlich (Stand: Mai 2019). Hier lassen sich Stellenanzeigen hochladen, woraufhin das Tool automatisch potenzielle Kandidaten anzeigt. Auch Bewerbungen und eigene Anfragen können Sie hier verwalten. Doppelanfragen desselben Unternehmens bei einem Kandidaten werden so vermieden. LinkedIn bietet mit dem LinkedIn-Recruiter ein ähnliches Instrument.[30]

Klug einsetzen: Social Media

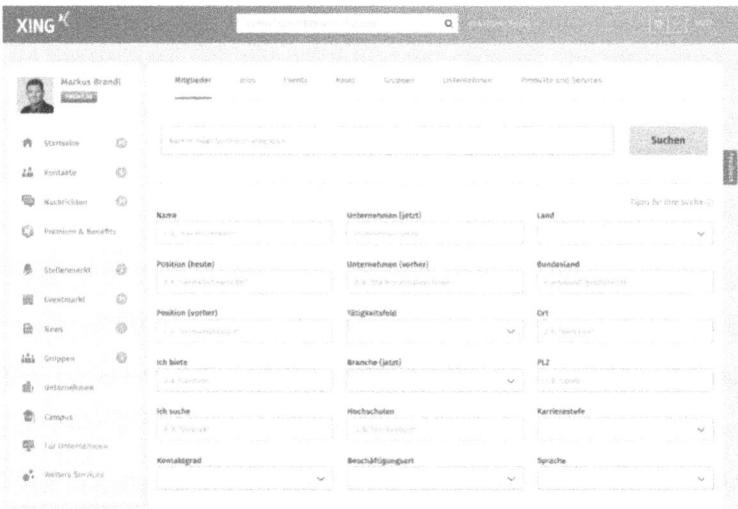

Abbildung 7: Suchmaske bei Xing

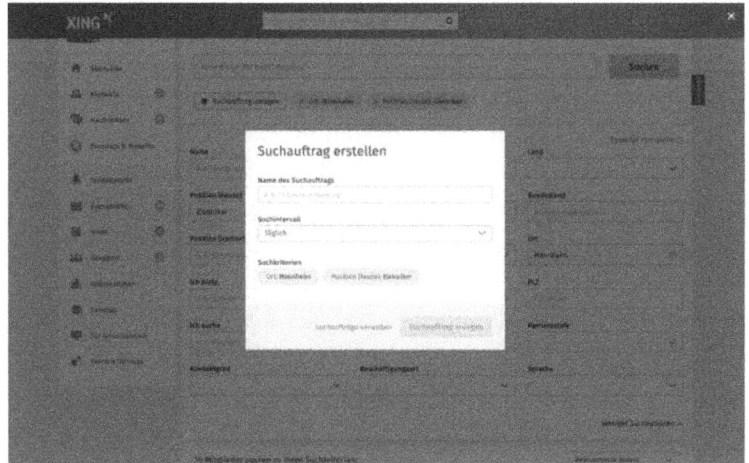

Abbildung 8: Suchauftrag bei Xing (Premium)

Viele Personaler haben die Sorge, dass interessante Kandidaten im Web mit Anfragen überschwemmt werden. Unbegründet ist das nicht. In Umfragen wie den Recruiting Trends 2019 sagen 70 Prozent der Kandidaten, sie seien durch standardisierte Kontaktanfragen ohne persönlichen Bezug »genervt«, und 40 Prozent meinen, sie würden »zu häufig« von Unternehmen angesprochen. Gleichzeitig jedoch geben knapp 18 Prozent an, ihren letzten Job aufgrund einer Direktansprache erhalten zu haben. Und rund jeder Dritte hat sich aufgrund einer Direktansprache schon einmal bei einem Unternehmen beworben, auf das er sonst nicht zugegangen wäre.[31] Damit ist der Weg für eine Erfolg versprechende aktive Ansprache schon vorgezeichnet: Massenmails scheiden aus, gefragt ist eine individuelle und auf die Person zugeschnittene Kontaktaufnahme – Handarbeit sozusagen.

In Facebook ist die Ansprache unkompliziert. Dazu können Sie Vermittlungsvorschläge der Arbeitsagentur durchgehen und die Arbeitsuchenden anschreiben, wenn die Namen angegeben sind. Suchen Sie im Netzwerk nach dem vorgeschlagenen Mitarbeiter und schicken Sie ihm über Messenger eine Nachricht. Die Bewerber/innen reagieren hier schneller als auf Mails oder SMS-Nachrichten. Am besten ist es, vorher ein tolles Verhältnis zum Mitarbeiter oder zur Mitarbeiterin der Arbeitsagentur aufzubauen. Wir kennen Beispiele, bei denen das gelungen ist und man sogar gemeinsam passende Bewerber/innen anruft. Wenn Sie allein aktiv werden, schicken Sie Nachrichten und nicht gleich im ersten Step »Freundschaftsanfragen«. Eine individuelle Kontaktaufnahme auf Facebook könnte so formuliert sein: *Hallo Herr ..., wenn Sie Interesse an ein Jobangebot im Bereich XX haben, schreiben Sie mir eine persönliche Nachricht oder rufen Sie mich unter ... an. Herzlichen Dank, N.N.* Noch wirksamer sind konkrete Anzeigen (»Social Ads«) mit Leadgenerierung auf Facebook.

Auf Xing hingegen können Sie als ersten Schritt Kontaktanfragen senden oder sich für Nachrichten entscheiden. Einige Personalberater sind auch mit der parallelen Versendung von Nachricht und Kontaktanfrage erfolgreich. Geht es Ihnen nur um die Erweiterung Ihres Netzwerkes und nicht um einen konkreten Job (zumindest nicht kurzfristig), wäre auf Xing eine Formulierung wie die folgende denkbar:

Sehr geehrte Frau ...,

bei meinen Recherchen bin ich aufgrund Ihrer Erfahrung mit ... auf Ihr Profil aufmerksam geworden und würde mich über eine Kontaktbestätigung freuen. Ich bin immer wieder auf der Suche nach Mitarbeiter/innen für namhafte Unternehmen im Bereich ... Wenn Sie einverstanden sind, komme ich wieder auf Sie zu, sobald ich ein passendes Angebot für Sie habe. Beste Grüße, N.N.

Kombinieren Sie einen solchen Text mit einer persönlichen Betreffzeile wie zum Beispiel »*Ihre Berufspraxis im Bereich ...*« oder »*Was mir an Ihrem Profil aufgefallen ist*«. Wie Sie die Chancen eines konkreten Jobangebots via Xing maximieren, zeigt die Checkliste »Active Sourcing im Netz«.

**CHECKLISTE ACTIVE SOURCING IM NETZ
(Kandidatenansprache über Social Media)**

Ihr Köder: Die Betreffzeile

Viele Kandidaten bekommen regelmäßig Personaler-Post. Damit Ihre Botschaft ankommt, vermeiden Sie daher alles, was nach Massenmail aussieht. Dazu zählen allgemeine Betreffzeilen wie »Neue Herausforderung«, »Anfrage« oder auch der Jobtitel. Im Idealfall stellen Sie schon im Betreff einen persönlichen Bezug her und stechen damit aus der Menge der Massenanschreiben heraus. Beispiele:

»*Großes Kino statt Vorabendprogramm*« *[für einen Kandidaten mit Kino als Hobby; Sie bieten einen Job beim Marktführer]*

»*Ein Job vor Ihrer Haustür*« *[bei Kandidaten aus derselben Stadt]*

Persönlich anklopfen: Die Anrede

»Sehr geehrte Damen und Herren« – diese Massenanrede ist tabu. Nehmen Sie sich eine Minute Zeit für einen individuellen Einstieg. Beispiel:

Sehr geehrte Frau Müller-Lüdenscheidt,

Gratulation zu Ihrem professionellen Xing-Auftritt! Ihre langjährige Erfahrung im Bereich … ist mir sofort ins Auge gefallen.

Zuversicht ausstrahlen: Sie sind der/die Richtige!

Bringen Sie auf den Punkt, warum Sie sich für den Kandidaten interessieren: Warum passt er oder sie perfekt auf die Stelle, die Sie anbieten? Beispiel:

»Für einen attraktiven Mittelständler suche ich Einkaufssachbearbeiter (m/w/d). Ich habe Ihr Xing-Profil studiert und sofort gedacht: Das ist der perfekte Kandidat. Besonders angesprochen hat mich Ihre frühere Beschäftigung bei der XYZ AG. Die Position ist für sechs Monate im Rahmen eines Projektes ausgeschrieben, jedoch mit sehr guter Übernahmeoption bei unserem Auftraggeber.«

Sich kurzfassen: Wenige Sätze

Weniger ist mehr: Bei der ersten Kontaktaufnahme geht es nicht darum, schon alle Details zu schildern. Ein kurzer Absatz genügt. Konzentrieren Sie sich auf Aufgabenbereiche, die optimal zum Profil des Kandidaten passen. Lassen Sie Raum für Neugier. Um eine Rückmeldung des Angesprochenen zu bekommen, sind zwei bis vier Sätze optimal.

Interesse wecken: Attraktive Stellenmerkmale

Warum ist Ihr Angebot attraktiv für den Kandidaten? Warum sind Sie ein überzeugender Arbeitgeber? Weisen

Sie auf Pluspunkte hin: faires Gehalt, kurzfristiger Jobeinstieg, Fortbildungen und Qualifizierungsmöglichkeiten, flexible Arbeitszeit, kürzerer Anfahrtsweg, Übernahmeoption durch den Entleiher, Mitarbeiterrabatte und andere Vergünstigungen. Beispiel:

»*Ich habe gelesen, dass Sie aktuell auf Stellensuche sind. Wären Sie interessiert, schon nächste Woche bei einem Marktführer im Bereich ... zu arbeiten? Wir bieten Ihnen tariflich garantierte faire Bezahlung, sämtliche Sozialleistungen inklusive Urlaubs- und Weihnachtgeld sowie bei Bedarf einen Fahrservice.*«

Service bieten: Unkomplizierte Rückmeldung

Wenn Sie abschließend um »Zusendung der üblichen Bewerbungsunterlagen« bitten, verlieren Sie die meisten Kandidaten. Bieten Sie stattdessen ein Telefonat an. Vermeiden Sie dabei das Wort »unverbindlich«. Mag sein, dass Sie damit dem Kandidaten möglichen Druck nehmen wollen. Er wird es jedoch eher so verstehen, dass Ihr Angebot für Sie nicht verbindlich ist. Schreiben Sie stattdessen beispielsweise:

»*Ich freue mich über eine Kontaktaufnahme. Sie erreichen mich mobil unter 0177/12 34 56 78. Gern können Sie mir auch eine SMS senden – ich melde mich!*«

Schnitzer vermeiden: Der Teufel steckt im Detail

Wird der Name falsch geschrieben oder das Geschlecht verwechselt, reagiert jeder Mensch empfindlich. Prüfen Sie Ihre Nachricht daher penibel auf Fehler. Eine »Frau Schultze« die als »Herr Schulze« kontaktiert wird, meldet sich wahrscheinlich nicht oder nur mit Vorbehalten.

Langfristig denken: Ein Netzwerk aufbauen

Es geht noch unkomplizierter: Bieten Sie im ersten Step keinen Job an, sondern bitten Sie um Vernetzung. Lernen Sie die Kontaktperson erst einmal ungezwungen online kennen und schicken ihr lediglich eine Kontaktanfrage – bitte immer mit Text, zum Beispiel so: »*Ich bin Personalberaterin und baue mir aktuell ein Netzwerk in Köln auf. Daher würde ich mich über eine Kontaktbestätigung und einen fachlichen Austausch hier auf Xing sehr freuen. Beste Grüße, N.N.*«

Ihre Chancen auf einen Blick

- Viele Stellenanzeigen oder Karriere-Websites gehen an den Bedürfnissen der Bewerber/innen vorbei. Machen Sie es besser: Seien Sie präzise und prägnant, liefern Sie alle wichtigen Infos, bestechen Sie durch eine ansprechende Gestaltung und bieten Sie einfache Bewerbungswege.
- Überlassen Sie Empfehlungen nicht dem Zufall, sondern entwickeln und bewerben Sie ein Empfehlungsprogramm, dessen Wirksamkeit Sie anhand von Kennzahlen überprüfen. »Mitarbeiter werben Mitarbeiter« ist dabei ein zentraler, aber nicht der einzige Baustein.
- Gehen Sie ungewöhnliche Wege von kostenlosem Bewerberservice über die Zusammenarbeit mit Kooperationspartnern bis zur direkten Bewerberansprache und offensiver Werbung.
- Setzen Sie Social Media zur Imagepflege wie auch zum gezielten Active Sourcing ein. Verzichten Sie auf Massenmails und unpersönliche Anfrage – Klasse statt Masse lautet die Devise!
- Denken Sie immer daran: Der Kontakt hinter dem Kontakt könnte auch oder noch interessanter sein!

4 Bewerber-Erfahrung im Fokus: »Candidate Experience«

> »Es ist wie mit einem Hemd. Wenn ich oben falsch zuknöpfe, stelle ich das meist erst unten fest – und kann die ganze Prozedur wiederholen.«
>
> (Nicole Truchseß)

Stellen Sie sich ein Date vor, zu dem die oder der Angebetete eine Viertelstunde zu spät erscheint. Die Entschuldigung fällt mager aus. Sofort keimen Zweifel in Ihnen auf, ob dieses Treffen vielleicht ein Fehler war. Nach einem leidlich netten Abend hören Sie erst einmal drei Wochen nichts. Jetzt verlieren Sie langsam das Interesse. Ihr Bedauern hält sich in Grenzen, denn inzwischen sind Sie überzeugt: An diesem Gegenüber hätten Sie ohnehin wenig Freude!

Ganz ähnlich ergeht es Stellenbewerber/innen, die mit intransparenten und oft quälend langen Bewerbungsverfahren konfrontiert sind, beim Erstkontakt auf Gleichgültigkeit stoßen oder so behandelt werden, als stünden gleich um die Ecke Dutzende Kandidaten Schlange. Da das nicht so ist, hat in den letzten Jahren der Begriff »Candidate Experience« eine steile Karriere in Personalerkreisen gemacht: Wie sorgen Sie dafür, dass Bewerber/innen den gesamten Bewerbungs- und Einstellungsprozess als professionell und menschlich angenehm erleben? Das ist mehr als ein Sahnehäubchen – es ist erfolgsentscheidend. Denn von der Art und Weise, wie Sie die Bewerbung handhaben, schließt der Kandidat auf Ihre Unternehmenskultur und darauf, wie er später behandelt werden wird. Und das wiederum beeinflusst seine Entscheidung, bei Ihnen zu arbeiten oder eher nicht. Denn die interessantesten Kandidaten haben in der Regel Alternativen.

Der Bewerbungsprozess oder: Stefan sucht 'nen Job!

Beim Begriff der »Candidate Experience« haben Personalexperten sich vom Marketing inspirieren lassen. Im Kundenmanagement spricht man schon lange von »Customer Experience«, um die Summe der Berührungspunkte zu bezeichnen, die ein Käufer mit einem Unternehmen oder einer Marke erlebt. Wo sich Produktmerkmale nur noch graduell unterscheiden, werden positive Kundenerfahrungen zum entscheidenden Differenzierungsmerkmal.[1] Hintergrund ist die Wandlung der Verkäufermärkte der Nachkriegszeit, in denen die Anbieter in der stärkeren Position waren, zu Käufermärkten, in denen Kunden die Wahl unter zahlreichen konkurrierenden Angeboten haben. Auf dem Arbeitsmarkt hat sich in vielen Teilmärkten in den letzten 15 bis 20 Jahren ein ganz ähnlicher Wandel vollzogen. Kein Wunder also, dass es inzwischen zum guten Ton bei jedem Branchenevent gehört, auch im Personalbereich Servicementalität anzumahnen und eine Optimierung der Candidate Experience zu empfehlen. Doch was bedeutet das für die Personaldienstleistung ganz konkret und praktisch? Im Prinzip müssen Sie zwei Bereiche im Griff haben: Einerseits gilt es, für transparente, effiziente und zügige Prozesse zu sorgen. Andererseits muss die menschliche Komponente stimmen (vgl. Abbildung 9). Erfolg gibt es nur in diesem Doppelpack: Es nützt nichts, nett zu sein, wenn Chaos herrscht und Bewerbungen versanden. Und es reicht nicht aus, effizient zu sein, wenn Kandidaten durch brüskes Auftreten vergrätzt werden. Idealerweise sorgen Sie im Bewerbungs-, Einstellungs- und Einsatzprozess kontinuierlich für »Highlight-Erlebnisse«, die Bewerber/innen und späteren Mitarbeiter/innen vor Augen führen: Hier ist etwas anders und besser als anderswo!

Der Bewerbungsverlauf (»Candidate Journey«)

Starten wir mit dem Bewerbungsprozess. Streng genommen beginnt dieser (und damit die »Candidate Journey«) schon, wenn

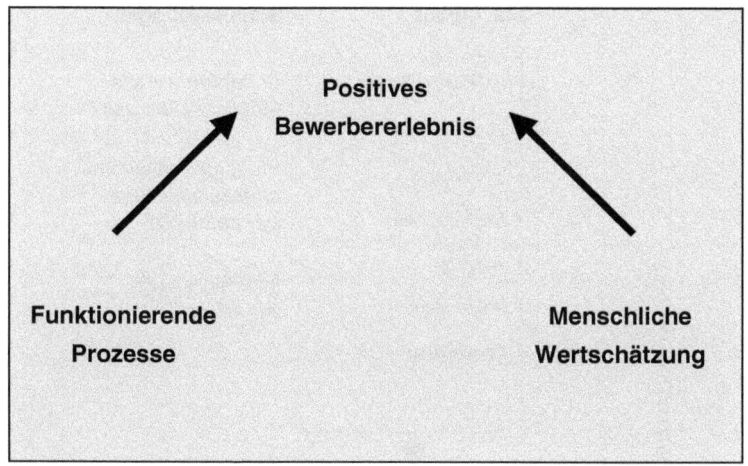

Abbildung 9: Kernkomponenten der »Candidate Experience«

ein Kandidat oder eine Kandidatin zum ersten Mal mit Ihrem Unternehmen in Berührung kommt, sei es durch Ihre Website, in sozialen Medien, durch Werbung oder eine Stellenanzeige. Alle Tipps, die wir im letzten Kapitel gegeben haben, tragen bereits zu einem positiven Bewerbererlebnis bei – eindeutig formulierte und informative Stellenangebote, Nennung von Ansprechpartnern, Einbindung von Mitarbeiter/innen auf der Website usw. Der Bewerbungsprozess im engeren Sinne startet, sobald Bewerber/innen Kontakt zu Ihnen aufnehmen. Um die verschiedenen Kontaktpunkte (neudeutsch »Touchpoints«) bewusst zu machen und zu optimieren, führen wir in unseren Seminaren eine Übung durch, die wir »Stefan sucht 'nen Job« nennen. Hier halten wir in einem Flussdiagramm den typischen Weg eines Mitarbeiters in der Arbeitnehmerüberlassung fest. In einem zweiten Schritt überlegen wir dann, wie dieser Prozess für die Kandidaten zu einer Positiverfahrung gemacht werden kann. Abbildung 10 verdeutlicht den typischen Ablauf in der Arbeitnehmerüberlassung.

4 Bewerber-Erfahrung im Fokus: »Candidate Experience«

Der Ablauf	Schlüsselfragen
Wie findet Stefan uns? • Suchmaschinen • Infomaterial • Stellenbörsen • Website • Social Meda • Empfehlung • ...	Schöpfen wir alle Möglichkeiten aus? Präsentieren wir uns professionell und sympathisch? Informieren wir zutreffend?
Wie bewirbt S. sich? • Über Website • Stellenzeige • E-Recruiting (Formular) • Persönlicher Kontakt • ...	Bieten wir die Wege an, die Stefan bevorzugt? Heißen wir ihn herzlich willkommen?
Wie läuft das Auswahlverfahren? • Eingangsbestätigung • Telefoninterview • Vorstellungsgespräch • E-Recruiting (Self-Service) • ...	Reagieren wir zügig? Ist das Verfahren transparent? Gibt es einen Erstcheck am Telefon? Existiert dafür ein Leitfaden?

⟵ Reagieren wir zeitnah? Handeln wir wertschätzend? Gehen wir auf den Bewerber ein?

Abbildung 10: Typischer Erlebnispfad (»Candidate Journey«) in der Arbeitnehmerüberlassung

Der Bewerbungsprozess oder: Stefan sucht 'nen Job! 99

| Wie erlebt S. das Vorstellungsgespräch?
• Begrüßung
• Einstieg
• Fragen
• Eigene Fragen von S.
• ... | *Sind wir vorbereitet, professionell und wertschätzend?*

Mit welchem Eindruck geht S. aus dem Gespräch? |

| Wir sagen ab
• Wie?

Stefan sagt ab
• Wie reagieren wir? | | Wie/Wann teilen wir das Ergebnis mit?
• Feedback an S.
• Absage/Zusage
• Persönlich o. schriftlich?
• ... | *Geben wir zeitnah Feedback?*

Sind unsere Absagen konkret und freundlich?

Haken wir nach, wenn S. absagt? |

| Wie schließen wir den Arbeitsvertrag?
• Konditionen
• Erläuterung/Verständlichkeit
• Art der Übergabe
• ... | *Gibt es einen Feedback-Bogen zum Bewerbungsprozess für S.?*

Bieten wir faire Konditionen? |

| Stefans erster Einsatz
• Auftragsbesprechung
• Welche Infos erhält S.? | *Sind wir für S. da?*

Führen wir ihn als »sein« Arbeitgeber? |

Abbildung 10: Typischer Erlebnispfad (»Candidate Journey«) in der Arbeitnehmerüberlassung – Fortsetzung

```
┌─────────────────────────┐
│ • Wie begleiten wir den │
│   Auftrag?              │
│ • …                     │
└─────────────────────────┘
              ▼
┌──────────────────┐    ┌─────────────────────────┐   Holen wir Feedback
│ Übernahme        │ ◄──│ Der Auftrag endet       │   bei S. ein?
│ • Wie halten wir │    │ • Schlussbesprechung    │
│   Kontakt?       │    │ • Was hat S. gelernt?   │   Haben wir durch
│ S. kündigt       │ ◄──│ • Planung nächster      │   Akquise für weitere
│ • Wie reagieren  │    │   Auftrag               │   Einsatzmöglichkeiten
│   wir?           │    │ • …                     │   gesorgt?
└──────────────────┘    └─────────────────────────┘
                                    ▼
                        ┌─────────────────────────┐   Sind wir für S. da?
                        │ Stefans zweites         │
                        │ Projekt                 │   Führen wir ihn?
                        │ • Auftragsbesprechung   │
                        │ • Welche Infos erhält   │
                        │   S.?                   │
                        │ • Wie begleiten wir den │
                        │   Auftrag?              │
                        │ …                       │
                        │ [evtl. weitere Projekte]│
                        └─────────────────────────┘
                                    ▼
                        ┌─────────────────────────┐   Führen wir ein
                        │ Stefan verlässt das     │   Austrittsgespräch?
                        │ Unternehmen wegen       │
                        │ Übernahme durch den     │   Verabschieden wir
                        │ Kunden oder             │   S. wertschätzend?
                        │ Jobangebot außerhalb    │
                        │ der Arbeitnehmer-       │   Gewinnen wir S. als
                        │ überlassung             │   zukünftigen
                        │                         │   Empfehlungsgeber?
                        │                         │
                        │                         │   Gibt S. uns eine
                        │                         │   positive Referenz?
                        └─────────────────────────┘
```

Abbildung 10: Typischer Erlebnispfad (»Candidate Journey«) in der Arbeitnehmerüberlassung – Fortsetzung

Worauf Bewerber/innen Wert legen

Das Geheimnis Ihres Erfolges liegt in guten Routinen, und da der beschriebene Prozess immer derselbe ist und damit planbar, ist die Etablierung solcher Routinen kein Hexenwerk. Allerdings kostet das Zeit und Überlegung. Was »gut« ist, bemisst sich dabei an (berechtigten) Erwartungen der Bewerber/innen – an Wünschen, die Sie selbst vermutlich teilen würden, wenn Sie auf der anderen Seite wären:
- Geschwindigkeit: Reaktionen auf Bewerbungen oder Entscheidungen im Laufe des Bewerbungsprozesses erfolgen schneller als bei der Konkurrenz.
- Transparenz: Der Bewerber ist sich jederzeit im Klaren über den aktuellen Stand seiner Bewerbung. Er weiß, warum welches Auswahlinstrument wann zum Einsatz kommt und erhält entsprechende Rückmeldungen.
- Wertschätzung: Jedem Bewerber wird mit Respekt und Freundlichkeit begegnet. Guten Bewerber/innen wird ausdrücklich vermittelt, dass man an ihnen persönlich interessiert ist.

Umfragen bestätigen die Bedeutung dieser drei Faktoren. So antworteten 2017 in einer Forsa-Befragung im Auftrag von Jobware Bewerber/innen auf die Frage, was sie am meisten nervt:
- Keine/späte Antwort (62 Prozent),
- keine Rückmeldung nach Vorstellungsgespräch (58 Prozent),
- keine Begründung für eine Absage (52 Prozent),
- unrealistische Anforderungsprofile (49 Prozent),
- hoher Zeitaufwand für Anschreiben/Lebenslauf (31 Prozent),
- Aufbau/Struktur von Online-Bewerbungen (27 Prozent).[2]

Weiche Faktoren wie die Kommunikation mit Bewerber/innen stehen also eindeutig an der Spitze. Auch in einer Studie der Universität Marburg aus dem Jahr 2016, in der knapp 3500 Arbeitnehmer befragt wurden, vermissten die Teilnehmer/innen im Bewerbungsprozess vor allem zeitnahes Feedback und eine persönliche Ansprache. Sie stießen sich an langen Kommunikationspausen, Standardabsagen und anonymen Verfahren.[3] Konkreter wird eine Umfrage der Unternehmensberatung meta HR und stellenanzeigen.de, die unter dem Titel »Candidate Journey 2017« knapp 800 Arbeitnehmer sämtlicher Qualifikationsstufen befragte. Danach erwartet jeder Zweite auf eine Bewerbung binnen 24 Stunden eine Eingangsbestätigung. 46 Prozent erwarten dies nicht, »würden sich aber freuen«. Jeder Vierte möchte »über jeden Fortschritt im Bewerbungsprozess« informiert werden, zum Beispiel per E-Mail. Fast zwei Drittel (62 Prozent) würden dies zumindest begrüßen. Bei einer Absage nach einem Vorstellungsgespräch erwartet jeder Vierte einen Anruf, 47 Prozent wären auch hierüber erfreut.[4] Möglicherweise sind Sie der Ansicht, es sei nicht Ihre Aufgabe, Bewerber/innen »Freude zu bereiten«? Kann man so sehen, wäre aber schade – denn genau hier liegt die Chance, begehrte Mitarbeiter/innen für sich zu gewinnen. Überraschen Sie positiv, konterkarieren Sie Vorurteile, gewinnen Sie Vertrauen! Kurz: Planen Sie entlang des Bewerbungspfades kontinuierlich Highlight-Erlebnisse für Bewerber/innen und Mitarbeiter/innen.

Bewerberservice oder: Highlights, die für Sie werben

Jeder Bewerber ist ein potenzieller Empfehlungsgeber. Umgekehrt werden Bewerber/innen, die sich schlecht behandelt fühlen, mit hoher Wahrscheinlichkeit für negative Mundpropanda über Ihr Unternehmen sorgen. Aus dem Vertrieb wissen wir, dass Kunden Negativerlebnisse häufiger weitererzählen als positive Erfahrungen. Wertschätzend mit den Menschen umzugehen, die bei Ihnen Arbeit suchen, ist daher ein Gebot unternehmerischer Vernunft. Idealerweise erfüllen Sie die eben skizzierten Bewerbererwartungen nicht nur, sondern Sie tun sogar noch ein Quäntchen mehr und sorgen so für echte Bewerberverblüffung und -begeisterung. Auch hier bietet sich ein Rückgriff auf verkäuferisches Know-how an, in diesem Fall auf das Kano-Modell der Kundenzufriedenheit. Benannt ist es nach dem japanischen Qualitätsexperten Noriaki Kano, der drei Faktoren der Kundenzufriedenheit unterschied:

- Basisfaktoren, die lediglich dafür sorgen, dass ein Kunde *nicht unzufrieden* ist, aber noch keine Zufriedenheit garantieren (in der Personaldienstleistung zum Beispiel das Vorhandensein einer Unternehmenswebsite),
- Leistungsfaktoren, deren Vorhandensein Zufriedenheit hervorruft und deren Fehlen unzufrieden macht (zum Beispiel die Möglichkeit der Online-Bewerbung mittels Online-Formular),
- Begeisterungsfaktoren, die der Kunde nicht erwartet und die ihn positiv überraschen (zum Beispiel die Möglichkeit einer One-Click-Bewerbung durch Hochladen eines Profils aus seinem beruflichen Netzwerk).[5]

Was denken Bewerber/innen über Sie?

Während Basisfaktoren als unabdingbares Minimum vorausgesetzt und Leistungsfaktoren als üblich erwartet werden, führen Begeisterungsfaktoren dazu, dass ein Produkt oder ein Unternehmen als außergewöhnlich und damit empfehlenswert wahrgenommen wird. Wir selbst sprechen in diesem Zusammenhang von »Highlights«. Entwickeln Sie gemeinsam mit Ihrem Team solche Begeisterungsfaktoren. Ausgangspunkt kann ein Feedback-Formular sein, das Sie allen Bewerber/innen in die Hand drücken. Ein Beispiel nach dem KISS-Prinzip »Keep it short and simple« finden Sie im Folgenden. Nehmen Sie Rückmeldungen ernst und optimieren Sie so Ihren Bewerberservice.

IHRE MEINUNG IST UNS WICHTIG!

Wir möchten unseren Service für Bewerber/innen weiter verbessern und bitten Sie daher um Ihre Meinung – wenn Ihnen das lieber ist, auch ohne Angabe Ihres Namens. Danke für Ihre Zeit!

- - - - - - - - - - - - - - - -

Wie bewerten Sie uns auf einer Punkteskala von 1 (sehr schlecht) bis 5 (sehr gut)?

1. Wie benutzerfreundlich (verständlich, hilfreich) war unsere **Webseite** für Sie?

☐ 1   ☐ 2   ☐ 3   ☐ 4   ☐ 5

Sehr schlecht   Befriedigend   Sehr gut

2. Wie benutzerfreundlich (verständlich, konkret) fanden Sie unsere **Stellenanzeige**?

☐ 1   ☐ 2   ☐ 3   ☐ 4   ☐ 5

Sehr schlecht   Befriedigend   Sehr gut

3. Wie sind Sie am **Telefon** und an unserem **Empfang** behandelt worden?

☐ 1   ☐ 2   ☐ 3   ☐ 4   ☐ 5

Sehr schlecht   Befriedigend   Sehr gut

4. Wie beurteilen Sie unsere **Kontaktaufnahme** mit Ihnen (Schnelligkeit, Freundlichkeit)?

☐ 1   ☐ 2   ☐ 3   ☐ 4   ☐ 5

Sehr schlecht   Befriedigend   Sehr gut

5. Wie beurteilen Sie das **Vorstellungsgespräch** bei uns im Hause (Fairness, Professionalität, Freundlichkeit)?

☐ 1   ☐ 2   ☐ 3   ☐ 4   ☐ 5

Sehr schlecht   Befriedigend   Sehr gut

6. Wie zufrieden sind Sie mit dem Ablauf **nach dem Vorstellungsgespräch** (Schnelligkeit, klare Informationen, Begründung der Entscheidung)?

☐ 1 ☐ 2 ☐ 3 ☐ 4 ☐ 5

Sehr schlecht   Befriedigend   Sehr gut

7. Wenn Sie eine **Absage** erhalten haben, wie wurde diese begründet?

☐ 1 ☐ 2 ☐ 3 ☐ 4 ☐ 5

Sehr schlecht   Befriedigend   Sehr gut

8. Wie hilfreich waren unsere Informationen zu Einsatzort und **Aufgabe** im Einsatzunternehmen?

☐ 1 ☐ 2 ☐ 3 ☐ 4 ☐ 5

Sehr schlecht   Befriedigend   Sehr gut

9. Wie zufrieden sind Sie insgesamt mit Ihrem **Haupt-Ansprechpartner** (Personalberater) bei uns im Hause?

☐ 1 ☐ 2 ☐ 3 ☐ 4 ☐ 5

Sehr schlecht   Befriedigend   Sehr gut

10. Falls Sie schon **andere Zeitarbeitsunternehmen** kennengelernt haben: Wie beurteilen Sie uns im Vergleich zu diesen Unternehmen?

☐ 1 ☐ 2 ☐ 3 ☐ 4 ☐ 5

Sehr schlecht   Befriedigend   Sehr gut

> Zusammenfassend: Wie wahrscheinlich ist es, dass Sie uns als Arbeitgeber **weiterempfehlen** – auf einer Skala von 1 (sehr unwahrscheinlich) bis 10 (auf jeden Fall)?
>
> ○ 1 ○ 2 ○ 3 ○ 4 ○ 5 ○ 6 ○ 7 ○ 8 ○ 9 ○ 10
>
> Sehr unwahrscheinlich　　　　　　　　　　Auf jeden Fall!
>
> Was würden Sie uns gerne noch mitteilen? Wenn Sie Verbesserungsvorschläge oder Anregungen für uns haben, notieren Sie diese gerne hier oder auf einem extra Blatt:
>
> _____
>
> _____
>
> _____
>
> _____
>
> Wenn Sie möchten, können Sie hier Ihren Namen eintragen (bitte in Druckbuchstaben): _____

»Highlights« kann (und muss) man planen!

Wie könnten Begeisterungsfaktoren, mit denen Sie sich wirkungsvoll von Mitbewerbern abheben, konkret aussehen? Die folgende Liste ist nur als Anregung gedacht. Sie werden ohnehin nur konsequent umsetzen, was Sie für sinnvoll erachten und was zu Ihnen, Ihrem Unternehmen und Ihren (potenziellen) Mitarbeiter/innen passt. Entwickeln Sie Ihren eigenen Stil! Es geht uns hier ausdrücklich um »Sahnehäubchen« – kleine, außergewöhnliche Details mit großer Wirkung. Standards (»Leistungsfaktoren«) zu den einzelnen Bewerbungsphasen, etwa zum Vorstellungsgespräch, werden in den folgenden Kapiteln ausführlich behandelt.

- Überraschen Sie jeden(!) Anrufer durch eine besonders herzliche Begrüßung: »Wir freuen uns über Ihre Bewerbung, Herr … / Frau …! Wie sind Sie auf uns aufmerksam geworden?«

- Bieten Sie auf Ihrer Website nützliche Bewerberinfos, etwa ein kurzes Erklärvideo zur Arbeitnehmerüberlassung, Informationen zum Bewerbungsablauf, Referenzen zufriedener Mitarbeiter/innen, Videos über die Arbeitsplätze.
- Beherrschen Sie bei Bewerber/innen, die erst kurz in Deutschland sind, zumindest die Begrüßungsformeln in deren Muttersprache.
- Ersetzen Sie den Bewerberbogen durch ein persönliches Gespräch, bei dem der Berater auf den Bewerber/die Bewerberin eingeht und die erfragten Daten in ein Formular einträgt. (Das schafft eine emotionale Bindung und ist gleichzeitig eine gute Möglichkeit, um sich einen ersten Eindruck zu verschaffen.)
- Schicken Sie anrufenden Bewerber/innen zuerst Ihre Kontaktdaten, verbunden mit einer freundlichen Kurzmail, statt den Bewerber um seine zu bitten.
- Senden Sie bei jeder Online-Bewerbung unmittelbar eine automatische Empfangsbestätigung und binnen 48 Stunden einen kurzen persönlichen Zwischenbescheid (Bis wann ist mit einer Vorauswahl zu rechnen?).
- Senden Sie Bewerber/innen nach einem Vorstellungsgespräch eine kurze Nachricht (SMS) per Handy oder auf dem Anrufbeantworter. Bedanken Sie sich für das Gespräch und unterstreichen Sie Ihr Interesse.
- Senden Sie eine Entschuldigungsmail, wenn der Bewerbungsprozess länger als zwei Wochen dauert.
- Geben Sie Bewerber/innen, die Ihre Niederlassung besuchen, Visitenkarten mit – am besten gleich drei: eine für sich, eine für den Partner und eine für potenzielle Empfehlungsgeber.
- Richten Sie einen ansprechenden Wartebereich ein, mit Infomaterial, Zeitungen, Wasserspender – oder auch ein Mitarbeitercafé.
- Bieten Sie im Vorstellungsgespräch nicht nur Kaffee oder Wasser an, sondern auch Cola, Bionade, Tee, Fruchtsaft ...
- Nach dem Vorstellungsgespräch sollten Bewerber/innen mit konkreten Angeboten zum Stunden- bzw. Monatslohn (brutto/

netto) sowie zu möglichen weiteren Zahlungen (zum Beispiel vermögenswirksame Leistungen, Fahrgeld) die Niederlassung verlassen, am besten in Verbindung mit einer schriftlichen Vertragszusage oder direkt einer Zieleinstellung. Schlecht sind dagegen vage Ausflüchte wie »Kommt drauf an, da müssen wir dann schauen …«

- Überreichen Sie den Arbeitsvertrag in einer hochwertigen Mappe.
- Bitten Sie Bewerber/innen mit einem kurzen Fragebogen um Feedback zum Bewerbungsprozess (siehe oben »Ihre Meinung ist uns wichtig!).
- Lassen Sie den Feedback-Fragebogen in die Sprachen ausländischer Mitarbeiter/innen übersetzen (zum Beispiel Türkisch, Arabisch).
- Schicken Sie Bewerber/innen, die Ihnen absagen, eine Glückwunschkarte (»Herzlichen Glückwunsch zum neuen Job und einen guten Start!«) und ermuntern Sie sie: »Kommen Sie gerne wieder auf mich zu, falls Sie dort nicht zufrieden sind.«).
- Stellen Sie eingestellten Bewerber/innen bzw. neuen Mitarbeiter/innen nach Vertragsübergabe die Kollegen/Sachbearbeiter persönlich vor, die sich zukünftig in Fragen von Lohn, Urlaub, Krankheit um seine Belange kümmern.
- Stellen Sie hochwertige Arbeits- und Schutzkleidung zur Verfügung. Inzwischen entscheiden manche Bewerber/innen nach der Marke der Arbeitskleidung. Erwähnen Sie das auch in Ihren Anzeigen und »zelebrieren« Sie die Übergabe.
- Machen Sie der neuen Mitarbeiterin/dem neuen Mitarbeiter zum Arbeitsbeginn ein kleines Geschenk (Thermoskanne oder Thermobecher, T-Shirt, Umhängetasche aus Kunststoff …).
- Fahren Sie neue Mitarbeiter/innen am ersten Tag zu ihrem Arbeitsplatz und stellen Sie sie der dortigen Führungskraft vor.

- Erkundigen Sie sich nach zwei, drei Tagen beim Mitarbeiter, wie es läuft und ob es Fragen oder Probleme gibt. Am besten, Sie besuchen ihn persönlich. Wiederholen Sie dies regelmäßig.
- Richten Sie einen Fahrdienst ein. Wir wissen, dass das nicht von heute auf morgen möglich ist. Die Wettbewerbsvorteile (Arbeitgeberattraktivität, Werbewirksamkeit, Reduzierung von Ausfallzeiten) sind jedoch enorm, und die Investitionskosten amortisieren sich in überschaubarer Zeit.
- Stehen Sie Mitarbeiter/innen bei Konflikten und Problemen am Arbeitsplatz zur Verfügung, etwa durch einen zuverlässigen Rückruf auf eine WhatsApp/SMS des Mitarbeiters oder der Mitarbeiterin.
- Überraschen Sie Mitarbeiter/innen zum Geburtstag mit einem Blumenstrauß am Arbeitsplatz (alternativ: Schenken Sie einen Tankgutschein).
- Gratulieren Sie Mitarbeiter/innen jährlich zum Betriebsjubiläum und sorgen Sie für eine kleine Aufmerksamkeit (siehe Geburtstag).
- Belohnen Sie gute Leistung und Loyalität durch Boni, aber auch durch persönliche (immaterielle) Anerkennung (Verbinden Sie das eventuell mit dem Überreichen einer Dankesurkunde).
- Verabschieden Sie sich persönlich von Mitarbeiter/innen, die vom Kundenunternehmen übernommen werden. Gratulieren Sie den Mitarbeiter/innen zu ihrem Erfolg und danken Sie ihnen für Ihre Arbeit.
- Fragen Sie ausscheidende Mitarbeiter/innen, mit denen Sie zufrieden waren, wie man im Kontakt bleiben kann. Bitten Sie um eine schriftliche Referenz, die Sie auch veröffentlichen dürfen, und fragen Sie nach Empfehlungen.
- Veranstalten Sie eine Weihnachtsfeier und/oder ein Sommerfest für interne und externe Mitarbeiter/innen und deren Familien und Partner. Auch ehemalige Mitarbeiter/innen sind herzlich willkommen.

- … und andere Highlights, die Sie gemeinsam mit Ihrem Team entwickeln.

Jeder Mensch möchte wertschätzend behandelt werden. Das gilt übrigens auch für Ihre internen Mitarbeiter/innen! Je besser das interne Arbeitsklima bei Ihnen ist, desto eher wird Wertschätzung auch nach außen, gegenüber Bewerber/innen, gelebt. Wertschätzung drückt sich aus in Respekt, Aufmerksamkeit, Empathie und ganz konkret in Gesten und Taten. Selbst wenn es eine Sprachbarriere gibt: Mimik und Gestik verstehen Bewerber/innen auf jeden Fall. Natürlich bedeuten alle Maßnahmen, die wir oben vorschlagen, auch Arbeit. Routine sowie ein funktionierendes Bewerbermanagement, das Sie an Termine erinnert, minimieren Ihren Aufwand (vgl. den Abschnitt »Bewerbungsmanagement oder: Organisation ist Trumpf«). Zudem investieren Sie mit solchen Aktionen in Bewerberakquise und Mitarbeiterbindung. Sie ebnen den Weg dafür, dass sich Ihr guter Ruf herumspricht und dass man Sie weiterempfiehlt. Und das bedeutet: Sie sorgen dafür, dass Bewerbungen wieder stärker fließen und sparen damit an anderer Stelle Zeit für mühsame Kandidatensuche – und eine Menge Geld für Anzeigenschaltungen.

Gute Kommunikation oder: Das richtige Wording

Jede Branche hat ihre eigene Sprache, eine Mischung aus Fachjargon und gewohnten Wendungen und Floskeln. Wer lange genug dabei ist, verliert manchmal den Blick dafür, wie übliche Formulierungen auf das Gegenüber wirken. Seien wir ehrlich: Die Sprache in der Personaldienstleistung ist oft kein Ruhmesblatt. Da werden Mitarbeiter »aufs Fax gelegt« oder einem Unternehmen werden »fünf Stück Ersatz« angeboten. Alternativ erfährt der Auftraggeber »Die Mitarbeiter liegen schon bei mir auf dem Tisch«. Stellen Sie sich das einen Moment lang bildlich vor, und Sie werden es nie mehr unbefangen sagen können.

Auch im Vorstellungsgespräch gibt es zahlreiche Wording-Sünden, etwa die wenig charmante Frage an Bewerber/innen, »Ab wann sind Sie verfügbar?« – ganz so, als handele es sich um ein Möbelstück, das man bestellt. Auch »Sind Sie mobil?« klingt wenig angebracht, es sei denn, der Bewerber macht einen gebrechlichen Eindruck. Und der Begriff »Leiharbeit« entwertet die Dienstleistung, selbst wenn er bei Behörden wie der Bundesagentur für Arbeit durchaus üblich ist. Personaldienstleister verleihen keine Arbeit und schon gar keine Mitarbeiter/innen, sie vermitteln Jobs.

Möglicherweise finden Sie das gerade etwas kleinkariert. Vielleicht kennen Sie aber auch die alte Warnung aus dem Talmud: »Achte auf deine Gedanken, denn sie werden Worte. Achte auf deine Worte, denn sie werden Handlungen. Achte auf deine Handlungen, denn sie werden Gewohnheiten.« Gewohnheiten schließlich prägen den Charakter, und der bestimmt unser Schicksal, so die Talmud-Prophezeiung. Anders gesagt: Unsere Worte sind Ausdruck unserer Haltung und wirken gleichzeitig zurück auf diese Haltung. Wertschätzender Umgang mit Bewerber/innen und eine kaltschnäuzig-indifferente Sprache, das geht auf Dauer nicht zusammen. Im Folgenden einige Anregungen für den täglichen Sprachgebrauch:

☹	☺
»Wir nehmen Sie in unseren Bewerberpool auf.« *oder* »Ich speichere Sie in unserer Datenbank.«	»Ich notiere gerne Ihre Daten. Dann kann ich mich um Arbeit kümmern, die zu Ihnen und Ihren Stärken passt.«
»Ab wann sind Sie verfügbar?«	»Wann möchten Sie bei uns starten?«
»Sind Sie mobil?«	»Besitzen Sie einen Führerschein und ein Auto?«
»Und wer sind Sie jetzt?« (am Empfang)	»Guten Tag! Wie ist Ihr Name bitte?«
»Haben Sie einen Termin? Wenn nicht, müssen Sie erst mal den Bogen ausfüllen.«	»Schön, dass Sie Interesse an einer Mitarbeit bei uns haben! Im ersten Schritt brauche ich ein paar Informationen von Ihnen. Die notiere ich dann parallel für Sie.«
»Legen Sie den Personalbogen einfach da hin.«	»Danke! Lassen Sie mich kurz schauen, ob wir alles haben.«

☹	☺
»Wir melden uns dann bei Ihnen.«	»Ich gehe unsere Datei durch und melde mich bis Ende der Woche mit einem Zwischenbescheid bei Ihnen. Wie und wann erreiche ich Sie am besten? Per Mail oder Telefon?«
»Derzeit sieht es schlecht aus.«	»Heute kann ich Ihnen leider noch kein Angebot machen. Das kann sich aber schnell ändern.« *Oder:* Aktive Platzierung (bei interessanten Bewerber/innen), vgl. Kapitel 6 »Bewerberauswahl«.
»Gemäß dem Tarifvertrag des iGZ beträgt die Vergütung ...« (oder andere Branchenabkürzungen und Fachworte)	»Ihre Stelle wird nach Tarif bezahlt. Dabei gilt der Tarifvertrag, den der Branchenverband iGZ (das heißt der Interessenverband Deutscher Zeitarbeitsunternehmen) geschlossen hat. Danach verdienen Sie ...«

Degradieren Sie Menschen nicht zu Bittstellern. Erinnern Sie sich daran, wann Sie selbst sich das letzte Mal von einer Behörde, einem Verkäufer oder Dienstleister mies behandelt fühlten und welche Emotionen das bei Ihnen auslöste. Machen Sie es besser! Wie in jedem Unternehmen prägt dabei auch in der Personaldienstleistung die Führungsebene den Umgangston im ganzen Haus. Wer als Chef/in durch Unfreundlichkeit glänzt oder abfällig über Bewerber/innen redet, darf anschließend nicht über mangelnde Servicementalität in seinem Team klagen. Überprüfen Sie Ihr Wording nicht nur im Umgang mit Bewerberinnen und Bewerbern, sondern auch intern und gegenüber Unternehmenskunden. Denn die Wertigkeit Ihrer Sprache beeinflusst Ihr Selbstbild, Ihre Außenwirkung und letztlich auch Ihre Preise. Einige Anregungen:

☹	☺
Leiharbeiter, Leasing-Mitarbeiter	Externe Kollegen/innen
Mitarbeiter/innen	Projektmitarbeiter/innen, Projektkollegen/innen
Helfer	Produktionsmitarbeiter/innen, Lagermitarbeiter/innen, Kollegen/innen für Produktions- und Bandarbeiten
Staplerfahrer	Experte für Frontstapler
Schlosser	Profi in der Metallbearbeitung

☹	☺
Zeitarbeit	Personaldienstleitung
Einsatz	Projekt, Arbeitsplatz
Einsatzdauer	Projektdauer
Ersatz	Vertretung
Stück	Anzahl, Teamgröße
Bewerber/in	Kandidat/in
Bewerberpool	Kandidaten-Kartei, Kandidaten-Netzwerk
Bedarf	Offene Schlüsselposition, Vakanz
Verrechnungssatz	Tarif, Stundentarif, Monatstarif
Disponent	Berater, Personalmanager
Niederlassungsleiter	Standortleiter

Bewerbungsmanagement oder: Organisation ist Trumpf

Erst gute Organisation verschafft Ihnen den Freiraum für außergewöhnlich guten Service. Nur wenn das Tagesgeschäft klappt wie am Schnürchen, können Sie Differenzierungsmerkmale entwickeln und umsetzen. Und nur dann können Sie Bewerber/innen und externen Mitarbeiter/innen persönlich mehr Zeit widmen und auf diese Weise Kandidaten für sich gewinnen. Was würden Sie sagen: Wie gut sind Ihre Prozesse und Abläufe aktuell organisiert, auf einer Skala von 1 (permanentes Chaosmanagement) bis 10 (perfekte Organisation)? Die folgende Checkliste unterstützt Sie bei der Analyse des Status quo.

CHECKLISTE BEWERBUNGSMANAGEMENT

- Bieten wir alle **Bewerbungswege** an, die unsere Kandidaten sich wünschen?
  Werden Sie hellhörig, wenn Sie öfter von Kandidaten nach Alternativen gefragt werden: »Kann ich das nicht auch mailen / persönlich vorbeibringen / per Post schicken / über mein Xing-Profil / ... machen?

- Ist unser **Bewerbungsprozess** für unsere Kandidaten einfach, nachvollziehbar und transparent?
  Wenn es viele telefonische Rückfragen gibt oder viele Erstkontakte, die versanden, weil sich der Bewerber nicht wieder meldet, ist das wahrscheinlich nicht der Fall.
- Haben Bewerber/innen einen festen **Ansprechpartner**, der sich um sie kümmert? Funktioniert unsere Datenablage, das heißt können sich Kollegen bei längerer Abwesenheit des Ansprechpartners rasch ein Bild machen?
  Kaum etwas ist für Kunden nervtötender, als bei jedem Anliegen mit jemand anderem zu reden und wieder bei null anfangen zu müssen. Das kennen Sie selbst, etwa wenn Sie mal einige Tage wiederholt die Hotline Ihres Telefonanbieters brauchten.
- Erheben wir DSGVO-konform routinemäßig alle **Daten**, die wir brauchen?
  Fehlende Infos und zeitraubende Nachfragen Ihrerseits sind ein Warnsignal.
- Führen wir einen **Quickcheck** aller Kandidaten durch und sagen wir nicht passenden Kandidaten zügig ab? (Vgl. Kapitel 5 »Richtig starten«)
  Sich auf Bewerbungen gar nicht zu melden ist ein No-Go und schadet Ihrem Ruf.
- Lassen wir bei der Erstellung von **Kandidatenprofilen** Effizienz walten, nach dem Motto: »Nur wenn sinnvoll, dann aber richtig!«
  Ein Gradmesser für die Qualität Ihrer Profile ist die Reaktion Ihrer Kundenunternehmen: Werden die Profile gründlich gelesen? Überzeugen sie?
- Stellen wir im **Vorstellungsgespräch** die richtigen Fragen und treffen wir die richtigen Entscheidungen? (Siehe ebenfalls Kapitel 5.)

Warnsignale sind hier der Abbruch von Einsätzen durch das Kundenunternehmen, seltene Übernahmen oder Kandidaten, die gar nicht erst erscheinen.
- Ist unsere **Kandidaten-Kartei** auf dem neuesten Stand und wird gepflegt?
Schlecht ist, wenn der »Bewerber-Pool« ☺ eher einem Bermuda-Dreieck gleicht, in dem Kandidaten trotz Eignung für spätere Positionen auf Nimmerwiedersehen verschwinden.
- Erfolgt die **Stellenbesetzung** bei uns in der Regel sehr zügig?
Wenn es öfter vorkommt, dass gute Kandidaten abspringen, weil sie zwischenzeitlich einen anderen Job gefunden haben, oder dass Kundenunternehmen einen Auftrag stornieren, weil ein Wettbewerber schneller war, sind Sie zu langsam.
- Handhaben wir **Absagen** wertschätzend, das heißt formulieren wir persönlich und konkret?
Wenn das der Fall ist, sollten Sie regelmäßig Zweitbewerbungen oder Empfehlungen von abgelehnten Bewerber/innen erhalten.

Digitales Bewerbungsmanagement

Um Bewerbungsprozesse zeitsparend, übersichtlich und effizient zu gestalten, gibt es inzwischen eine Vielzahl von Software-Angeboten. Aktuelle Übersichten und Produktvergleiche, etwa unter Bewerbermanagement.org, Trusted (einem Vergleichsportal für Businesstools) und Systemhaus.com[6], listen zwischen 20 und 30 Programme auf und geben einen ersten Eindruck. Zu den bekanntesten Programmen für Bewerbermanagement oder »E-Recruiting« zählen Personio und HR4YOU. Personaldienstleister setzen häufig auch auf ProSoft, Landwehr L1 oder SAP-basierte Systeme. Die Anbieter versprechen Zeitersparnis und

Beschleunigung von Auswahlverfahren, etwa durch automatische Schaltung von Stellenanzeigen in verschiedenen Portalen (»Multi-Posting«), Bereitstellung von Online-Bewerbungsformularen und One-Click-Bewerbungen, automatische E-Mail-Bestätigungen und maschinelle Vorauswahl (»Matchmaking«), vereinfachte Korrespondenz durch individuell anzupassende Vorlagen, Abbildung des gesamten Bewerbungsprozesses und Abrufbarkeit des aktuellen Bewerbungsstatus sowie DSGVO-konforme Speicherung und Löschung von Daten. Dabei ist jedes System nur so gut wie seine Pflege durch die Nutzer. Grundsatzentscheidungen, die Sie treffen müssen:

- Wie erfolgt der Erstcheck (die Vorauswahl) von Bewerber/innen?
- Wen erfassen Sie im System und wen nicht?
- Welche Daten erfassen Sie (jenseits des Üblichen zum Beispiel auch Daten zum »Cultural Fit« und zu Einsatzpräferenzen)?
- Wie zeitnah sagen Sie ungeeigneten Bewerber/innen ab?
- Wie oft und aus welchem Anlass kontaktieren Sie Bewerber/innen (zum Beispiel Eingangsbestätigung, Einladung zum Gespräch, Zwischenbescheid, Zusage/Absage)?
- Wie dokumentieren Sie Vorstellungsgesprächsergebnisse?
- Für wen erstellen Sie ein individuelles Kandidatenprofil zur Weitergabe an Kundenunternehmen und wie ist dieses aufgebaut?
- Wer im Haus hat Zugriff auf welche Unterlagen?
- Mit welchen Bewerber/innen möchten Sie jenseits der aktuellen Position Kontakt halten (Aufnahme in eine Kandidaten-Datei) und wie handhaben Sie das DSGVO-konform?
- Wie garantieren Sie die Aktualität der erfassten Daten?

Nach einer Umfrage von StepStone unter 2000 Recruitern und Personalmanagern nutzen erst 30 Prozent der Unternehmen mit weniger als 100 Mitarbeiter/innen ein digitales Bewerbermanagementsystem. In Großunternehmen mit mehr als 1000 Mitarbeiter/innen sind es dagegen fast drei Viertel.[7] Welches

System das Richtige für Sie ist, können Sie in Zusammenarbeit mit einem neutralen Experten herausfinden. An dieser Stelle nur zwei Anmerkungen. Erstens: Wir begegnen oft der Erwartung, mit einer solchen Software werde auch die Kommunikation mit Bewerber/innen »automatisiert« und man sei als Berater/in dann nicht mehr so stark persönlich gefordert. Das Gegenteil ist der Fall – Empathie schlägt KI (Künstliche Intelligenz)! Mit der Automatisierung von Prozessen und der Entlastung von Routineaufgaben haben Sie mehr Zeit, individuell und persönlich auf Kandidaten einzugehen. Genau das schätzen Menschen in einer digitalisierten Umwelt und genau darin besteht Ihre Chance, sich vom Wettbewerb zu differenzieren! Zum zweiten: Eine Lücke, die bislang keine Software schließt, ist die eigene Vernetzung mit Kandidaten, denen man absagen musste, die selbst abgesagt haben oder die vom Einsatzunternehmen übernommen worden (vgl. auch Kapitel 7 »Bewerberbindung«). Die Datenschutz-Grundverordnung (DSGVO) erfordert das Löschen von Bewerberdaten, sobald die Position, der eine Bewerbung galt, besetzt ist. Alles andere erfordert die ausdrückliche Zustimmung der Bewerber/innen. Lösen lässt sich dieses Dilemma, indem der Bewerber seine Daten bei einer Online-Bewerbung selbst in das System des Personaldienstleisters einträgt und dabei auch um seine Einwilligung der Datenspeicherung zum Zwecke weiterer Stellenangebote erteilt. Alternativ können Sie Bewerber/innen beim Ausfüllen eines Bewerbungsbogens vor Ort in der Niederlassung um seine schriftliche Zustimmung bitten.

Zahlen, die zählen

Nur wer weiß, wo er aktuell steht, kann fundiert entscheiden, in welche Richtung es weitergehen soll. Anders gesagt: Nur wenn Sie den Überblick haben, wie erfolgreich Ihr Bewerbungsprozess bislang verläuft, können Sie sich gezielt verbessern. Auch das gehört zum Bewerbungsmanagement. Wo verlieren Sie beispielsweise Kandidaten? Melden sich zu wenige Bewerber/innen auf Ihre Recruiting-Aktivitäten? Oder gehen zu viele Bewerber/innen nach einem Ersttelefonat auf Tauchstation? Das ist ein entscheidender Unterschied! Das Bauchgefühl ist in solchen Fragen ein unzuverlässiger Berater. Was Sie brauchen, sind Zahlen. In der Personaldienstleistung sind dabei die folgenden Kennzahlen besonders nützlich:

1. Wie viele Bewerbungen bringt eine Anzeige?
2. Wie viele Bewerbungen ergeben sich durch andere Kanäle (etwa Social Media, Active Sourcing, Mitarbeiterempfehlungen)?
3. Wie viele Bewerber/innen melden sich telefonisch? Wie viele mit einer Online-Bewerbung?
4. Mit wie vielen machen Sie dann jeweils einen Termin für ein Interview aus?
5. Wie viele der Eingeladenen kommen zum vereinbarten Termin?
6. Wie viele davon unterschreiben einen Vertrag?
7. Wie viele davon erscheinen auch bei der Arbeit?
8. Welche Weiterempfehlungsquote (und andere »Noten«) erhalten Sie im Bewerber-Feedbackbogen?
9. Wie lange dauert es durchschnittlich von der Stellenausschreibung bis zur Vertragsunterzeichnung (»Time-to-hire«)?
10. Was kostet Sie eine Stellenausschreibung im Durchschnitt (»Cost-per-hire«)?
11. Wie lang ist die durchschnittliche Einsatzdauer Ihrer Mitarbeiter/innen?
12. Wie hoch ist Ihre »Ein-Einsatz-Quote«?

Führen Sie Buch und werten Sie Ihre Zahlen aus. Wenn zehn Interessenten anrufen und nur einer davon in die Niederlassung kommt, läuft schon im Telefonat etwas schief. Wenn Sie zahlreichen Mitarbeiter/innen nur einen einzigen Auftrag vermitteln, deutet das auf Schwächen in der Auftragsakquise hin. Wie Sie sich hier verbessern, lesen Sie in unserem Buch *Zeitarbeit erfolgreich verkaufen* (2017). Daneben ist in diesem Fall das Instrument der aktiven Platzierung interessant für Sie (vgl. Kapitel 5). Und wenn Sie die Durchschnittskosten einer Neuausschreibung bis zur Stellenbesetzung kennen, wissen Sie auch, ob es betriebswirtschaftlich klüger ist, gelegentlich eine Woche Garantiezeit zu finanzieren, statt einem Mitarbeiter zu kündigen. Für Ihr Ansehen und Ihre Empfehlungsquote ist es allemal besser. Denken Sie bei »Cost-per-hire« nicht nur an die direkten Kosten, etwa für die Platzierung von Anzeigen, sondern auch an den Arbeitsaufwand der internen Mitarbeiter/innen. Kurz: Verbinden Sie professionelles Management mit Freundlichkeit und Serviceorientierung – und der Erfolg ist gar nicht zu vermeiden!

Ihre Chancen auf einen Blick

- Lieber kurzer Prozess als lange Leitung! Sorgen Sie für Effizienz im Bewerbungsablauf und gewinnen Sie das Vertrauen von Bewerber/innen durch Freundlichkeit, Transparenz und Schnelligkeit.
- Verschaffen Sie sich durch Routinen und Regeln sowie durch eine professionelle Recruiting-Software mehr Zeit für die persönliche und individuelle Betreuung von Bewerber/innen und externen Mitarbeiter/ innen. Durch Wertschätzung überzeugen Sie Bewerber/innen, binden Mitarbeiter/innen und steigern Ihre Empfehlungsquote.
- Heben Sie sich wirkungsvoll vom Wettbewerb ab, indem Sie Bewerber/innen und Mitarbeiter/innen durch besondere Highlights überraschen. Solche kleinen Gesten mit großer Wirkung erfordern etwas Planung, zahlen sich aber doppelt aus.

5 Bewerbungsgespräch: Dialog statt Interview

»*Solange man selbst redet,* erfährt man nichts.«

(Marie von Ebner-Eschenbach – bedeutende Erzählerin)

Die besten Geschichten schreibt immer noch das Leben. In einer Seminarpause werden wir zufällig Zeuge, wie ein Teilnehmer zum anderen sagt: »*Ich finde die vielen außergewöhnlichen Fragen von Frau Truchseß für das Bewerberinterview ja toll. Aber ein erfahrener Kollege hat mir geraten, möglichst wenig Fragen zu stellen. Sonst hat man ja am Ende gar keinen Kandidaten mehr zum Vorschlagen beim Kunden!*« *Das ist ungefähr so, als ob man beim Überqueren der Straße die Augen schließt, damit man nicht sieht, ob von rechts jemand kommt und einen zum Anhalten zwingt.*

In diesem Kapitel geht es darum, wie Sie im Bewerbungsgespräch die Voraussetzungen für eine erfolgreiche Zusammenarbeit schaffen. Das betrifft die richtige Bewerber-Auswahl ebenso wie den wertschätzenden Umgang mit nicht infrage kommenden Kandidaten, Struktur und Inhalte des Gesprächs genauso wie eine empathische Gesprächsführung. Außerdem lernen Sie das Instrument der aktiven Platzierung kennen – die Ad-hoc-Vermittlung eines Kandidaten in dessen Beisein, die bei unseren holländischen Nachbarn schon lange üblich ist. Damit schaffen Sie eine Win-win-win-Situation: Nutzen für die Bewerberin oder den Bewerber, für den Unternehmenskunden und natürlich auch für Sie!

Richtig starten: Erstkontakt und Quick Check

»Guten Tag, mein Name ist Schmidt. Ich rufe wegen Ihrer Stellenanzeige für … an. Ich interessiere mich für die Stelle.« So oder ähnlich beginnt oft der Kontakt zwischen einem Bewerber und einem Personaldienstleister. Wie geht es dann in Ihrer Niederlassung weiter? Typisch ist unserer Erfahrung nach der folgende Gesprächsverlauf:

Personalberater/in: »Ab wann sind Sie denn verfügbar?«

Bewerber/in: »Ab 1.4.«

Personalberater/in: »Was machen Sie derzeit?«

Bewerber/in: »Ich bin arbeitssuchend. Wo ist denn die Stelle?«

Personalberater/in: »Die Auskunft gebe ich nicht am Telefon. Am besten, Sie schicken mir erst einmal die Unterlagen. Wir melden uns dann wieder bei Ihnen.«

Bewerber/in: »Okay. Danke.«

In der Mehrzahl der Fälle ist der Kontakt mit diesem kurzen Wortwechsel auch schon wieder zu Ende, denn von den meisten Anrufern hören Sie nie wieder. Das liegt nicht daran, dass die Leute »immer unzuverlässiger werden«, wie oft behauptet wird. Der Grund ist, dass am Telefon ungewollt Stoppschilder aufgestellt werden – statt Bewerber/innen den roten Teppich auszurollen. Das gilt auch für die folgende mögliche Fortsetzung des Gesprächs:

Personalberater/in: »Am besten, wir vereinbaren jetzt einen Termin, und Sie schicken mir die Unterlagen.«

Bewerber/in: »In Ordnung. Wo soll ich denn die Unterlagen hinschicken? Wann kann ich vorbeikommen?«

Personalberater/in: »Sie bewerben sich am besten über unsere Hompepage aufgrund der Datenschutz-Richtlinien. Ansonsten kann ich Ihnen Donnerstag um 10 Uhr anbieten. Ich warte dann auf Ihre Unterlagen.«

Bewerber/in: »Ja, danke. Mache ich.«

Auch hier ist fraglich, ob der Bewerber seine Ankündigung wahr macht. Der geschäftsmäßig-knappe Ton knüpft keine persönliche Bindung und der Anrufer wird im Grunde wie eine lästige Unterbrechung behandelt. Wenn der Bewerber weitere Unternehmen kontaktiert und ein Kollege dort sich geschickter anstellt, haben Sie das Nachsehen. Solche Telefonate sind eine verschenkte Chance. Unsere Empfehlung: Nutzen Sie den Erstkontakt dafür, Nägel mit Köpfen zu machen: Schaffen Sie durch einen schnellen Erstcheck – »Quick Check« – Verbindlichkeit bei interessanten Kandidaten und vermeiden Sie gleichzeitig Terminvereinbarungen mit Bewerber/innen, die nicht infrage kommen. Das gelingt durch die Kombination von wertschätzendem Auftreten und konkreten Fragen. Hier ein möglicher Gesprächsverlauf:

Bewerber/in:	»Guten Tag, mein Name ist Schmidt. Ich rufe wegen Ihrer Stellenanzeige für ... an. Ich interessiere mich für die Stelle.«
Personalberater/in:	»Guten Tag Herr Schmidt. Vielen Dank für Ihr Interesse an unserer Anzeige. Was konkret hat Sie denn an der Annonce angesprochen?«
Bewerber/in:	»Ich habe den Staplerschein. Außerdem habe ich schon im Lager gearbeitet.«
Personalberater/in:	»Das klingt gut. Was machen Sie derzeit, Herr Schmidt?«
Bewerber/in:	»Ich bin arbeitssuchend. Wo ist denn die Stelle?«
Personalberater/in:	»Die Stelle ist etwas außerhalb von München. Ein Pkw wäre deshalb von Vorteil. Haben Sie ein Auto?«
Bewerber/in:	»Ja, habe ich.«

Personalberater/in:	»Prima. Ich würde Ihnen gern noch ein paar Fragen stellen, damit Sie und ich sehen, ob wir gleich einen Termin vereinbaren. Geht das in Ordnung für Sie?«
Bewerber/in:	»Ja, klar.«
Personalberater/in:	»Warum sind Sie zurzeit auf Stellensuche, Herr Schmidt?«
Bewerber/in:	»Ich war bei der Personal XYZ GmbH. Die haben aktuell keinen Einsatz für mich.«
Personalberater/in:	»Okay. Worin bestand Ihr letzter Job?«
Bewerber/in:	»Ich habe vier Monate als Lagerist bei der ABC AG gearbeitet.«
Personalberater/in:	»Dann haben Sie ja schon Erfahrung in der Automobilzulieferung. Bestens. Können Sie im Zweischichtbetrieb arbeiten?«
Bewerber/in:	»Ja.«
Personalberater/in:	»Sehr schön, das hört sich sehr gut an. Ich bin mir sicher, dass wir einen tollen Job für Sie haben oder finden. Wann hätten Sie denn Zeit für ein Gespräch, Herr Schmidt?«
Bewerber/in:	»Ich könnte übermorgen.«
Personalberater/in:	»Donnerstag bin ich leider außer Haus. Wie sieht es morgen Nachmittag oder Freitagmorgen aus, Herr Schmidt. Zum Beispiel morgen um 14 Uhr?«
Bewerber/in:	»Geht auch 14:30 Uhr?«
Personalberater/in:	»Ja, das geht. Dann sehen wir uns morgen um halb drei! Ich schicke Ihnen noch eine Terminbestätigung und eine Wegbeschrei-

	bung. Geben Sie mir dazu bitte Ihre Mailadresse und Ihre Telefonnummer?«
Bewerber/in:	*»X.XYX@gmx.de. Meine Handynummer ist 0176/xxxxxxx.«*
Personalberater/in:	*»Danke. Können Sie mir bitte im Gegenzug vor unserem Treffen schon das Online- Bewerberformular auf unserer Webseite ausfüllen? Den Link schicke ich Ihnen gleich mit.*
Bewerber/in:	*»Klar, kein Problem.«*
Personalberater/in:	*»Dann bis morgen, Herr Schmidt! Ich freue mich, Sie persönlich kennenzulernen. Im Übrigen, falls Sie noch jemanden kennen, der auch auf Jobsuche ist, der kann gerne mitkommen. Auf Wiedersehen.«*
Bewerber/in:	*»Wiedersehen.«*

Die Wahrscheinlichkeit, dass dieser Bewerber zum Termin erscheint, ist größer, und es besteht eine realistische Chance, dass er danach auch eingestellt wird. Ein kurzes Gespräch auf Augenhöhe schafft persönliche Verbindlichkeit (auf beiden Seiten!) und genügt, um auszuloten, ob wichtige Grundvoraussetzungen für eine Stelle gegeben sind. »Das kostet aber Zeit!« und »Was soll ich denn noch alles fragen?!«, »Meine Bewerber sprechen kein Deutsch, die verstehen das eh nicht und das ist viel zu geschwollen« sind typische Argumente gegen diese Vorgehensweise. Stimmt, Sie brauchen zwei, drei Minuten Zeit. Die sparen Sie aber vielfach wieder ein, weil Sie auf diesem Wege gleichzeitig Bewerber/innen absagen, die nicht infrage kommen. Wie viele Vorstellungsgespräche haben Sie schon bis zum bitteren Ende geführt, obwohl Sie bereits nach wenigen Minuten wussten, dass es nicht passt? Aus Höflichkeit absolviert man dennoch das ganze Gesprächsprogramm. Das ist ärgerlich für Sie und auch für den Bewerber, der umsonst gekommen ist und sich Hoffnungen gemacht hat. Wenn er anschließend nichts mehr von Ihnen hört, sorgt das überdies für negative Mundpropaganda zu Ihrem Unternehmen. Sagen Sie stattdessen eindeutig und höflich bereits am Telefon ab und nennen Sie dabei maximal zwei Gründe: »*Es tut mir leid, Herr Schmidt, aber für diesen Job suchen wir Bewerber, die im Schichtbetrieb arbeiten können und einen Pkw haben. Deshalb kann ich Ihnen diese Stelle leider nicht anbieten. Was ich Ihnen jedoch zusichern kann ist, dass wir andere Stellen für Sie haben oder suchen können.*« Je nach Gesprächseindruck können Sie den Kandidaten dann bitten, eine Online-Kurzbewerbung für zukünftige Fälle zu schicken. Weiter unten finden Sie eine Checkliste für den »Quick Check« im Erstgespräch.

CHECKLISTE »QUICK CHECK« AM TELEFON

- Begrüßen Sie jeden Anrufer freundlich und bedanken Sie sich für sein Interesse.
- Sprechen Sie den Anrufer mit Namen an. Haben Sie den Namen nicht verstanden, fragen Sie nach.
- Scheuen Sie sich nicht, sich jeden Namen buchstabieren zu lassen. Das lässt sich in eine freundliche Bitte verpacken.
- Stellen Sie eine passende Auswahl der unten aufgelisteten Fragen (etwa fünf bis zehn).
- Notieren Sie sich neben dem Namen auch die Mailadresse und eine Telefonnummer des Bewerbers.
- Schicken Sie infrage kommenden Bewerber/innen Ihre Kontaktdaten zusammen mit einer kurzen Notiz zum Gesprächsergebnis. So vermeiden Sie, dass es zu Verwechslungen kommt. Viele Bewerber/innen kontaktieren an einem Tag mehrere Personaldienstleister.
- Vereinbaren Sie mit interessanten Bewerber/innen unmittelbar einen Gesprächstermin. Bewerbungsunterla-

gen können zum Gespräch mitgebracht oder vorab online eingereicht werden.
- Sagen Sie nicht infrage kommenden Bewerber/innen freundlich, aber konsequent ab. Nennen Sie dabei maximal zwei Gründe und denken Sie an das Allgemeine Gleichbehandlungsgesetz AGG.
- Hören Sie aufmerksam zu, führen Sie das Gespräch höflich und auf Augenhöhe, denn jeder Bewerber ist ein Empfehlungsgeber.
- Verabschieden Sie sich freundlich und betonen Sie, dass Sie sich auf ein vereinbartes Gespräch freuen.

Mögliche Fragen an Bewerber/innen beim Ersttelefonat

(Treffen Sie je nach Situation eine Auswahl von fünf bis zehn Fragen.)
1. Wie sind Sie auf unser Unternehmen aufmerksam geworden?
2. Was hat Sie an der Stellenanzeige angesprochen?
3. Mit welchen Stichworten haben Sie uns/die Stelle bei Google gefunden?
4. Warum sind Sie aktuell auf Jobsuche?
5. In welcher Region suchen Sie eine neue Stelle?
6. Wo wohnen Sie?
7. Sind Sie noch in einer Festanstellung?
8. Was sind die Schwerpunkte Ihrer jetzigen Tätigkeit?
9. Was sind/waren typische Aufgaben in Ihrem Job?
10. Welche Qualifikation (Welchen Abschluss/Welche Ausbildung) haben Sie?
11. Was ist Ihnen besonders wichtig an Ihrem neuen Job?
12. Kennen Sie sich mit … aus?
13. Wie sind Ihre Deutsch (Englisch/Spanisch/…)-Kenntnisse?

14. Haben Sie ein Auto oder sind Sie auf öffentliche Verkehrsmittel angewiesen?
15. Können Sie im Schichtbetrieb arbeiten? (Oder: Ist eine Arbeitszeit von ... bis ... in Ordnung für Sie?)
16. Wann möchten/könnten Sie bei uns starten?
17. Welche Kündigungsfristen muss ich beachten?
18. Gibt es berufliche Einschränkungen, die ich beachten muss?
19. Wann/Wie schnell können Sie zu einem Vorstellungsgespräch kommen?
20. Bis wann können Sie mir Ihre Bewerbungsunterlagen schicken/mailen?
21. Welches Gehalt / welchen Lohn stellen Sie sich vor?
22. Wo haben Sie sich ansonsten noch beworben?
23. Haben Sie noch Fragen an mich?

Noch ein kleiner Nachtrag: Ein guter Erstcheck erfordert Ihre volle Konzentration. Manche Kollegen scrollen während des Telefonats durch ihre Anfragenliste, um zu schauen, auf welche Position der Bewerber (sonst noch) passen könnte. Unterm Strich werden sie damit weder dem Anrufer noch den Kundenunternehmen gerecht. Multitasking ist ein Mythos – niemand kann zwei Dinge, die Aufmerksamkeit erfordern, auf einmal erledigen!

Gut gerüstet: 7 Tipps fürs Vorstellungsgespräch

Ein Vorstellungsgespräch zu führen ist eine Kunst für sich und sollte keinesfalls zu einer müden Routine verkommen. Sie haben ein kleines Zeitfenster, um einen Kandidaten, seine Persönlichkeit, seine Berufserfahrung, seine Motivation und vieles mehr kennenzulernen. Die folgenden Tipps unterstützen Ihren Gesprächserfolg.

Tipp 1: Vorbereitung lohnt sich – immer!

Das hektische Tagesgeschäft führt in mancher Niederlassung dazu, dass Personalberater fast erschrecken, wenn ein Bewerber pünktlich bzw. überhaupt zum Termin erscheint. Das gilt nicht nur für gewerbliche Mitarbeiter/innen; auch in Büroberufen lassen Bewerber Termine unentschuldigt verstreichen. Negative Folge ist, dass einige Berater oder Recruiter sich kaum noch vorbereiten, nach dem Motto: Wozu umsonst arbeiten, kommt ja eh keiner! Doch Bewerber/innen merken das und fühlen sich wenig wertgeschätzt, wenn das Gegenüber erst mal blättern muss, bevor es dann holprig losgeht. Das gilt im Übrigen auch für Bewerber/innen mit schlechten Deutschkenntnissen – Mimik und Gestik sind international. So liefern Sie als Berater auch bei interessanten Bewerber/innen eine schlechte Performance ab. Es ist tatsächlich extrem wichtig, den Lebenslauf vorher zu studieren. Wer vorbereitet ist, kann sich notieren, welche Fragen er stellen will, und schafft vor allem von Anfang an eine angenehme Atmosphäre. Er beweist Wertschätzung für die Zeit und Mühe, die der Bewerber aufgewandt hat, indem er seinerseits das Gespräch ernst nimmt.

Tipp 2: Glauben Sie nicht alles, was Sie denken!

Prüfen Sie Ihre grundsätzliche Einstellung zu Bewerber/innen. Einzelne unzuverlässige Kandidaten sollten nicht zu negativen Vorurteilen führen, die Ihren Erfolg als Recruiter behindern. Damit lassen Sie nicht nur die Guten für die schwarzen Schafe büßen, Sie verlieren auch selbst an Ausstrahlung und Überzeugungskraft – ein Teufelskreis. Was für Bilder über potenzielle Mitarbeiter/innen haben Sie im Kopf? »*Wenn die schon morgens mit dem Zettel vom Arbeitsamt hier reinmarschieren ... Ich lasse mir ja nichts anmerken, aber da habe ich schon genug! Das wird sowieso nichts, die wollen ja nur unsere Unterschrift.*« Natürlich bemerkt der Bewerber Ihre Reaktion und verhält sich entsprechend. Ihr Gesichtsausdruck spricht für sich und verrät Sie. Bitte vergessen Sie nie: Viele arbeitssuchende Bewerber/innen schämen sich. Es ist meist Scham, was Sie sehen, keine Faulheit. Und auch daran sei noch einmal erinnert: Jeder Bewerber ist ein möglicher Empfehlungsgeber. Jeder! Auch der, für den Sie momentan nichts tun können.

Tipp 3: Selbst Verbindlichkeit schaffen

Je verbindlicher Sie selbst auftreten, desto zuverlässiger werden die meisten Bewerber/innen reagieren. Wie unter »Erstkontakt« schon erwähnt, sollten Sie daher bei Vereinbarung eines Termins schon die Handynummer, den Namen usw. notieren und gleich eine E-Mail oder SMS schicken, damit der Bewerber weiß, mit wem er gerade gesprochen hat. Bestätigen Sie einen Termin innerhalb von zehn Minuten und senden Sie zwei Stunden vor dem Gespräch eine Erinnerungsmail oder eine SMS mit der Botschaft: »Wir freuen uns schon sehr, Sie persönlich in zwei Stunden kennenzulernen.« Darüber freut sich jeder/jede unabhängig von Alter, Geschlecht, Nationalität oder Qualifikation. Schicken Sie auf jeden Fall eine Wegbeschreibung und Infos zu Parkmöglichkeiten oder ÖPNV-Verbindungen mit. Viele Kandidaten sind sehr nervös, manche können schlecht Deutsch, manche kommen nicht, weil sie spät dran waren und sich deswegen schämen oder weil sie aus Versehen zu einer anderen Zeitarbeitsfirma gegangen sind. All das können Sie selbst eindämmen.

Tipp 4: Höflichkeit ist Trumpf!

Kein Witz: In Seminaren geben Teilnehmer immer mal wieder zu, dass ein uns bis heute peinlicher Fauxpas ihnen auch schon passiert ist. Man hat einen Bewerber mit einer noch auszufüllenden Bewerberkarte einfach im Bewerbungszimmer vergessen. Menschlich, aber unentschuldbar. Nehmen Sie Vorstellungsgespräche ernst, seien auch Sie als Berater pünktlich. Informieren Sie den Empfang, damit eintreffende Bewerber/innen dort freundlich und mit Namen begrüßt werden (»Herr/Frau ... ist gleich für Sie da!«). Auch das ist Bewerbermanagement: eine täglich aktualisierte Liste, wer heute erwartet wird, ein vorbereitetes Besprechungszimmer, Kaffee oder andere Getränke, die Bewerber/innen selbstverständlich angeboten werden. Sollte es nicht gerade zugehen wie im Taubenschlag, besteht eine schlichte, aber wirkungsvolle Geste auch darin, aufzustehen, den Bewerber zu begrüßen und in den Wartebereich zu führen, statt hinter dem Empfangstresen sitzen zu bleiben. Stellen Sie sicher, dass Bewerber/innen wie Gäste behandelt werden, nicht wie lästige Bittsteller. Seien Sie einfach ein exzellenter Gastgeber.

Tipp 5: Interviewleitfaden statt »spontan und authentisch«

Wir empfehlen Checklisten für die Interviews. Häufig wird darauf entgegnet: »Ich will flexibel sein und authentisch bleiben« oder auch: »Jedes Bewerberinterview läuft anders.« Aus zahlreichen Coachings und Trainings und vor allem aus der Live-Beobachtung in zahlreichen Niederlassungen können wir Ihnen versichern: Das ist Unsinn. Zu 90 Prozent hat jeder Personalberater seinen eigenen Stil und variiert seine Herangehensweise kaum. Das merkt man dann an der Qualität der Bewerbungsgespräche. Viele Seminarteilnehmer erschrecken selbst, wenn sie auf einer Video- oder Audioaufnahme damit konfrontiert werden, wie gelangweilt und routiniert sie das Gespräch absolvieren. Dabei entscheidet die Qualität Ihrer Fragen über die Qualität der Antworten Ihres Bewerbers und damit über den Gesprächserfolg. Gute Vorbereitung und eine adäquate Fragenliste bewirken Wunder.

Tipp 6: Seien Sie sympathisch

Eine angenehme Atmosphäre schafft der, der sympathisch wirkt. Sympathie entsteht meist unbewusst, kann jedoch auch bewusst geweckt werden, beispielsweise durch das Erkennen von Ähnlichkeiten. Wenn Sie sich mit der Person bzw. deren Unterlagen im Vorfeld beschäftigt haben, können Sie Gemeinsamkeiten hervorheben oder auch gezielt herbeiführen. »Ich habe in Ihrem

Lebenslauf gelesen, dass Sie auch in Hamburg aufgewachsen sind. Wo war denn Ihre Schule/wo haben Sie ...« usw. Sollten Sie keine Parallelen entdecken, empfehlen wir: Starten Sie mit dem Ereignis, das Sie auf jeden Fall mit dem Bewerber gemeinsam haben – dem Jobinterview und dem Bewerbungsprozess. Jeder kennt Gefühle wie Hoffnung, Nervosität, Enttäuschung, die damit verbunden sind. Erzählen Sie als Interviewer beispielsweise kurz von Ihrem Einstellungsgespräch bei Ihrer jetzigen Firma. So schlagen Sie drei Fliegen mit einer Klappe: Sie nehmen dem Kandidaten die Angst, wirken sympathisch. Und Sie machen jedes Mal persönliches Marketing mit Hilfe einer wahren Geschichte für Ihren Arbeitgeber, ohne dass dies dem Kandidaten bewusst ist. Beschreiben Sie kurz den Gesprächsablauf und stellen Sie sich als Person und als dauerhaften Ansprechpartner (möglichen Chef) vor. Mehr dazu unter dem Stichwort »Intromercial« im nächsten Abschnitt.

Tipp 7: Reden ist Silber, zuhören ist Gold

Achten Sie einmal darauf, wie hoch Ihr eigener Redeanteil in Vorstellungsgesprächen ist. Idealerweise überlassen Sie dem Kandidaten die Bühne und sorgen durch gezielte Fragen dafür, dass Sie alle Informationen bekommen, die Sie benötigen, um sich ein möglichst zuverlässiges Bild vom Bewerber zu machen. Dafür sollte Ihr eigener Redeanteil deutlich weniger als 50 Prozent, am besten etwa 20 Prozent betragen. Viele Personaler reden zu viel. Das hat auch damit zu tun, dass sie dem menschlichen Grundimpuls folgen, das Gespräch steuern und dominieren zu wollen. Wer den höheren Redeanteil hat, hat (vordergründig) die Macht. Allerdings besteht immer die Gefahr, dass er hinterher nicht viel schlauer ist als vorher. Denken Sie immer daran, Personalarbeit ist Vertriebsarbeit und hier galt schon immer die Zauberformel 80:20 – 80 Prozent Erfolg mit 20 Prozent richtigem Einsatz.

Zur Sache: Die besten Fragen

Eine gute und professionelle Fragetechnik ist nicht nur im Vertrieb, sondern in der heutigen Marktsituation auch im Recruiting gefragt. Überlegen Sie einen Moment, welche Verkäufer Sie selbst in der Vergangenheit als vertrauenerweckend und kompetent empfunden haben. Es waren wahrscheinlich nicht die Vielredner, die Ihnen etwas »aufquatschen« wollten, sondern eher die aufmerksamen, zugewandten Typen, die zuhören konnten und Ihnen die richtigen Fragen gestellt haben.

Fragetypen kennen und beherrschen

Die wichtigsten Fragetypen, die Ihnen in einem Bewerberinterview zur Verfügung stehen, sind offene Fragen, geschlossene Fragen und Alternativfragen.

Offene Fragen

… geben dem Gegenüber Gelegenheit, sich ausführlicher zu äußern, seinen Standpunkt darzulegen. Offene Fragen »öffnen«. Es sind die typischen W-Fragen: Wie, Was, Wo, Warum, Wofür, Wodurch, Welche usw. Beispiele:

»Welche Erfahrung haben Sie im Bereich X?«
»Was reizt Sie an dieser Stelle?«
»Was wissen Sie bereits über Zeitarbeit?«
»Welche Vorbehalte haben Sie eventuell gegenüber Zeitarbeit?«
»Warum sind Sie auf der Suche nach einem neuen Job?«
»Was halten Sie davon?«
»Wie bewerten Sie unser Gespräch bisher?«

Durch offene Fragen erfahren Sie, wie der andere denkt. Außerdem verbessert es die Gesprächsatmosphäre, wenn Sie sich für die Meinung Ihres Gegenübers interessieren und beispielsweise fragen, »*Wie schätzen Sie x ein?*« In einem Bewerberinterview sind daneben Motivfragen und situative Fragen sehr nützlich. Motivfragen zielen auf die Beweggründe eines Kandidaten und geben Aufschluss über seine Persönlichkeit: »*Warum haben Sie diese Fortbildung besucht?*« Situative Fragen zielen darauf, wie sich der Kandidat in einer ganz konkreten Situation verhalten würde: »*Wie reagieren Sie, wenn es zu technischen Problemen kommt, beispielsweise wenn die Software ausfällt. Was würden Sie tun?*« Auf solche Fragen kann man sich (anders als auf die altbekannten Fragen zu persönlichen Stärken und Schwächen) nur begrenzt vorbereiten. Durch Job-bezogene situative Fragen bekommen Sie einen besseren Eindruck der Eignung eines Bewerbers oder einer Bewerberin.

Geschlossene Fragen

... verlangen dem Gegenüber eine eindeutige Stellungnahme ab. Geschlossene Fragen sind nur mit Ja oder Nein zu beantworten und beginnen meist mit einem Verb. Beispiele:

»*Können Sie im Schichtbetrieb arbeiten?*«
»*Haben Sie ein Auto?*«
»*Können Sie am nächsten Montag anfangen?*«

Geschlossene Fragen schaffen Klarheit und erzwingen Entscheidungen (»*Interessiert Sie die Stelle?*«). Es kann schnell unfreundlich wirken und eine Art »Verhörsituation« schaffen, wenn Sie zu viele geschlossene Fragen aneinanderreihen. Achten Sie daher darauf, Fragetypen abzuwechseln und vor allem am Gesprächsanfang eher auf offene Fragen zu setzen. Geschlossene Fragen kommen dann stärker bei der abschließenden Klärung von Details zum Zuge. Auch durch Einleitungen wie »*Habe ich richtig verstanden, dass ...?*« »*Bedeutet das, ...?*« können Sie die Wirkung geschlossener Fragen abmildern: »*Heißt das, ein Einsatz im Schichtbetrieb wäre schwierig für Sie?*« Allerdings sollten Sie nicht in manipulative Suggestivfragen abgleiten, also mit Unterstellungen arbeiten. Negativbeispiele wären: »*Wollen Sie sich wirklich nur wegen des Anfahrtsweges diese Chance entgehen lassen?*« oder »*Sie arbeiten doch auch lieber für einen renommierten Arbeitgeber, oder?«*

Alternativfragen

… eröffnen dem Gegenüber die Wahl zwischen verschiedenen (meist zwei) Möglichkeiten. Alternativfragen können eingesetzt werden, um Entscheidungen zu forcieren. Durch die Auswahl der Alternativen engen Sie den Entscheidungsspielraum des anderen ein und steuern so das Gespräch. Das kann in Ihrem Sinne sein, in bestimmten Situationen aber auch als unfaires Druckmittel empfunden werden. Verwenden Sie Alternativfragen daher mit Bedacht. Beispiele:

»Was ist Ihnen wichtiger: eine überdurchschnittliche Bezahlung oder ein kurzer Arbeitsweg?«
»Möchten Sie lieber morgen oder am Montag zum Gespräch kommen?«
»Wollen Sie die Weiterbildung zu Ende bringen oder sollen wir Sie gleich vermitteln?«

Üben Sie sich in der Verwendung unterschiedlicher Fragetypen und achten Sie darauf, genügend offene Fragen zu stellen. Diese kommen oft zu kurz, insbesondere, wenn Zeitdruck herrscht und die eigene Ungeduld Regie führt. Es bringt Ihnen wenig, schnell zu sein, wenn das Gesprächsergebnis auf tönernen Füßen steht und womöglich revidiert werden muss. Eile oder auch Unkonzentriertheit kann außerdem dazu führen, dass man zu viele Fragen auf einmal abfeuert, ohne die Antwort der Bewerberin oder des Bewerbers abzuwarten. Fragen Sie mit Bedacht, immer eine Frage auf einmal, und halten Sie auch mal kurze Gesprächspausen aus, weil Ihr Gegenüber erst nachdenken muss. Bewerber/innen ticken unterschiedlich, und gute Personaler können sich (wie übrigens gute Verkäufer auch) auf unterschiedliche Persönlichkeitstypen einstellen. Die Kenntnis von Persönlichkeitsmodellen (wie etwa DISG® oder Insights MDI®, womit wir selbst arbeiten) schärft dabei den Blick auf sich selbst und andere. Wie ist Ihr bevorzugter Kommunikationsstil? Worauf legen Sie besonderen Wert? Das entscheidet darüber, welche Bewerber/innen Ihnen leichter fallen und wer Ihnen mehr Anstrengung abverlangt. Wenn Sie selbst eher handlungs- und faktenorientiert sind und eine ausgesprochene Machermentalität haben, tun Sie sich mit leisen und zögerlichen Menschen vermutlich eher schwer. Und wenn Sie selbst (wie viele Kollegen im Personalbereich) kontaktfreudig, kommunikativ und begeisterungsfähig sind, müssen Sie sich auf eher reservierte, nüchterne, auf Regeln und Präzision bedachte Menschen bewusst einstellen. Als Profi scheren Sie jedoch nicht alle über Ihren eigenen Kamm. Sie sind in der Lage, auf den anderen einzugehen – jemand Unsicheren und Harmonieorientierten genauso abzuholen wie jemanden, der forscher und redseliger auftritt.

Gesprächsstruktur und Beispielfragen

Ein fundiertes Bewerberinterview folgt einer klaren Dramaturgie. Dieser Ablauf sorgt gleichermaßen dafür, dass der Kandidat sich gut aufgehoben fühlt, wie dafür, dass Sie selbst nichts vergessen. Außerdem gibt Ihnen die Struktur Sicherheit und ermöglicht Ihnen, sich ganz auf Ihr Gegenüber zu konzentrieren. Eine empfehlenswerte Struktur verdeutlicht Abbildung 11.

1. Kurze Selbstvorstellung (Warming-up)

Die Selbstvorstellung in der Begrüßungsphase dient vor allem dazu, Bewerber/innen die Nervosität zu nehmen. Suchen Sie nach Ähnlichkeiten wie Wohnort, Ausbildung, Hobbys, Bewerbungssituation (vgl. Tipp 6 »Seien Sie sympathisch«). Geben Sie etwas von sich preis und präsentieren Sie sich anschließend in zwei, drei Sätzen, die Bewerber/innen sachlich und emotional ansprechen. Beispielfragen und eine mögliche Selbstpräsentation:

Zur Sache: Die besten Fragen 137

```
┌─────────────────────────────────────┐
│               1.                    │
│      KURZE SELBSTVORSTELLUNG        │
│           (Warming-up)              │
└─────────────────────────────────────┘
```

```
┌─────────────────────────────────────┐
│               2.                    │
│  HAUS VORSTELLEN + STELLE SKIZZIEREN│
│       (Vorteile des Kandidaten,     │
│         Zeitarbeit erklären)        │
└─────────────────────────────────────┘
```

```
┌─────────────────────────────────────┐
│               3.                    │
│     PRÄSENTATION DES KANDIDATEN     │
│      (Qualifikation, Motive, Ziele) │
└─────────────────────────────────────┘
```

```
┌─────────────────────────────────────┐
│               4.                    │
│     ERGÄNZENDE BEWERBUNGSFRAGEN     │
│        (Laut eigener Vorbereitung)  │
└─────────────────────────────────────┘
```

```
┌─────────────────────────────────────┐
│               5.                    │
│             ABSCHLUSS               │
│ (Gegebenenfalls Vertragsangebot, Infos zu │
│  Lohn/Gehalt und dessen Verhandlung. Wie  │
│          verbleiben Sie?)           │
└─────────────────────────────────────┘
```

Abbildung 11: Ablauf eines Bewerberinterviews

- »*Ich habe gesehen, dass Sie auch Fußballfan sind. Für welchen Verein schlägt denn Ihr Herz?*«
- »*Sie sind wie ich in Dresden geboren, habe ich gelesen. Von wo kommen Sie denn da?*«
- »*Ich arbeite seit fünf Jahren als Personalberaterin hier bei der XYZ GmbH. Dabei arbeite ich mit vielen Pflegekräften zusammen, die sich wegen schlechter Arbeitsbedingungen verändern möchten. Viele leiden sehr unter dem Schichtdienst und wünschen sich geregelte Arbeitszeiten und mehr Privatleben.*« *(mehr zur Selbstvorstellung siehe den Abschnitt* »*Intromercial*«*)*

2. Haus vorstellen + Stelle skizzieren (Vorteile des Kandidaten)

Hier bitte keine lange Firmenhistorie oder Zahlenflut, sondern kurz und knapp einige Fakten und deren Nutzen für den jeweiligen Bewerber. Beispiel:

- »*Wir als XYZ GmbH sind seit zehn Jahren am Markt und spezialisiert auf Pflegeberufe. Das bedeutet, dass wir mit vielen Krankenhäusern und Altenheimen in der Region schon lange zusammenarbeiten. Für Sie hat das den Vorteil, dass wir unsere Unternehmenskunden sehr genau kennen und einschätzen können, was Sie dort erwartet. Ein weiterer Pluspunkt für Sie: Wir haben in der Regel mehrere Jobs zur Auswahl für Sie und können gemeinsam mit Ihnen schauen, was am besten passt.*«

Hinter dieser Argumentation verbirgt sich ein bewährtes vertriebliches Muster: Merkmal (»Wir sind …«) → Vorteil (»Für Sie hat das den Vorteil, dass …«) → Nutzen (»Wir haben … mehrere Jobs zur Auswahl für Sie …«). Je deutlicher Sie Vorteile und Nutzen des Kandidaten formulieren, desto überzeugender sind Sie. Gehen Sie nicht davon aus, Bewerber/innen könnten sich dieses oder jenes selbst zusammenreimen oder auf der Website nachlesen – formulieren Sie es laut und deutlich! Räumen Sie bereits an dieser Stelle mögliche Vorurteile gegenüber Zeitarbeit aus, indem Sie den Bewerber oder die Bewerberin offen nach bisherigen Erfahrungen fragen.

Anschließend gehen Sie zur angebotenen Position über, wenn der Kandidat sich auf eine Stellenausschreibung beworben hat. Beispiel:
- *»Bei der Stelle, auf die Sie sich beworben haben, handelt es sich um eine Vollzeitstelle bei einem kommunalen Träger. Das hat für Sie den Vorteil, dass Sie nach Tarif bezahlt werden und gute Übernahmechancen bestehen. Außerdem können Sie als gesuchte Fachkraft von Nachtschichten ausgenommen werden, falls das für Sie ein Thema ist. Wie hört sich das bisher für Sie an?«*
- *»Wie stark können Sie sich in dieser Position sehen?«*
- *»Können Sie sich grundsätzlich vorstellen, im Rahmen dieser Stelle für uns tätig zu sein?«*

3. Präsentation des Kandidaten (Qualifikation, Motive, Ziele)

Dies ist das eigentliche Kernstück des Gesprächs. Schließlich geht es im Gespräch vor allem darum, die Bewerberin oder den Bewerber kennenzulernen. Dazu müssen Sie vor allem eines: gut zuhören! Starten Sie mit offenen und eher allgemeinen Fragen ins Gespräch. Beispielfragen:
- *»Was interessiert Sie an der angebotenen Stelle?«*
- *»Wie kam Ihre Berufswahl zustande? Warum haben Sie sich entschieden, ……………… zu werden?«*
- *»Wie ist Ihr bisheriger beruflicher Werdegang verlaufen? Welche Qualifikationen bringen Sie mit?«*
- *»Welche beruflichen Ziele haben Sie?«*
- *»Worauf legen Sie bei der Arbeit besonderen Wert?«*
- *»Was sollte ich über Sie persönlich wissen, um Sie optimal vermitteln zu können?«*
- *»Wo möchten Sie am liebsten arbeiten?«*

4. Ergänzende Bewerbungsfragen (laut eigener Vorbereitung)

Nachdem der Kandidat Gelegenheit hatte, etwas über sich zu erzählen, bohren Sie hier sozusagen etwas tiefer. Nehmen Sie die

Notizen zu Ihrer Vorbereitung zur Hand und fragen Sie dort nach, wo etwas noch nicht hinreichend klar für Sie ist. Beispiele:

- *»Was meinen Sie genau mit …?«*
- *»Was motiviert Sie?«*
- *»Was demotiviert Sie?«*
- *»Wie sieht das ideale Arbeitsumfeld für Sie aus?«*
- *»Arbeiten Sie lieber im Team oder selbstständig?«*
- *»Welche Punkte sind/waren bei Ihnen bei einem Arbeitgeberwechsel ausschlaggebend?«*
- *»Wie würden Kollegen Sie vermutlich beschreiben?«*
- *»Welche berufliche Richtung möchten Sie mittelfristig einschlagen?«*
- *»Wie wichtig ist das Thema Work-Life-Balance für Sie?«*
- *»Was waren Ihre negativsten Erlebnisse in der Arbeitswelt?«*
- *»Was war beruflich gesehen bisher Ihr größter Fehler und was haben Sie daraus gelernt?«*
- *»Über welchen beruflichen Erfolg haben Sie sich am meisten gefreut?«*
- *»Stellen Sie sich vor, am Arbeitsplatz entsteht folgendes Problem: ………………………… . Wie würden Sie das lösen?«* (situative Frage)
- *»Wann macht Ihnen Leistung (Arbeit) Spaß?«*
- *»Mit wem tauschen Sie sich über Ihre Jobfindung aus?«*
- *»Was außer ……………… ist Ihnen bei Ihrer Entscheidung über die Stelle sonst noch wichtig?«*
- *»Wie schätzen Sie selbst Ihre Chancen ein?«*
- *»Was spricht Sie besonders an?«*
- *»Was lässt Sie noch zögern/Wo liegen Ihre Bedenken?«*
- *»Wie kann ich Sie noch weiter unterstützen?«*
- *»Haben Sie noch Fragen an mich?«*

5. Abschluss (Wie verbleiben Sie gemeinsam mit dem Bewerber?)

Gute Verkäufer machen am Schluss »den Sack zu«, das heißt sie gehen mit einer klaren Vereinbarung aus dem Gespräch. Dazu erklären Sie die finanziellen und sonstigen Rahmenbedingungen: Wie sind die Verdienstmöglichkeiten und Perspektiven, worauf basiert der Arbeitsvertrag zwischen Ihnen und dem Mitarbeiter, wie ginge es nach dem ersten Einsatz vermutlich weiter, wie unterstützen Sie als Führungskraft Ihre externen Mitarbeiter/innen ... Je klarer und transparenter Sie argumentieren, desto eher schaffen Sie Vertrauen. Mögliche Fragen in dieser Phase:

- »*Welche Punkte sind noch offen, damit Sie für sich eine klare Entscheidung treffen können?*«
- »*Wenn der Auftraggeber/die Fachabteilung etc. zusagt, mit welcher Wahrscheinlichkeit fangen Sie dort an?*«
- »*Wann konkret kann ich mit Ihrer Zusage rechnen?*«
- »*Und kann ich mich darauf verlassen, dass Sie bis dahin niemanden anderen eine Zusage geben?*«
- »*Wann sprechen wir wieder? Wie können wir in Kontakt bleiben?*«
- Bei gewerblichen Hilfskräften kann man auch gerne mit Kontrollfragen arbeiten und prüfen, ob alles verstanden wurde:
  - »*Haben Sie soweit alles verstanden oder gibt es noch Fragen?*«
  - »*Wenn ja, welche?*«
- »*Was sagen Sie zu meinem Vorschlag?*«
- »*Was halten Sie davon, dass wir gleich einen Arbeitsvertrag machen?*«

Wenn Sie ein Zögern feststellen, haben Sie Mut und haken Sie nach:
- »*Sie zögern – was fehlt Ihnen noch?*«
- »*Ich habe das Gefühl, Ihnen liegt noch etwas auf der Seele. Vielleicht kann ich Ihre Bedenken ausräumen?*«

Sprechen Sie den Bewerber eventuell auch auf seine sozialen Kontakte an. Mögliche Formulierungen:
- »*Mit wem sprechen Sie über Ihre beruflichen Entscheidungen?*«
- »*Wenn Sie jetzt aus der Tür gehen, mit wem sprechen Sie über Ihre Bewerbungen?*«

Hier zeigen sich oft mögliche Stolpersteine und oder auch bisher verborgene Wechsel- und Begleitmotive Ihres Bewerbers, auf die Sie dann eingehen können.

Handelt es sich um eine Bewerbung ohne einen konkreten Auftrag, sind auch die folgenden Fragen zielführend:
- »*Was muss ich tun, damit ich Sie exklusiv für uns gewinnen kann?*«
- »*Ich möchte Sie unbedingt als Mitarbeiter/in gewinnen! Wie schätzen Sie meine Chancen ein?*«

An dieser Stelle können Sie Bewerber/innen außerdem durch eine aktive Platzierung für sich gewinnen. Das bedeutet, dass Sie im Beisein der Kandidatin oder des Kandidaten mögliche attraktive Arbeitgeber für ihn kontaktieren (mehr dazu unter »Win-win-win: Aktive Platzierung«).

Außerdem sollten Sie abschließend auch Feedback zum Gespräch einholen, etwa mit Fragen wie:
- »*Wie hat Ihnen das Interview heute gefallen?*«
- »*Wie würden Sie uns auf einer Skala von 1 (miserabel) bis 10 (ausgezeichnet) bewerten?*«
- »*Würden Sie uns weiterempfehlen?*«

Fassen Sie abschließend das Gesprächsergebnis und die nächsten Schritte für den Bewerber/die Bewerberin kurz zusammen (»Dann verbleiben wir also so: ....«). Bewerber/innen, die Sie auf jeden Fall unter Vertrag nehmen wollen, können Sie auch sofort ein Vertragsangebot unterbreiten und einen Termin für die Besprechung und Unterzeichnung des Vertrages vorschlagen. Auf jeden Fall sollten Sie Ihr Interesse noch einmal schriftlich bekräftigen, zum Beispiel per Mail oder SMS. Alternativ können Sie auf der Mailbox oder dem Anrufbeantworter eine positive Nachricht hinterlassen, die Ihren Gesprächspartner zu Hause erwartet. Kurz: Machen Sie das Gespräch zu einem positiven Erlebnis für den Kandidaten. So steigern Sie Ihre Empfehlungsrate selbst dann, wenn aus der aktuellen Stellenbesetzung nichts wird. Wenn Sie zu diesem Thema noch ausführlicher nachlesen wollen, empfehlen wir Ihnen unser Buch *Zeitarbeit erfolgreich verkaufen* (2017).

Geheimwaffe »Intromercial«

Für die meisten Bewerber/innen sind Zeitarbeitsfirmen absolut austauschbar (für die meisten Kundenunternehmen übrigens auch). Personaldienstleister bieten aus Sicht von Neukunden eine vergleichbare Dienstleistung. Sie selbst sind es, der den Unterschied macht – Ihre Persönlichkeit, Ihre Kompetenz, Ihr Serviceangebot. Um das im Gespräch von Beginn an deutlich zu machen und Bewerber/innen zu signalisieren, »Hier sind Sie richtig!«, brauchen Sie einen knackigen Gesprächseinstieg: zwei, drei Sätze, die Ihrem Gegenüber ein attraktives Bild von Ihrer Dienstleistung vermitteln. Der »minimalistische« Ansatz – »Mein Name ist XY und ich bin Personalberater hier bei der YZ AG« – ist fantasielos und wenig wirksam. Menschen werden gewonnen, wenn sie sich auch persönlich und auf einer emotionalen Ebene angesprochen fühlen. Verkäufer wissen das längst und üben ihren Gesprächseinstieg sorgfältig, denn der Anfang entscheidet oft über Erfolg oder Misserfolg einer Begegnung. Die einleitende Werbung in eigener Sache bezeichnen wir als »Intromercial«. Ein Beispiel für eine gelungene Selbstvorstellung:

»Ich arbeite mit vielen Lkw-Fahrern zusammen, die Familienväter sind und unzufrieden mit ihrem Arbeitsalltag. Viele leiden sehr darunter, dass sie ihre Kinder zu wenig sehen. Ich helfen Ihnen, einen neuen attraktiven Arbeitsplatz mit familienfreundlichen Arbeitszeiten zu finden.«

Sie sehen, dass dieses Intromercial deutlich den Zielkunden (hier: Lkw-Fahrer) anspricht, das Problem, das er erlebt, und was er dabei fühlt. Dann konzentriert sich die Selbstvorstellung auf das Ziel, das Ihr Bewerber erreichen möchte. Manchmal ist das ein persönliches Ziel, manchmal ein berufliches, doch immer ist es bisher unerreicht. Zwischen der aktuellen Situation und der ersehnten Zukunft klafft eine Lücke. Diese Lücke kann Ihr Bewerber mit Ihrer Hilfe schließen, und das ist für ihn sehr attraktiv. Entwerfen Sie Ihr eigenes Intromercial und programmieren Sie Ihre Recruiting-Interviews so von vornherein auf Erfolg. Voraussetzung ist, dass Sie die jeweilige Zielgruppe und deren Wünsche und Nöte gut kennen. Wenn Sie Bewerber/innen in Vorstellungsgesprächen regelmäßig gefragt haben, was ihnen wichtig ist und warum sie sich verändern möchten, sollte das nicht allzu schwierig sein. In der Regel geht es um familiäre oder gesundheitliche Probleme, um mehr finanziellen Spielraum, persönliche Ängste, Karrierewünsche oder Fragen von Sinn und Selbstverwirklichung. Die Struktur eines wirkungsvollen Intromercials sehen Sie in Abbildung 12.

IHR GESPRÄCHSEINSTIEG

(»Intromercial«)

»Ich helfe/arbeite mit .... ,

(Hier steht Ihr Zielmarkt, Ihr Zielkunde.)

...die ....

(Hier steht das Problem.)

...und ....

(Hier wird das Gefühl angesprochen.)

Ich zeige ihnen, wie ....«

(Hier steht das Ergebnis.)

Abbildung 12: Schema für ein Intromercial

Noch zwei Beispiele für ein Intromercial, dieses Mal für qualifizierte Jobeinsteiger, die häufig unsicher sind, wo sie am besten anheuern sollten, und für Helfer:

»*Ich arbeite mit zahlreichen Unternehmenskunden, die händeringend Mitarbeiter für ihre Firmen suchen und genau solche Talente wie Sie gerne kennenlernen würden. Dabei unterstütze ich Jobeinsteiger, die noch wenig Einblicke in den Arbeitsmarkt haben, darin, schon im Vorfeld herauszufinden, welche Firma zu ihnen passt und wo man ihre Persönlichkeit schätzt.*«

Helfer Beispiel:

»*Ich arbeite mit vielen Kunden im Bereich Produktion und Lager. Dort gibt es viele tolle Jobs. Alle wünschen sich Mitarbeiter, die zuverlässig und fleißig sind. Meine Aufgabe ist es, permanent neue Kollegen zu suchen und zu finden, die unsere Kunden unterstützen.*«

Wenn Sie Ihr eigenes Intromercial geschrieben haben, wird es Zeit für einen kurzen Check. Erfüllt Ihr Gesprächseinstieg folgende Voraussetzungen?
- Nennt er eindeutig Ihren Zielmarkt oder Ihre Zielgruppe?
- Bleibt er im Gedächtnis und eignet sich daher zum Weitererzählen (etwa bei Empfehlungen)?
- Fühlen Sie sich wohl mit dieser Selbstvorstellung?
- Haben Sie ein wünschenswertes Ergebnis eingebaut oder sogar zwei?
- Ist das die Sprache, die Ihre Bewerber/innen sprechen?
- Haben Sie überflüssige Worte und Fachjargon weggelassen?
- Greifen Sie die Probleme auf, die für Ihre Bewerber/innen am drängendsten sind?
- Verweisen Sie auf eine erstrebenswerte Zukunft?
- Ist Ihr Intromercial anziehend für Ihre Zielgruppe?
- Weckt dieser Einstieg Interesse – fragen Bewerber/innen anschließend nach: »Und wie machen Sie das?«

Überarbeiten Sie Ihr Intromercial so lange, bis Sie jede dieser Fragen voller Überzeugung mit »Ja« beantworten können. Die Mühe lohnt sich: Ihre Bewerber/innen werden sich zukünftig für Sie und nicht für den Wettbewerb entscheiden, weil Sie sie emotional besser abholen und sich überdies als Experte präsentieren, der ihnen bei der Lösung ihrer Probleme hilft. Sie bieten dadurch die Sicherheit, die Bewerber/innen brauchen, und machen es ihnen einfach, sich für Sie zu entscheiden. Sie überzeugen selbstbewusst und mit Leichtigkeit, weil Ihr Gegenüber die Leidenschaft für Ihren Job in Ihrer Stimme hört. Und übrigens: Natürlich ist es empfehlenswert, auch für die Akquise von Kundenunternehmen ein passendes Intromercial zu entwickeln, um beim Erstkontakt wirkungsvoll zu punkten und Interesse zu wecken!

Win-win-win: Aktive Platzierung

Erfolgreiche Personaldienstleister werden in Zukunft mehr und mehr als Arbeitsmarktexperten und kompetente Berater für beide Seiten, Auftraggeber wie Mitarbeiter/innen, agieren. Der Arbeitsmarkt wird angespannt bleiben, die Ansprüche der Bewerber/innen werden ebenso wie die der Kundenunternehmen weiter steigen. Die Gründe dafür liegen auf der Hand: Bewerber/innen sind sich ihrer Machtposition zunehmend bewusst. Kundenunternehmen zahlen aufgrund gesetzlicher Neuregelungen mehr als früher und fragen sich, was Sie dafür bieten. Statt darüber zu klagen, dass man »Anfragen, aber keine Bewerber« oder »Mitarbeiter, aber keinen Auftrag« hat, gilt es deshalb, das Heft in die Hand zu nehmen und aktiv zu werden. Ihre Attraktivität für Bewerber/innen wird sich massiv erhöhen, wenn sich herumspricht, dass Sie sich kompetent ins Zeug legen, um ihnen Wunscheinsätze zu ermöglichen. Und Kundenunternehmen werden es zu schätzen wissen, wenn Sie mehr bieten, als nur akute Personallücken zu stopfen. In diesem

Kontext ist die aktive Platzierung von Kandidaten ein wichtiges Instrument.

Mit »aktiver Platzierung« ist nicht gemeint, frei werdende Mitarbeiter/innen am Telefon anzupreisen wie saures Bier (»Ich habe hier zwei Lageristen frei. Brauchen Sie vielleicht einen?«). Gemeint ist, Bewerber/innen oder Mitarbeiter/innen gezielt und im Beisein des Kandidaten bei passenden Unternehmen zu präsentieren. Fragen Sie dazu vielversprechende Bewerber/innen, die Sie gerne anstellen möchten:

»Bei welchen drei bis fünf Unternehmen hier in der Gegend würden Sie denn gerne arbeiten?«

Ein motivierter Bewerber wird Ihnen hier in der Regel einige Namen nennen. Im Idealfall besitzen Sie Hintergrundkenntnisse über deren Situation und haben mit dem einen oder anderen Unternehmen schon zusammengearbeitet. Überlegen Sie einen Augenblick, wo die besten Chancen bestehen und fragen Sie den Bewerber:

»Wenn Sie einverstanden sind, rufe ich dort jetzt sofort an? Vielleicht können wir heute noch einen Arbeitsvertrag schließen.«

Anschließend kontaktieren Sie das Unternehmen im Beisein des Bewerbers oder der Bewerberin. Scheuen Sie sich dabei nicht, auch neue Kundenunternehmen anzusprechen. Wie Sie vorgehen können, verdeutlicht der Leitfaden in Abbildung 13.

Selbst wenn sich beim Kundenunternehmen spontan keine Möglichkeit ergibt, wird sich Ihr Engagement ins Gedächtnis des Bewerbers einbrennen. Sehr wahrscheinlich hat sich noch niemand derart eingesetzt, seinen Arbeitswunsch zu erfüllen. Er kann jetzt auch viel besser nachvollziehen, was Sie für ihn tun. Er hatte ein emotionales Erlebnis und dadurch entsteht eine Bindung zu Ihnen als Person. Die Wahrscheinlichkeit, dass er darüber positiv mit anderen Menschen spricht, ist sehr hoch.

> **AKTIVE PLATZIERUNG VON BEWERBER/INNEN**
>
> Telefon-Leitfaden
>
> 1. »*Guten Tag Herr/Frau ....*
>   *Mein Name ist .... von der Firma ....*«
>
> 2. »*Dürfte ich Sie um einen Gefallen bitten?*« [oder: »*Ich brauche Ihre Hilfe.*«]
>   »*Bei mir sitzt gerade ein Bewerber, Herr...................... Er ist .... und hat soeben unseren anspruchsvollen Bewerbungsprozess erfolgreich durchlaufen.*
>   *Auf meine Frage hin, was denn seine Traumfirma wäre, nannte er Sie!*« [Erzählen Sie das mit einem Lächeln in der Stimme, mit dem Unterton, »*Ist das nicht schön?!*«]
>
> 3. »*Herr/Frau ...., was müsste denn passieren, dass Herr .... bei Ihnen im Rahmen der Arbeitnehmerüberlassung zum Einsatz käme?*« [oder: »*Was kann ich tun, um ihm diesen Wunsch zu erfüllen? Ich würde ihn aufgrund seiner ausgezeichneten Qualifikation und hohen Motivation gerne einstellen!*«]

Abbildung 13: Leitfaden »Aktive Platzierung«

Versäumen Sie es auf keinen Fall, dem Unternehmensvertreter am Ende für das Gespräch zu danken und zu fragen:

»*Kann ich vielleicht sonst etwas für Sie tun?*«

In der Regel erhalten Sie so Unternehmensinformationen, die nützlich für Ihre zukünftige Akquise sind. Lassen Sie sich jedoch nicht in ein längeres Gespräch verwickeln, im Mittelpunkt steht Ihr aktueller Bewerber. Hat der Kunde ein anderes Anliegen, sichern Sie ihm zeitnahe Recherche und einen terminierten Rückruf zu.

Bei der aktiven Platzierung von frei gewordenen Mitarbeiter/innen variieren Sie den Leitfaden geringfügig. Hier ist Ihre Ausgangsposition noch besser, weil Sie auf konkrete Erfahrung mit dem Betreffenden verweisen können. Beschreiben Sie diese unter Punkt 2 kurz und vielversprechend. Ein Beispiel:

»Dürfte ich Sie um einen Gefallen bitten?« [oder: *»Ich brauche Ihre Hilfe!«*]

»Bei mir sitzt gerade eine meiner besten Mitarbeiterinnen, Frau Fink. Sie ist Fremdsprachenassistentin mit Top-Referenzen und Bewertungen und arbeitet seit über zwei Jahren für uns. Das Unternehmen, in dem sie sieben Monate gearbeitet hat, verlegt seinen Sitz nach Hamburg. Jetzt suche ich eine neue Aufgabe für sie. Können Sie mir hier eventuell weiterhelfen?«

Sollte der Angesprochene selbst keine Möglichkeit sehen, fragen Sie ihn um Rat: Wer in der Branche könnte möglicherweise Interesse an einem guten Mitarbeiter haben? Die Bitte um Hilfe oder Rat schmeichelt dem Ego und wird daher von dem meisten Menschen gerne beantwortet.

Eine aktive Platzierung von Kandidaten bei geeigneten Unternehmen bringt Ihnen eine Vielzahl von Vorteilen:
- Mehr Attraktivität als Arbeitgeber: Sie überzeugen Bewerber/innen, dass sie in Ihnen einen engagierten Partner an ihrer Seite haben. Sie beeindrucken durch Professionalität und vermitteln Wertschätzung.
- Mehr Umsatz: Wenn Sie konsequent auf aktive Platzierung setzen, werden Sie immer wieder Treffer landen und so zusätzliche Umsätze generieren.
- Noch mehr Umsatz: Sie erhalten spontane Kundenanfragen, die nichts mit Ihrem aktuellen Anliegen zu tun haben (auf die Frage »Wie kann ich Sie sonst unterstützen?«).
- Neukundenakquise: Sie lernen potenzielle Unternehmenskunden kennen und verankern sich positiv in deren Gedächtnis.

- Höhere Beratungskompetenz: Sie werden stärker als Personalberater, nicht nur als »Disponent« wahrgenommen und können so den Anteil von Personalvermittlungen durch Ihr Unternehmen steigern.
- Kontaktpflege: Sie rufen sich bei bestehenden Unternehmenskunden ins Gedächtnis und treten angenehm anders als andere auf.
- Mehr Empfehlungen: Sie steigern Ihre Empfehlungsquote.
- Höhere Marktkenntnis: Sie erschließen neue Branchen und halten Ihren Einblick in bestehende Branchen stets aktuell.

Zum Abschluss des Gesprächs fassen Sie das Gesprächsergebnis für die Bewerberin oder den Bewerber mündlich und anschließend schriftlich (etwa in einer kurzen Mail) zusammen und legen gemeinsam die nächsten Schritte fest. So bleiben Sie positiv im Gedächtnis, auch wenn der Kandidat parallel noch weitere Unternehmen kontaktiert hat. Denn der erste Eindruck entscheidet – und der letzte bleibt hängen!

Ihre Chancen auf einen Blick

- Verlieren Sie nie mehr interessante Kandidaten schon im Ersttelefonat: Führen Sie bereits hier einen kurzen Erstcheck durch, der dem Anrufer Kompetenz, Professionalität und konkretes Interesse signalisiert.
- Konzentrieren Sie sich auf vielversprechende Kandidaten und vermeiden Sie so überflüssige Recruiting-Interviews.
- Gewinnen Sie das Vertrauen von Bewerber/innen durch gut vorbereitete Vorstellungsgespräche in wertschätzender Atmosphäre.
- Knüpfen Sie ein Band der Sympathie zum Kandidaten, indem Sie eingangs nach Gemeinsamkeiten suchen und/oder etwas von sich persönlich preisgeben.

- Legen Sie durch einen durchdachten werblichen Gesprächseinstieg (ein Intromercial«) die Basis für Ihren Gesprächserfolg.
- Stellen Sie fundierte Fragen entlang eines vorbereiteten Interviewleitfadens und bilden Sie sich so ein zutreffendes Urteil.
- Verblüffen Sie Kandidaten durch die aktive Platzierung in seinem Beisein. Sie erweisen sich so als engagierter Partner an seiner Seite und als attraktiver Arbeitgeber, knüpfen und pflegen überdies Kontakte zu Unternehmenskunden und steigern Umsätze wie auch Empfehlungsquoten. Dies trifft insbesondere auf die Personalvermittlung zu (Siehe unser Buch *Erfolgreich in der Personalvermittlung*)

6 Bewerberauswahl: Augenmaß statt Checkliste

> »Erfahrung heißt gar nichts. Man kann seine
> Sache auch 35 Jahre schlecht machen.«
>
> (Kurt Tucholsky – Journalist, Satiriker, Kritiker,
> Romanautor, Publizist und vieles mehr)

Nach der Übernahme von Lotus Notes durch IBM stellten die Manager bei IBM enttäuscht fest, dass die Kreativität dort stetig sank. Dabei hatte man das Unternehmen genau deswegen gekauft. Ein IBM-Manager kam auf die Idee, ihr Recruiting zu testen. In einem Besetzungsprozess wurden unter die echten Bewerbungen auch Bewerbungen der 16 Lotus-Notes-Gründer gemischt, mit geänderten Namen und Geburtsdaten. Das Ergebnis: Keiner der Gründer hatte auch nur den Hauch einer Chance bei seinem früheren Unternehmen; keiner kam in die erste Gesprächsrunde. Das Recruiting ging offenbar auf Nummer sicher und setzte auf Standardqualifikationen.

Diese wunderbare Anekdote verdanken wir unserem Kollegen Martin Gaedt.[1] Niemand ist unfehlbar, auch im Recruiting nicht. Gerade dort ist die Aufgabe besonders komplex. Im Kern geht es darum, Menschen zuverlässig einzuschätzen und eine Prognose über ihren Erfolg an einem bestimmten Arbeitsplatz und in einem konkreten Umfeld abzugeben. Das ist eine Gleichung mit gleich mehreren Unbekannten. Verständlich, dass mancher Personalmanager auf vermeintlich sichere »sachliche« Kriterien wie Ausbildung, Erfahrung, Noten setzt. Nur kommt man damit in Zeiten des Fachkräftemangels in vielen Bereichen nicht mehr weit. Was also tun, wenn es keine Bewerber/innen gibt, die die Checkliste erwünschter Qualifikationen erfüllen? Und überhaupt: Wie sicher sind solche Checklisten eigentlich? In diesem Kapitel plädieren wir für den Abschied von der Eier legenden Wollmilchsau und für mehr Empathie und Augenmaß im Recruiting.

Fachlich top, persönlich flop?: Die Tücken der Checkliste

Neue Mitarbeiter/innnen scheitern selten wegen mangelnder Fachkenntnisse. In unserer aktiven Zeit in der Arbeitnehmerüberlassung haben wir fast nie gehört, »Die Mitarbeiterin kam mit unserer Software einfach nicht zurecht« oder »Der Mitarbeiter konnte die Kehrmaschine nicht bedienen«, wenn Arbeitseinsätze verfrüht zu Ende gingen. Was wir dagegen hörten (und auch heute noch von unseren Kunden unter den Personaldienstleistern hören und als Arbeitgeber selbst erfahren) ist, dass jemand nicht zuverlässig arbeitete, im Team aneckte oder bei Kunden nicht gut ankam. Gerade im Anlernbereich sind es eher Verhaltensdefizite, etwa bei Pünktlichkeit, Fleiß, Auftreten und Pflege, die zu Problemen oder gar Abmeldungen führen. Es geht also vielfach um die klassischen Tugenden. Paradoxerweise wird bei Auswahlprozessen dennoch zuallererst darauf geschaut, welche praktische Erfahrung oder Ausbildung der Betreffende angibt. Dass jemand schon zum Vorstellungstermin zu spät kam oder im Gespräch etwas sperrig wirkte, redet man sich schön: Es waren ja nur ein paar Minuten, und vielleicht hatte der Betreffende einen schlechten Tag. Überhaupt, man muss nehmen, was man kriegt, und wirklich groß war die Auswahl an Bewerber/innen mit der Qualifikation XYZ ja nicht.

Die eben skizzierte Ausrichtung des Recruiting an formalen Qualifikationen meinen wir, wenn wir von »Besetzung nach Checkliste« sprechen. Mit entsprechenden Vorkenntnissen geht man wenigstens auf Nummer sicher, so die verbreitete Haltung, die wir häufig auch in Kundenunternehmen antreffen. Übersehen wird dabei, dass man viele Kenntnisse in kurzer Zeit nachschulen kann, wenn persönliche Eigenschaften stimmen. Als da wären: Motivation, Engagement, Eigeninitiative, Verantwortungsbewusstsein, um nur einige zentrale Softskills zu nennen. Ungleich schwieriger und in der Regel aussichtslos ist dagegen, einem Erwachsenen, der alle vorausgesetzten Zertifikate oder formalen Abschlüsse vorweist, nachträglich Pünktlichkeit oder Freundlichkeit »anzutrainieren«. Das bedeutet: Eine Checklisten-Besetzung geht zwar schnell, nicht selten aber auch nach hinten los. Jede fünfte reguläre Stellenbesetzung scheitert schon in der Probezeit, so eine Schätzung, die landauf, landab zitiert wird.[2] Das bedeutet eine Fehlerquote von immerhin 20 Prozent, von »Sicherheit« also keine Spur.

Weder diese Erfahrung noch der viel beschworene Fachkräftemangel hindern Unternehmen jedoch daran, umfangreiche Suchprofile und Stellenanzeigen nach dem Wunschzettelprinzip zu formulieren. Man packt sämtliche Qualifikationen und Erfahrungen, die nötig, wünschenswert oder auch nur irgendwie zeitgemäß erscheinen, in eine Liste und hofft auf möglichst viele Bewerber/innen, unter den man dann in aller Ruhe den Idealkandidaten auswählen möchte, der das alles erfüllt. Leider stellt sich dieses Luxusproblem immer seltener – ohne dass dies bisher das Suchverhalten nennenswert geändert hätte. Nicht bedacht wird, dass es bei einer erfolgreichen Stellenbesetzung nicht auf die Anzahl der Bewerbungen ankommt, sondern auf deren Qualität, und dass man durch ambitionierte Suchkriterien, die mitunter auch der eigenen Imagepflege dienen, Kandidaten abschreckt, die gute Voraussetzungen mitbringen, sich von Wollmilchsauprofilen mit der Lizenz zum Eierlegen jedoch nicht angesprochen fühlen. Personaldienstleister, die verstärkt Direktvermittlungen anbieten, kennen das Problem irrealer Wunschprofile, doch auch in der Arbeitnehmerüberlassung besteht vor dem Hintergrund der aktuellen Marktsituation Anlass, die persönliche Passung von Kandidaten stärker in den Vordergrund zu rücken.

Recruiting-Experten empfehlen in diesem Zusammenhang die Erarbeitung von »Candidate Personas« für eine realistische und gezielte Stellenbesetzung. Dahinter verbirgt sich mehr als ein modischer Anglizismus für das gute alte Stellenprofil. Eine Candidate Persona gibt Bewerber/innen sozusagen ein Gesicht, skizziert Eigenschaften, Vorlieben, Erwartungen und private Rahmenbedingungen eines repräsentativen Stelleninhabers. Diese konkrete Vorstellung ist kein blutleerer Idealtyp, sondern ein Mensch aus Fleisch und Blut. Bei der Erstellung einer solchen (fiktiven) Persona sind Interviews mit aktuellen oder ehemaligen Stelleninhabern oder Experten empfehlenswert, ebenso die systematische Analyse von Online-Profilen: Wer übt die zu besetzende Stelle erfolgreich aus und welche verbindenden Eigenschaften gibt es?[3] Praetorius (2017) erläutert das am Beispiel einer Catering-Kraft: »*Was glauben Sie, wie alt Catering-Kräfte sind? – Im Schnitt sind sie zwischen 18 und 25 Jahren. Damit gehören sie der Generation Y an. Allein diese Tatsache gibt wichtige Hinweise, in welchem Wording, mit welchen Bildern und auch wo sich diese Zielgruppe im Netz aufhält.*«

Derartige Überlegungen sind nicht nur nützlich für die Bewerberansprache beim Active Sourcing oder in Stellenangeboten sowie für bevorzugte Suchkanäle. In Verbindung mit Kenntnissen über erfolgreiche reale Mitarbeiter/innen im Catering schälen sich so zentrale persönliche Eigenschaften heraus, beispielsweise Stressresistenz, Flexibilität (bei der Arbeitszeit sowie im Hinblick auf verschiedene Kundengruppen und Einsatzorte) und gute Umgangsformen. Das verändert den Blick auf potenzielle Kandidaten, indem auch Bewerber/innen ohne Catering-Erfahrung, aber mit ähnlichen beruflichen Herausforderungen ins Visier kommen und angesprochen (bzw. Kundenunternehmen plausibel präsentiert) werden können. Infrage kommen könnten etwa Verkäufer/innen oder Messehostessen.

De facto geht es bei der Candidate Persona also darum, die unpersönliche und abstrakte Auflistung von Qualifikationen durch ein konkretes facettenreiches Mitarbeiterbild zu ersetzen und dadurch differenzierter hinzuschauen, wer eine Position aufgrund persönlicher Eigenschaften, Vorlieben und Präferenzen erfolgreich ausfüllen könnte. Sich bei der Bewerberauswahl von einem konkreten Bild leiten zu lassen hat mehrere Vorteile:

- Sie verlassen sich nicht nur auf formale Qualifikationen, sondern weiten den Blick in Richtung Persönlichkeit und Lebensumstände.
- Sie holen von Auftraggebern präzisere Informationen ein (etwa durch Unternehmensbesuche und Gespräche mit Stelleninhabern).
- Sie besetzen erfolgreicher und minimieren Fehlbesetzungen.
- Neben idealtypischen Kandidaten mit einschlägiger Praxis geraten auch Alternativen ins Visier – gerade in Mangelberufen ein wichtiger Faktor (vgl. auch den Abschnitt »Um die Ecke denken: Quereinsteiger gewinnen« in diesem Kapitel).

Insbesondere für Berufsfelder, die Sie immer wieder besetzen, lohnt sich die Entwicklung solcher Mitarbeiter-Prototypen, die Sie durch Gespräche mit Ihrem Auftraggeber auf das jeweilige Kundenunternehmen anpassen können (vgl. dazu auch den Abschnitt »Nicht jeder passt: Schlüsselfaktor Cultural fit«). Erste Anhaltspunkte zur Skizzierung einer Candidate Persona gibt Ihnen die folgende Checkliste.

CHECKLISTE »CANDIDATE PERSONA«

- Wie alt ist die Person, wie sind Familienstand, Wohnsituation und Wohnort?
- Hat die Person Kinder? Wie viele?
- Wie ist die aktuelle berufliche Situation (beschäftigt, latent suchend, auf Arbeitssuche, arbeitslos)?
- Wie verbringt die Person ihre Freizeit (Hobbys, Vorlieben)?
- Welchen Bildungsstand hat die Person (Ausbildung/ Abschlüsse)?
- In welchen beruflichen Situationen hat die Person sich bisher bewährt?
- Worauf kam es bei diesen Situationen besonders an?

- Welche persönlichen Eigenschaften zeichnen die Person besonders aus?
- Was ist dieser Person besonders wichtig – was sind ihre Kernwerte?
- Welche beruflichen Ziele hat die Person?
- Welche persönlichen Ziele hat die Person?
- Welche Motivatoren hat die Person, was treibt sie an?

Schöpfen Sie bei der Entwicklung einer solchen Personenskizze aus Ihrer Erfahrung mit erfolgreichen Mitarbeiter/innen – welche verbindenden Elemente gab es? Schauen Sie sich vor Ort im Kundenunternehmen um: Was zeichnet langjährige Mitarbeiter/innen in diesem Bereich aus? Befragen Sie Ihren Auftraggeber: Welche(n) Mitarbeiter schätzt er in dieser Position besonders, und warum? Und besteht die Möglichkeit, mit diesen Mitarbeiter/innen ein Gespräch zu führen? Recherchieren Sie in sozialen Medien nach typischen Merkmalen erfolgreicher Berufsvertreter. Auf diese Weise schärfen Sie Ihren Blick für geeignete Kandidaten. Gleichzeitig bekommen Sie ein Gespür für wesentliche Kandidateneigenschaften jenseits offizieller Zertifikate und Abschlüsse. Und schließlich holen Sie auf diese Weise implizite Erwartungen an Stelleninhaber an die Oberfläche und verhindern, dass Sie an Kundenvorstellungen vorbei agieren. Vor unseren geistigen Augen rollen Sie als Leser/in gerade die Augen und fragen sich, ob das wirklich möglich ist und wann Sie das auch noch machen sollen!? Unsere Antwort: Es geht vielleicht nicht immer bei jedem Kunden, jedoch kann es ein echtes Alleinstellungsmerkmal sein, ein »besser als der Wettbewerb«. Und deshalb lohnt es sich. Immer!

Sorgfältige Vorarbeit in dieser Form erleichtert Ihnen zugleich die Erstellung marketingwirksamer Profile für Ihre Kundenunternehmen. Wirksam ist ein Profil dann, wenn es alle für den Kunden relevanten Fragen übersichtlich beantwortet und Bewerber/innen als attraktive Kandidaten für offene Positionen präsentiert. Diesen Mehrwert sollten Sie auch Kandidatinnen und Kandidaten bereits im Erstgespräch verdeutlichen. Viele Menschen haben Schwierigkeiten, sich selbst offensiv zu vermarkten, und sind erleichtert, wenn ihnen diese Aufgabe kompetent abgenommen wird. Kundenunternehmen ihrerseits sind angesichts steigender Kosten in Form von Branchetarifzuschlägen und »Equal Pay« eher zu überzeugen, wenn Bewerber/innen als potenzielle Übernahmekandidaten oder auch als direkt vermittelte Mitarbeiter/innen infrage kommen. Wir raten dazu, Profile mit »Kandidatenempfehlung« zu überschreiben, um die Wertigkeit der Dienstleistung sichtbar zu machen. Die wichtigsten Inhalte einer solchen Empfehlung zeigt die folgende Checkliste.

CHECKLISTE »KANDIDATENEMPFEHLUNG«

Das sollte ein wirksames Profil zur Vorlage beim Kundenunternehmen beinhalten:
- einschlägige berufliche Qualifikationen (Abschlüsse, Praxiserfahrung),
- gegebenenfalls einschlägige Branchenerfahrung,
- persönliche Kompetenzen, die den Kandidaten für die Stelle empfehlen,
- Eigenschaften/Soft Skills, die in der Position gefragt sind,
- gegebenenfalls positive Zitate aus Arbeitszeugnissen bzw. positive Rückmeldungen aus bisherigen Einsätzen im Rahmen der Arbeitnehmerüberlassung,
- sonstige Punkte, die den Kandidaten/die Kandidatin für die Position empfehlen,
- eigene Vorstellungen des Kandidaten/der Kandidatin.

Präsentieren Sie Profile nur nach telefonischer Vorankündigung und nach der Maxime »Klasse statt Masse« – mit wenigen sehr gut passenden Kandidaten erreichen Sie

> mehr als mit einer womöglich wahllos wirkenden Zusammenstellung. Außerdem profilieren Sie sich als kompetenter Berater. Das Wichtigste ist, Ihre persönliche Einschätzung des Kandidaten. Wir empfehlen daher am Anfang des Profils die Worte: »Daher empfehle ich Ihnen heute Max Meise ...«

Der menschliche Faktor: Was Sie besser können als Kollege Robot

Es gibt sie schon, die ersten Roboter-Kollegen, die mehr können als Lebensläufe nach Keywords zu durchforsten, um Kandidaten anschließend weiterzuwinken oder ihnen – mit höflichem Zeitabstand, damit der Empfänger nicht gleich den Automaten vermutet – eine Absage zu senden. Matilda beispielsweise wurde von Professor Rajiv Khosla an der Universität Melbourne geschaffen. Die »Robotin« kann Bewerbungsgespräche führen, indem sie in einer halben Stunde 76 Fragen abfeuert und dabei nicht nur die Antworten des Kandidaten, sondern auch dessen Gestik und Mimik analysiert.[4] Was beim Hype um E-Recruiting und KI (Künstliche Intelligenz) in der Personalarbeit gern vernachlässigt wird: Jedes System ist nur so gut, wie die einprogrammierten Algorithmen, nach denen es arbeitet. Letztlich folgen die Auswahlcomputer einer elaborierten Checkliste und fällen auf dieser Basis vermeintlich »objektive« und »neutrale« Urteile. Körpersprache mag zudem verräterisch sein, doch ist sie tatsächlich so eindeutig und unmissverständlich wie Matilda unterstellt? Kann Matilda zwischen den Zeilen lesen? Hakt sie nach, wenn sie eine Antwort inhaltlich nicht verstanden hat? Vertieft sie interessante Ausführungen des Kandidaten, indem sie nachfragt? Schießt ihr während des »Gesprächs« durch den Blechkopf, dass dieser Kandidat vermutlich hervorragend auf eine andere Position passen würde, oder dass er sich wahrscheinlich nicht mit dem Abteilungsleiter im aktuell zur Diskussion stehenden Unternehmen verstehen würde? Natürlich nicht. Matilda ist eine Rechenmaschine, die auf der Basis bestimmter Regeln zuverlässig zu immer gleichen Urteilen kommt und auf diese Weise personelle Monokulturen begünstigt. Und selbst wenn Matilda ausschließlich in der ersten Vorauswahl zum Einsatz käme: Welche/r Bewerber/in mit interessanten Alternativen möchte sich schon von einer Maschine ins Kreuzverhör nehmen lassen? Augenhöhe sieht anders aus.

Dies ist kein Plädoyer gegen die Digitalisierung im HR-Bereich. Abläufe effizient organisieren, den Gesamtprozess im Blick behalten, Bewerber/innen zeitnah Empfangsbestätigungen und Zwischenbescheide senden, all das wird durch die richtige Software kolossal erleichtert (vgl. Kapitel 4 zum Thema »Bewerbungsmanagement«). Begehrte Konzernunternehmen mögen Hunderte von Einsteigerprofilen durch digitale Programme jagen, um die importierten Lebensläufe am Ende nach dem Ampelprinzip mit Rot (nein), Gelb (vielleicht) und Grün (Kommt infrage) markieren zu lassen. Aus einer Situation der Überfülle heraus kann man das Risiko eingehen, dass bei dieser Automatisierung interessante Kandidaten durchs Raster fallen, weil sie bestimmte Keywords vermissen lassen oder gewünschte Häkchen nicht gesetzt haben. Die meisten Unternehmen kämpfen aber eher mit einer Mangelsituation als mit zu vielen Bewerbungen. Hier ist eher gefragt, heimliche Talente zu entdecken und zögerliche Kandidaten zu ermutigen als automatische Absagen zu generieren. Und diese komplexere Auswahl erledigt niemand besser als der Mensch, der seriöserweise auch gefordert ist, einen prüfenden Blick auf die erste Vorauswahl durch den Computer zu werfen. Anders formuliert: Wenn Sie als Recruiter nicht mehr können als ein Matchmaking-Programm, machen Sie sich auf Dauer selbst überflüssig. Es ist ein Irrtum zu glauben, man könne die Verantwortung für die Bewerberauswahl an Algorithmen abtreten. Ein Computer hat kein Bauchgefühl, das auf langjähriger Erfahrung, persönlicher Sensibilität und empathischer Gesprächsführung basiert.

Die Kehrseite dieser menschlichen Vorzüge ist die menschliche Fehlbarkeit. Anders als ein Roboter, der sich im Rahmen seiner Algorithmen niemals irrt, werden Menschen müde, sind unkonzentriert, werden Opfer von Wahrnehmungsverzerrungen und Vorurteilen. Eindämmen lässt sich das nur, wenn sie sich dieser Gefahr bewusst sind. Hier einige der Beurteilungsfehler, die sich auf die Bewerberauswahl auswirken können:

- Halo-Effekt:
  Ein Merkmal des Bewerbers überstrahlt alle anderen Eigenschaften und trübt das Urteil. Beispiel: Von schlechten Deutschkenntnissen auf mangelnde Intelligenz oder Kompetenz schließen.
- Primacy-Effekt:
  Das Urteil wird durch den ersten sekundenschnellen Eindruck getrübt, den man im Folgenden unbewusst bestätigt wissen will. Beispiel: Einem gut gekleideten Bewerber, der höflich lächelnd eintritt, werden vage Ausflüchte im Gespräch eher verziehen.
- Hierarchie-Effekt:
  Mitarbeiter/innen, die in der beruflichen Hierarchie höher angesiedelt sind, werden tendenziell besser beurteilt als solche auf niedrigen Hierarchiestufen. Beispiel: Dieser Effekt schlägt zu, wenn man bei Sachbearbeiter/innen, die eine Ausbildung vorweisen können, weniger kritisch hinschaut als etwa bei Produktionshelfern.
- Individuelle Persönlichkeitstheorien:
  Unbewiesene eigene Glaubenssätze prägen das eigene Urteil. Beispiele: »Zurückhaltende Menschen sind schlechte Verkäufer«, »Einzelkinder sind keine Teamplayer«.
- Sympathie-/Antipathie-Effekt:
  Menschen, die uns sympathisch sind (oft weil wir Ähnlichkeiten zu uns selbst entdecken), beurteilen wir milder als

Menschen, die wir nicht mögen. Beispiel: Ein Bewerber, der uns an einen nervigen Nachbarn erinnert, hat es schwerer.
- Selbsterfüllende Prophezeiungen:
Der bekannte Effekt, dass wir Merkmale, die unsere Erwartungen bestätigen, stärker registrieren, während wir gegenläufige Informationen übersehen. Außerdem provozieren wir durch unser eigenes Verhalten das erwartete Ergebnis. Beispiel: Wenn jemand der Meinung ist, »Wer vom Arbeitsamt geschickt wurde, will ja doch nur unsere Unterschrift«, sieht er den Kandidaten kritischer und verhält sich selbst abweisender, was wiederum das Kandidatenverhalten beeinflusst.
- Abfolge-Effekte:
Die Reihenfolge und die in anderen Gesprächen gemachten Erfahrungen werden unbewusst zur Messlatte und beeinflussen das Urteil. Beispiel: Nach zwei Gesprächen mit Bewerbern, die nicht überzeugt haben, hat es der dritte Bewerber leichter, weil unbewusst die Messlatte gesenkt wird.

Gänzlich vermeiden lassen sich solche Beurteilungsfehler nicht. Unser Gehirn liebt Abkürzungen und folgt Automatismen. So filtert es die Fülle der auf uns einströmenden Informationen und verhindert eine Reizüberflutung. Dabei können Urteilsabkürzungen durchaus von Vorteil sein. Wenn Sie in einer dunklen Gasse einem aggressiv wirkenden Mann mit Baseballschläger begegnen, ist es ratsam, dem ersten blitzschnellen Eindruck ebenso blitzschnell zu folgen. Bei der Bewerberauswahl ist dagegen ein möglichst objektives Urteil gefragt. Dabei hilft es Ihnen,
- die beschriebenen Fallstricke des menschlichen Urteils zu kennen,
- sich eigene Glaubenssätze und Persönlichkeitstheorien im Hinblick auf andere Menschen bewusst zu machen,
- Beobachtungen und Bewertungen möglichst zu trennen,
- öfter mal nachzufragen (»Warum haben Sie …?« »Was hat Sie veranlasst …?«), statt ein Bewerberverhalten vorschnell zu deuten.

Auch wenn das menschliche Urteil nicht unfehlbar ist, so hat es einen entscheidenden Vorteil: Ein erfahrener, selbstkritischer und zugewandter Personaler wird der Komplexität der menschlichen Natur und der Vielfalt situativer Einflussfaktoren gerechter als jede Software. Menschen lassen sich nicht völlig ausrechnen, zum Glück. Das macht die Personalarbeit ja auch so spannend.

Um die Ecke denken: Quereinsteiger gewinnen

Würden Sie einen Geisteswissenschaftler als Interimsmanager in einem Großunternehmen verpflichten? Oder einem Lehrer für Biologie und Chemie die Leitung einer Behörde anvertrauen? Allenfalls sehr zögerlich, vermutlich. Dabei wird eine der größten Verlagsgruppen Europas, die Axel Springer SE, seit vielen Jahren von dem promovierten Musikwissenschaftler Mathias Döpfner geführt. Und Winfried Kretschmann, der in seinem ersten Leben Biologie, Chemie und Ethik unterrichtete, regiert das Bundesland Baden-Württemberg ebenfalls schon geraume Zeit. Doch trotz prominenter Beispiele (bis hin zur Bundeskanzlerin Angela Merkel!) bleibt der Quereinsteiger im normalen Berufsleben ein Exot. So berichtet die Headhunterin Brigitte Herrmann von einer Auswertung von 30 000 Stellenanzeigen. Nur in 180 davon wurden Quereinsteiger ausdrücklich aufgefordert, sich zu bewerben. Das sind ganze 0,6 Prozent.[5] Zwar wird seit vielen Jahren das hohe Lied der »Querdenker« gesungen, die angeblich frischen Wind und neue Perspektiven in Unternehmen bringen sollen. De facto bleibt man in den allermeisten Fällen jedoch lieber beim Vertrauen und Bewährten.

Das wird sich unter dem Druck der neuen Verhältnisse auf dem Arbeitsmarkt und auch angesichts der wachsenden Dynamik in der Arbeitswelt ändern. Man kann nicht bei jeder sich bietenden Gelegenheit die Disruption als aktuellen Megatrend heraufbeschwören, Flexibilität einklagen und gleichzeitig Kompetenzprofile zementieren und stromlinienförmige Lebensläufe zur

Zugangsvoraussetzung machen. Langsam schlägt sich das auch am Stellenmarkt nieder, zumindest in Berufen, in denen Fachkräfte mittlerweile rar sind. So bot die Online-Jobbörse StepStone im Juni 2019 knapp 2200 Jobs, in denen ausdrücklich Quereinsteiger/innen gesucht wurden – außer im Vertrieb und in der IT vor allem in Hotellerie und Gastronomie, aber auch Busfahrer, Hausmeister oder Monteure. Auch andere Jobbörsen listen vielfältige Quereinsteiger-Angebote von Lokführern bis zum Pflegebereich. In der Arbeitnehmerüberlassung stellen sich in diesem Zusammenhang vor allem zwei Fragen:

- Die Frage der Qualifizierungsmaßnahmen
  Rentiert es sich für Sie, passend zu Ihrer Branchenspezialisierung für gefragte Berufsgruppen Weiterbildungsangebote ins Leben zu rufen? Auf diese Weise können Sie Bewerber/innen attraktive Chancen bieten und Kundenunternehmen mehr Bewerber/innen präsentieren. Der Bundesarbeitgeberverband der Personaldienstleister e.V. (BAP) listet in einer eigenen Broschüre die Vielzahl von Qualifizierungen auf, die die Branche bietet – vom Altenpfleger bis zum Kranführer.[6]
- Die Frage eines Direkteinstiegs
  Haben Sie unabhängig von Qualifizierungsmaßnahmen ein Auge darauf, für welche Positionen Bewerber/innen mit »bunten« Lebensläufen möglicherweise infrage kommen? Hier geht es im Kern darum, ob jemand engagiert, flexibel und intelligent genug ist, um einen neuen Job im Direkteinstieg zu packen, und ob es Schnittmengen zwischen den Softskills und Kompetenzen gibt, die in der alten und in der neuen Tätigkeit gefragt sind (vgl. Checkliste Quereinstieg).

Markus selbst ist übrigens ein Beispiel für einen erfolgreichen Quereinstieg. Nach einer ersten Ausbildung zum Industriemechaniker und einer zweiten im Finanzdienstleistungsvertrieb betreute er bei einem großen Personaldienstleister zunächst die Facharbeitersparte. Sowohl auf Bewerber- wie auf Auftraggeberseite wurde er für seine fachliche Expertise und seine Erfolge im Personalmanagement sehr geschätzt. Innerhalb weniger Jahre stieg er letztlich zum Gebietsdirektor auf und führte als Mitglied der Geschäftsführung und Prokurist 45 Niederlassungen mit rund 120 internen und zirka 5000 externen Mitarbeiter/innen bei einem internationalen Dienstleister.

CHECKLISTE »QUEREINSTIEG«

- Welche besonderen Stärken hat der Bewerber/die Bewerberin in der Praxis bewiesen?
- Worauf kam es im bisherigen Berufsfeld besonders an (auf Genauigkeit, Serviceorientierung, Stressresistenz, körperliche Belastbarkeit, Geschicklichkeit, ...)?
- Gibt es Überschneidungen zu den Softskills und Eigenschaften, die im angestrebten Job gefragt sind?
- Zeigt der Bewerber/die Bewerberin Motivation und Interesse für das neue Berufsfeld?
- Wirkt der Bewerber/die Bewerberin flexibel und selbstständig genug, um sich rasch einzuarbeiten?
- Kann der Bewerber/die Bewerberin konkrete Beispiele für Flexibilität und Selbstständigkeit geben?
- Bestätigt (vor allem bei höher qualifizierten Jobs) eine professionelle Kompetenz- bzw. Verhaltensprofilanalyse (MBTI®, DISG® o. Ä.) den persönlichen Eindruck?

Neben eigenen Qualifizierungsanstrengungen leistet die Zeitarbeit erwiesenermaßen einen überdurchschnittlichen Beitrag bei der Integration Geflüchteter in den deutschen Arbeitsmarkt. In der Arbeitnehmerüberlassung arbeiten nach aktuellen Zahlen der Bundesagentur für Arbeit fast dreimal so viele Arbeitnehmer mit ausländischer Herkunft (32 Prozent aller Beschäftigten) wie in anderen Beschäftigungsverhältnissen (11 Prozent). Die Agentur bescheinigt der Branche, sie biete dieser Personengruppe »eine gute Einstiegsmöglichkeit in den Arbeitsmarkt«.[7]

Vor dem Hintergrund von mehr als 20 000 Geflüchteten, die zwischen März 2017 und Februar 2018 über Zeitarbeit eine Beschäftigung gefunden haben, sagt Werner Stolz, Hauptgeschäftsführer des Interessenverbandes Deutscher Zeitarbeitsunternehmen e.V. (iGZ): »Das ist mehr als jeder Vierte, der in dieser Zeit überhaupt einen Arbeitsplatz gefunden hat. Keine andere Branche kann auch nur annähernd ähnliche Integrationserfolge vorweisen. Das liegt daran, dass Zeitarbeitsunternehmer häufig genauer hinschauen, wenn es um verstecktes Potenzial geht. Personaldisponenten sind geübt darin, Talente zu entdecken – auch wenn diese Talente nicht in einem Zeugnis festgehalten sind.«[8] Schöpfen Sie dieses Potenzial bereits genügend aus? Und nicht vergessen: Wenn Ihr eigener Mitarbeiter aus einem Projekt kommt, sprechen Sie mit ihm bitte persönlich, was er in diesem Auftrag gelernt hat und welche neuen Kompetenzen er hinzugewonnen hat. Gerade bei langjährigen Mitarbeiter/innen spielt Ihnen das in die Karten für gut kalkulierte Folgeaufträge.

Nicht jeder passt: Schlüsselfaktor Cultural Fit

Während beim erfolgreichen Quereinstieg verborgene Talente für eine neue Beschäftigung entdeckt werden, gibt es umgekehrt Fälle, bei denen die formale Qualifikation haargenau passt und es am Arbeitsplatz trotzdem kräftig knirscht. Die Diskussion um den »Cultural Fit« von Bewerber/innen trägt dieser Erfahrung Rechnung. Wer schon einmal von einem Mittelständler zu einem Konzern gewechselt ist oder umgekehrt, hat am eigenen Leib erfahren, dass jedes Unternehmen tatsächlich eine eigene Welt ist. Die jeweilige Unternehmenskultur definiert das *Gabler Wirtschaftslexikon* als »Grundgesamtheit gemeinsamer Werte, Normen und Einstellungen, welche die Entscheidungen, die Handlungen und das Verhalten der Organisationsmitglieder prägen«.[9] Unterschiede gibt es dabei nicht nur zwischen großen und kleinen Unternehmen, sondern selbst zwischen gleich großen Organisationen innerhalb einer Branche. Keine Firma ist wie die andere. Dennoch haben Wissenschaftler verschiedene Typologien von Unternehmenskulturen entwickelt. Ein bekanntes Modell wurde schon Anfang der Achtzigerjahre von den Managementexperten Terrence Deal und Allen Kennedy entlang der Koordinaten »Risikobereitschaft« und »Feedback« entworfen (vgl. Abbildung 14).[10] Dabei beschreibt die Verfahrenskultur eher bürokratische Organisationen, während die »Harte Arbeit/Viel Spaß«-Kultur (auch »Brot und Spiele«-Kultur) eher typisch für viele Start-ups ist. Technische Unternehmen haben häufig eine Projektkultur, die hier als »Risikokultur« beschrieben ist. Und wer bei der »Macho-Kultur« an Elon Musk und sein Unternehmen denkt, liegt sicher nicht falsch.

Das ist natürlich nur ein sehr grobes Raster. Die Herausforderung in der Personaldienstleistung besteht darin, ein Gespür für die in einem Unternehmen herrschende Kultur zu entwickeln und sowohl Kandidaten als auch Auftraggebern die richtigen Fragen zu stellen, um auszuloten, ob beide »kulturell« zusammenpassen. Besuche im Unternehmen sind dafür nicht nur nützlich, sondern Pflicht: Vor Ort können Sie Witterung aufnehmen und erfahren, wie formell oder informell, freundlich oder ruppig, hektisch oder gemächlich, kollegial oder hierarchisch es zugeht. Gezielte Fragen an die eine wie die andere Seite helfen Ihnen, den richtigen Match zu empfehlen.

»Kultur-Fragen«, die Sie dem Kundenunternehmen (idealerweise dem direkten Vorgesetzten des möglichen neuen Mitarbeiters) stellen können:
- *»Welche Eigenschaften zeichnen Ihre besten Leute aus?«*
- *»Welche Verhaltensweisen sind absolut tabu?«*
- *»Wann haben Sie zuletzt eine Kündigung ausgesprochen und warum?«*
- *»Wer scheitert in Ihrem Unternehmen?«*
- *»Wer kommt in Ihrem Unternehmen nach oben?«*

		Risikobereitschaft	
		Gering	hoch
Feedback	langsam	**Verfahrenskultur** Hierarchie Dienstweg Wert = Kontinuität	**Risikokultur** Techniker/Tüftler-Kult Technologie Konferenzrituale Wert = Erfahrung
	schnell	**Harte Arbeit/Viel Spaß** Teamkult Kundenorientierung Spielrituale Wert = Umsatz	**Macho-Kultur** Starkult Spielertypen »Alles oder nichts« Wert = Risiko

Abbildung 14: Unternehmenskulturen nach Deal/Kennedy

- »Pflegen Sie eine Duz-Kultur oder eine Sie-Kultur?«
- »Sind Sie eine ›große Familie‹ oder trennen Sie Berufliches und Privates lieber?«
- »Was schätzen Sie besonders an Ihrem Unternehmen?«
- »Was würden Sie am liebsten an Ihrem Unternehmen ändern?«
- »Wie definieren Sie Leistung?«
- »Wie finden Sie es, wenn am Jahresende alle Mitarbeiter/innen dieselbe Prämie bekommen, unabhängig von ihrer Leistung?«
- »Glauben Sie, dass die berufliche Gleichstellung von Männern und Frauen in der Praxis möglich ist?«
- »Wie beschreiben Sie Ihren Führungsstil?«
- »Wie würden Ihre Mitarbeiter Sie als Chef/in vermutlich beschreiben?«
- »Was wissen Sie über Ihre engsten Mitarbeiter/innen (zum Beispiel über ihre private Situation)?«

- »Wenn Sie Ihre engsten Mitarbeiter/innen zu Hause anrufen würden, wüssten Sie dann, wer dort ans Telefon geht?«

»Kultur-Fragen«, die Sie dem Kandidaten stellen können, um seine Erwartungen an die Unternehmenskultur kennenzulernen:
- »Was ist besonders wichtig für Sie, damit Sie sich am Arbeitsplatz wohlfühlen?«
- »In welcher Arbeitsumgebung sind Sie am produktivsten?«
- »Auf was möchten Sie am Arbeitsplatz auf keinen Fall verzichten?«
- »Was macht Sie am Arbeitsplatz zufrieden? Was unzufrieden?«
- »Haben Sie schon einmal selbst gekündigt und warum?«
- »Duzen oder Siezen Sie lieber?«
- »Mit was für Menschen arbeiten Sie am liebsten zusammen?«
- »Unternehmen Sie gerne privat etwas mit Kollegen oder vermeiden Sie das eher?«
- »Wie sieht Ihr/e Traumchef/in aus? Welche Eigenschaften hat er/sie?«
- »Welche/n Chef/in haben Sie bisher am meisten geschätzt und warum?«
- »Wie möchten Sie geführt werden?«
- »Welcher Führungsstil spricht Sie am meisten an?«
- »Was haben Sie an Ihrem letzten Job besonders geschätzt?« (Oder: »Was mögen Sie an Ihrem aktuellen Job besonders?«)
- »Was haben Sie an Ihrem letzten Job überhaupt nicht gemocht?« (Oder: »Was mögen Sie an Ihrem aktuellen Job gar nicht?«)
- »Welche Haltung finden Sie richtiger: ›Dienst ist Dienst und Schnaps ist Schnaps‹ oder ›Ich will im Job etwas bewegen‹?«
- »Wie definieren Sie Leistung?«
- »Wie wichtig ist beruflicher Erfolg für Sie?«
- »Wie stehen Sie zu sehr ehrgeizigen Menschen, die erkennbar ›nach oben‹ wollen?«
- »Wie finden Sie es, wenn am Jahresende alle Mitarbeiter/innen dieselbe Prämie bekommen, unabhängig von ihrer Leistung?«

- »Arbeiten Sie lieber alleine oder lieber im Team?«
- »Was wäre für Sie ein Kündigungsgrund?«
- »Glauben Sie, dass die berufliche Gleichstellung von Männern und Frauen in der Praxis möglich ist?«
- »Wie würde Ihr/e letzte/r Chef/in Sie beschreiben?«

Natürlich werden Sie situativ entscheiden, welche dieser Fragen sich besonders eignen und nur einige wenige davon ins Bewerbungsgespräch und die dort sonst noch wichtigen Fragen (vgl. Kapitel 5) einfließen lassen. Versteht man Cultural Fit als »Grad der Übereinstimmung zwischen Mitarbeitern bzw. Bewerbern und Unternehmen in Bezug auf Denkmuster, Verhaltensweisen, Normen und Werte«[11], liefern die Antworten Ihnen Indizien für den Grad der Passung eines Kandidaten oder einer Kandidatin – und damit gleichzeitig auch Argumentationsstoff gegenüber dem Kundenunternehmen. Damit zählen Sie zu den Vorreitern in der Branche: Folgt man einer StepStone-Studie, so halten fast alle Unternehmensvertreter einen Cultural Fit zwar für wichtig (93 Prozent), aber nur rund 40 Prozent lassen dies bisher in die Mitarbeiterauswahl einfließen. Das kann sich rächen, denn jede zweite Fach- oder Führungskraft hat den Job schon einmal wegen einer unpassenden Unternehmenskultur gewechselt (56 Prozent, befragt wurden 25 000 Personen).[12] In einer Online-Umfrage des E-Recruiting-Anbieters Softgarden gab jeder Vierte der rund 2 800 Teilnehmer an, sogar bereits in der Probezeit schon einmal selbst gekündigt oder an eine Kündigung gedacht zu haben. An Bord gehalten werden neue Kollegen und Kolleginnen demnach durch atmosphärische Gründe wie Wertschätzung und nette Kollegen, während »falsche Versprechungen«, »schlechte Einarbeitung« und das »Verhalten des Vorgesetzten« Auslöser für Fluchtgedanken sind. Die ersten 100 Tage seien mittlerweile auch eine »Probezeit für Arbeitgeber«, so die Schlussfolgerung der Studienautoren.[13] Dies betrifft natürlich nicht nur Entleihbetriebe oder Unternehmenskunden aus der Direktvermittlung, sondern auch Arbeitsverhältnisse in der Arbeitnehmerüberlassung. Unter

»Bewerberbindung« gehen wir daher auch auf das Führen von externen Mitarbeiter/innen ein (vgl. Kapitel 7). Zuvor gilt es jedoch, auch in Zeiten des Fachkräftemangels bei der Bewerberauswahl Augenmaß und Sorgfalt walten zu lassen – und so nachhaltige Lösungen zu präsentieren, für Unternehmenskunden, für Bewerber/innen und für die eigene Firma!

Ihre Chancen auf einen Blick

- Setzen Sie bei der Bewerberauswahl auf Qualität (gute Passung) statt auf Quantität (möglichst viele Bewerbungen). Die Zahl der Bewerbungen ist kein Kriterium für die Güte Ihrer Suchstrategien, und die Zahl der Absagen sagt wenig darüber aus, wie gut eine Position tatsächlich besetzt wurde.
- Konzentrieren Sie sich nicht einseitig auf formale Qualifikationen (wie Abschlüsse und einschlägige Berufspraxis), sondern beziehen Sie auch persönliche Stärken und im jeweiligen Job relevante Soft Skills mit ein – entdecken Sie Mitarbeiter/innen mit Potenzial!
- Konkretisieren Sie in Zusammenarbeit mit dem Kundenunternehmen und entlang erfolgreicher Stelleninhaber das Wunschprofil möglicher Kandidatinnen und Kandidaten: Entwerfen Sie eine »Candidate Persona« mit fachlichen, persönlichen und lebensweltlichen Merkmalen.
- Setzen Sie automatische Auswahlprozesse nur für die erste Vorauswahl ein und berücksichtigen Sie, dass jeder »Roboter-Kollege« nur so gut ist, wie die einprogrammierten Entscheidungsalgorithmen. Gerade in Mangelberufen kommen Sie mit starren Auswahlchecklisten häufig nicht weit, weil zu viele Kandidaten aus der zweiten Reihe durch das digitale Raster fallen.
- Beziehen Sie systematisch Quereinsteiger in Ihre Überlegungen ein – durch die Weiterbildung von Mitarbeiter/innen für begehrte Mangelberufe und durch die Prüfung »bunter«

Lebensläufe im Hinblick auf Schnittmengen zu aktuellen Anforderungsprofilen.
- Garantieren Sie Ihren Kundenunternehmen den »Cultural Fit« der von Ihnen vorgeschlagenen Kandidatinnen und Kandidaten. Nutzen Sie dabei ausgewählte Fragen im Recruiting-Interview und beim Briefing durch das Unternehmen – Fragen, die Aufschluss über Spielregeln in der Zusammenarbeit, Führungskultur, Leistungsorientierung, Normen und gelebte Werte geben. Das ist auch und insbesondere für gering qualifizierte Bewerber/innen interessant und wichtig.

7 Bewerberbindung: Kontaktpflege statt Karteileiche

»Suche dir Freunde, bevor du sie brauchst.«

(Harvey Mackay – Bestsellerautor und Netzwerkexperte)

Überlegen Sie einen Moment, wie viele überzeugende Bewerber/innen in den letzten Jahren ein Stellenangebot von Ihnen abgelehnt haben. Angesichts der Marktsituation werden das vermutlich einige sein. Addieren Sie im Geiste die Mitarbeiter/innen hinzu, die im Laufe der Zeit von verschiedenen Unternehmen übernommen wurden. Vergessen Sie auch diejenigen nicht, die zu Ihrem Bedauern gekündigt haben, weil sie ein alternatives Stellenangebot außerhalb der Branche hatten. Auf wie viele Kandidaten kommen Sie in den letzten fünf Jahren grob geschätzt für Ihre Niederlassung?

Stellen Sie sich nun vor, jeder Dritte aus dieser Gruppe hätte sich später initiativ erneut bei Ihnen beworben. Jeder Zweite hätte Ihnen qua Empfehlung in seinem persönlichen Umfeld zumindest einen weiteren Bewerber oder eine Bewerberin beschert. Und jeder Fünfte würde Sie sogar alle paar Wochen empfehlen und Ihr Recruiting auf diese Weise regelmäßig bereichern. Was würde all das für Sie bedeuten – für Ihren Recruiting-Aufwand, für Ihren Umsatz und nicht zuletzt für die Motivation in Ihrem Unternehmen?

Wenn Sie sich all das gar nicht vorzustellen brauchen, weil es längst Realität ist, überspringen Sie dieses Kapitel einfach. Bei vielen Personaldienstleistern sieht der Alltag jedoch anders aus. Dort herrscht das Prinzip »Aus den Augen, aus dem Sinn«. Während fruchtbare Kontakte brachliegen, investiert man viel Zeit und Geld in mühsame Neuakquise von potenziellen Mitarbeiter/innen. Wie sich das durch ein kluges Bewerberbindungsmanagement ändern lässt, lesen Sie in diesem Kapitel. Zur Einstimmung blicken wir dazu kurz in eine andere Branche, den Direktvertrieb.

Zwischenruf: Was wir vom Direktvertrieb lernen können

Vor einiger Zeit war ich (Nicole) Gast auf einem großen Firmenevent. Eingeladen hatte mich eine sehr gute und langjährige Freundin, der ich blind vertraue. Der Gastgeber: eines der erfolgreichsten und größten Unternehmen, das seine Produkte ausschließlich im Direktvertrieb über Empfehlungen verkauft. Die Gäste: die auf freiberuflicher Basis tätigen Vertriebspartner/innen. Wer mich kennt, weiß, wie kritisch ich Strukturvertrieb sehe. Allerdings bin ich immer bereit zu lernen: Bevor ich etwas verurteile, schaue ich es mir an. Mehr Offenheit und Neugier würde ich mir im Übrigen auch gegenüber unserer Branche wünschen. Dann wären vermutlich weniger Menschen überzeugt, dass Zeitarbeit grundsätzlich schrecklich ist. Was ich an diesem Tag wieder einmal feststellte: Es lohnt sich immer, auch Veranstaltungen zu besuchen, die scheinbar nichts mit der eigenen Branche zu tun haben. Das regt die Kreativität an und kann zu interessanten Erkenntnissen über die eigene Arbeitswelt führen. Sind Sie bereit für einen kurzen Ausflug? Dann folgen Sie mir – und übertragen Sie das Ganze in Gedanken auf Ihr eigenes Business.

Nachhaltigkeit und Geduld

In der Arena waren rund 10 000 Teilnehmer/innen versammelt, ein beeindruckendes internationales Publikum, dem sich noch mehr Menschen an Bildschirmen live zugeschaltet hatten. Sie alle waren freiwillig gekommen. Das Unternehmen gibt es seit über 25 Jahren. Sie können sicher sein, im ersten Jahr wären vielleicht zehn Teilnehmer/innen erschienen. Erfolg geschieht nicht über Nacht. Dieses gigantische Netzwerk ist das Ergebnis von jahrelanger professioneller Kommunikationsarbeit und gewissenhaftem Vertrauensaufbau. Also nur Mut und Geduld: Jeder hat einmal klein angefangen. Echte Fans gewinnt man nicht durch schnelle Likes auf Facebook, sondern durch nachhaltigen persönlichen Austausch. Und damit können Sie schon morgen anfangen!

Empfehlungsgeber aus Überzeugung

Die Teilnehmer/innen waren Konsumenten, die die Produkte gekauft hatten, für sich zum Teil seit Jahren nutzen und daher auch aus voller Überzeugung weiterempfehlen. Sie sehen sich eher als Empfehlungsgeber, nicht als Verkäufer, und dieses Selbstverständnis wurde auf der Veranstaltung bestärkt. Übertragen auf die Personaldienstleistung bedeutet das: Ihre aktuellen und ehemaligen Bewerber/innen und Mitarbeiter/innen sind idealerweise von Ihnen als Person und/oder Arbeitgeber so begeistert, dass sie Sie bei jeder passenden Gelegenheit im Freundes- und Bekanntenkreis und natürlich auch gegenüber Kolleg/innen weiterempfehlen, und das nicht nur einmal, sondern immer wieder.

Verbundenheit ohne feste Bindung

Keiner der Anwesenden hatte einen unbefristeten Vertrag mit hohem Garantieeinkommen mit dem Unternehmen. Alle waren vielmehr Nutzer einer Dienstleistung des Herstellers bzw. Veranstalters und sind damit externen Mitarbeiter/innen in der Arbeitnehmerüberlassung durchaus vergleichbar. Trotzdem war die Identifikation mit dem Unternehmen in der Halle enorm und es herrschte ein Gefühl der Verbundenheit. Wie ist das bei Ihnen? Wie verbunden fühlen sich aktuelle und frühere Bewerber/innen und Mitarbeiter/innen mit Ihnen? Entscheidend für Ihre Antwort wird sein, wie eng Sie Kontakt zu beiden Gruppen halten und wie stark Sie sich positiv im Gedächtnis verankern. Ich höre immer wieder, dass man es in der Zeitarbeit schwer hat, eine emotionale Bindung aufzubauen, weil Mitarbeiter/innen nicht täglich mit einem zusammenarbeiten, sondern beim Kundenunternehmen sind. Die Bindung entstünde hier und nicht bei einem selbst. Außerdem würden viele nach dem ersten Auftrag übernommen und seien dann weg, wenn nicht ohnehin gleich direkt vermittelt. Stimmt das wirklich? Oder liegt es eher an uns, dass wir zu wenig dafür tun? Wie Sie ganz konkret Bewerber- und Mitarbeiterbindung stärken können, lesen Sie in den folgenden Subkapiteln.

Vertrauen bewirkt Engagement

Tausende Teilnehmer/innen verbrachten das wertvolle freie und sonnige Wochenende in einer dunklen Halle. Sie waren bereit, in sich zu investieren – im Vertrauen darauf, dass dies nicht ausgenutzt würde und dass es sich für sie lohnen würde. Wenn Sie als Arbeitgeber, Führungskraft oder Vermittler so ein Event veranstalteten, wie viele Ihrer Mitarbeiter/innen kämen dann wohl und wären bereit, ihre freie Zeit zu investieren? Und was könnten Sie dafür tun, dass es tatsächlich eine große Anzahl wäre?

Gemeinschaft vermittelt Zugehörigkeit

Im Verlauf des Abends wurde deutlich, dass die Anwesenden sich als eine Gemeinschaft Gleichgesinnter verstanden, bestimmte Werte und Ziele teilten und Wertschätzung und Anerkennung durch die Gruppe genossen. Das ist nicht zu unterschätzen, denn Menschen sind soziale Wesen. Die wenigsten von uns taugen zum Einzelkämpfer. Wie schaut es in Ihrem Unternehmen aus? Wie gut kennen Sie die Ziele, Träume und Wünsche Ihrer Mitarbeiter/innen und Ihrer Kolleg/innen? Wie hoch ist der »Cultural Fit« (vgl. Kapitel 6) in Ihrem Unternehmen, das spontane, unausgesprochene Einverständnis zwischen Ihnen, Ihren Kolleg/innen und Mitarbeiter/innen, das von gegenseitiger Wertschätzung getragen wird? Wie sehr sind Sie »Heimat« für Ihre Mitarbeiter/innen, auch für die extern eingesetzten? Und was tun Sie dafür, dass Sie es werden?

Transparenz gibt Sicherheit

Der Direktvertrieb ist eine Welt mit klaren Regeln, hoher Transparenz einer für alle geltenden bewährten (Vertriebs-)Strategie. Das kommt dem Sicherheitsbedürfnis der meisten Menschen entgegen und wirft die Frage auf: Wie gut und klar erkennbar sind für Ihre (Bewerber-)Kunden die Abläufe im

Bewerbungsprozess, der jeweilige Stand der Dinge, das Feedback (etwa die Begründung von Absagen) und die Aussicht auf Einstellung? Je transparenter und zuverlässiger Sie agieren, desto mehr Fans werden Sie haben und desto stärker werden Sie empfohlen – mitunter sogar von Bewerber/innen, denen Sie nicht einmal ein Angebot machen können (vgl. auch Kapitel 4 zur »Candidate Experience«).

Materielle und ideelle Anreize, nicht nur für eigene Mitarbeiter/innen

Die Welt des Strukturvertriebs ist auch eine Welt der Provisionen und Titel. Man vergibt Silber, Gold und Platin, klingende Ehrentitel (»Premium Partner«) und VIP-Status. Mancher mag darüber lächeln, doch die meisten Menschen stehen drauf. Belohnen Sie verdiente Mitarbeiter/innen und Empfehlungsgeber/innen nicht nur materiell, sondern auch ideell. Nehmen Sie Empfehlungsprogramme ernst: »Mitarbeiter empfehlen Mitarbeiter« ist gängig, dümpelt aber häufig vor sich hin. »Bewerber empfehlen Bewerber« wird oft gar nicht praktiziert (vgl. Kapitel 3 zum Thema Empfehlungsprogramme). Meist erhält der bereits angestellte Mitarbeiter eine Provision von X bis Y Euro auf sein Gehaltskonto, leider oft erst nach drei Monaten, wenn der Empfohlene entsprechend lang gearbeitet hat. In meinen Augen ist das zu wenig, kommt zu spät und ist zu einheitlich in der Branche. Kreieren Sie ein attraktiveres System, das Engagement zeitnah belohnt, und zahlen Sie auch Provisionen an Nicht-Mitarbeiter: Ehemalige, frühere Bewerber/innen und frühere Mitarbeiter/innen. Ich gehe sogar noch einen Schritt weiter: Beteiligen Sie Ihre externen Mitarbeiter/innen, Bewerber/innen und Empfehlungsgeber/innen am Umsatz. Geht nicht? Kommt nicht in Frage? Doch! Es muss nur endlich jemand damit anfangen. Entsprechende Abrechnungsmöglichkeiten bietet Ihnen jeder Direktvertrieb, entsprechende Software ist käuflich erwerbbar. Das heißt konkret: Belohnung für Engagement ab dem ersten Tag und damit mehr Motivation, sich weiter als Empfehlungsgeber zu engagieren. Klar, das kann auch mal schiefgehen, wenn Sie zahlen und der Empfohlene steigt bald wieder aus. Doch viel öfter wird es sich für Sie rentieren!

Handwerkszeug: Kontaktkettendenken

Der eben gezogene Vergleich mit der Vertriebsorganisation deutet es schon an: Wer händeringend nach mehr Bewerber/innen sucht, stellt am besten das Händeringen ein und setzt auf eine durchdachte Strategie. Jeder Berührungspunkt mit einem potenziellen Mitarbeiter ist eine Chance, Kandidaten auf sich aufmerksam zu machen oder langfristig an sich zu binden. Geschieht dies wiederholt, sprechen wir von einer »Kontaktkette«. Dahinter verbirgt sich die alte Erkenntnis, dass man Kontakte kontinuierlich pflegen muss, um im Gedächtnis des anderen zu bleiben. Sie kennen das aus dem privaten Bereich: Man »verliert sich aus den Augen«, wenn man sich nicht wenigstens alle paar Wochen einmal meldet, und sei es nur für einen kurzen Austausch am Telefon. Nehmen wir als Beispiel für eine Kontaktkette einen vielversprechenden Kandidaten (»A-Kandidaten«), den Sie gerne angestellt hätten, der Ihnen aber absagt, weil er zwischenzeitlich einen anderen Job gefunden hat. Die Kontaktkette könnte in diesem Fall so aussehen:

- Step 1: Sie betonen im persönlichen Gespräch (bzw. am Telefon), dass Sie bedauern, keinen Vertrag schließen zu können: »Schade! Ich hätte Sie sehr gerne als Mitarbeiter/in für uns gewonnen. Ich wünsche Ihnen alles Gute. Und wenn es bei der Firma XYZ nicht klappt, kommen Sie gerne wieder auf mich zu!«
- Step 2: Binnen weniger Tage gratulieren Sie dem Kandidaten auch brieflich, erneuern Ihr Angebot und wünschen viel Erfolg. Diesem Brief legen Sie eine Empfehlungspostkarte (oder eine Visitenkarte) zur Weitergabe an potenzielle Bewerber/innen im Bekanntenkreis bei.

- Step 3: Nach zwei bis drei Monaten rufen Sie den Kandidaten an und erkundigen sich, wie es ihm im neuen Job bisher ergangen ist. Wenn Sie über einen Newsletter verfügen, fragen Sie, ob er Interesse an wöchentlichen Informationen zum Arbeitsmarkt und zu aktuellen Stellenangeboten hat.
- Step 4: Nach sechs Monaten gratulieren Sie dem Kandidaten brieflich oder telefonisch zur bestandenen Probezeit. Das schaffen nicht einmal alle regulären Arbeitgeber! Dank Ihres Bewerbermanagementsystems werden Sie rechtzeitig daran erinnert (vgl. Kapitel 4 und dort den Abschnitt »Organisation ist Trumpf«).
- Step 5: Wenn Sie ein Sommerfest, eine Weihnachtsfeier oder Infoabende veranstalten, laden Sie den Kandidaten dazu ein.

Die Wirkung dieser Maßnahmen ist klar: Sie kümmern sich, Sie gewinnen Vertrauen, Sie werden zum Arbeitgeber, den man weiterempfehlen kann. Das macht Arbeit, klar. Es ist aber vor allem eine Frage der Organisation. Wenn Sie im Schnitt 30 Minuten pro Tag in solche Maßnahmen investieren, können Sie schon eine Menge bewegen und im Visier einer ganzen Reihe von möglichen Mitarbeiter/innen bleiben. Übrigens: Wenn es Sie interessiert, wie Sie Kontaktketten (und speziell das Konzept »6 in 8«, also sechs Kontakte in acht Wochen) zur Akquise und Bindung von Unternehmenskunden einsetzen, empfehlen wir Ihnen unser Buch *Zeitarbeit erfolgreich verkaufen*. Damit aus der Kontaktpflege eine Strategie wird, bedarf es eingehender Planung, wen Sie warum in Ihr Bewerberbindungsprogramm aufnehmen. Folgende Fragen helfen Ihnen dabei:

1. Das Ziel: Welche Bewerber/innen wollen wir vorrangig erreichen und an uns binden?

- Für welche Branchen/Betriebe könnten wir schon jetzt mehr Kandidaten vermitteln?
- Welche Branchen/Betriebe wollen wir zukünftig (noch) stärker als Kunden gewinnen?

- Welche Berufsfelder passen am besten zu unserer Spezialisierung?
- Für welche Berufsfelder haben wir regelmäßig Anfragen, die wir nur zum Teil bedienen können?
- Welche Berufsfelder und Qualifikationen werden zukünftig vermutlich stärker nachgefragt werden?
- Welche Berufsfelder und Qualifikationen sind wirtschaftlich besonders interessant für uns (»Umsatzbringer«, »Margenbringer«)?
- Vor diesem Hintergrund: Wer ist aufgrund seiner Qualifikation und Persönlichkeit ein absoluter A-Kandidat für uns (= sehr interessant)? Wer ist B-Kandidat (= interessant)? Wer ist C-Kandidat (= weniger interessant)?

2. Die Maßnahmen: Welche Möglichkeiten der Kontaktpflege können und wollen wir aufgrund unserer technischen und personellen Möglichen nutzen?

Abbildung 15 gibt Ihnen einen Überblick möglicher Aktionen zur Kontaktpflege. Wir gehen dabei von verschiedenen Situationen aus und schlagen jeweils in chronologischer Reihenfolge infrage kommende Maßnahmen vor. Ganz rechts finden Sie weitere Möglichkeiten zur Kontaktanbahnung und -auffrischung ohne chronologischen Bezug. Wenn Sie bisher erst dann nach Bewerber/innen Ausschau gehalten haben, sobald eine konkrete Unternehmensanfrage vorlag, verlangt all das einen Perspektivwechsel. Wir sind überzeugt: Zukünftig werden vor allem Personaldienstleister die Nase vorn haben, die sich nicht als »Personallückenfüller«, sondern als Berater und Mittler zwischen Arbeitnehmer/innen und Unternehmen verstehen. Das bedeutet auch, vielversprechende Bewerber/innen aktiv zu vermitteln – sei es im Rahmen der Arbeitnehmerüberlassung, sei es durch eine Erweiterung des Geschäftsfeldes in Richtung Personalvermittlung (vgl. auch Kapitel 5 zum Thema »Aktive Platzierung«). Dabei sollten Sie schnell sein, denn gute Bewerber/innen sind in der Regel nur kurze Zeit am Markt!

»Keine Bewerber!«?? – Wie altes Denken blockiert

In unserer Beratungspraxis erleben wir regelmäßig, wie tief verwurzelte Einstellungen in der Personaldienstleistung dem Erfolg im Wege stehen. Beispiel: Das Team eines mittelgroßen Unternehmens klagt über die katastrophale Lage: »Wir haben einfach keine Bewerber!« Kurz danach korrigiert der Geschäftsführer im Dreiergespräch: »Keine Bewerber? Wir haben derzeit 7000 unbearbeitete Bewerbungen im System, und das ist das Ergebnis von nur einer Woche!« Ähnlich in einem zweiten Beispiel, wo uns die Geschäftsführung informiert: »Wir hatten letzten Januar dreimal so viele Bewerbungen wie im Januar des letzten Jahres. Nur leider 20 Prozent weniger Mitarbeiter unter Vertrag.« In beiden Fällen hapert es offenbar beim kandidatenorientierten Vertrieb. Es wird agiert wie vor 30 Jahren, obwohl der Markt sich radikal geändert hat. Bewerbungen zeitnah zu beantworten und systematisch Kontakt zu potenziellen neuen Mitarbeiter/innen zu halten, wäre ein erster wichtiger Schritt, aktive Platzierung von A-Kandidaten ein zweiter, Einstieg in die Personalvermittlung ein möglicher dritter.

Grundsätzlich gilt: Auch Bewerber/innen, die Ihnen absagen, und erst recht ehemalige Mitarbeiter/innen sind wertvolle Kontakte, die Sie pflegen sollten. Manche Arbeitgeber und auch Personaler reagieren bei Absagen oder Eigenkündigungen leider wie verschmähte Liebhaber. Schon weil Sie selbst ja auch immer wieder Kandidaten absagen oder kündigen müssen, ist das eine wenig professionelle Haltung. Bauen Sie eine Prozesskette auf, die sicherstellt, dass der Kontakt in diesen Fällen nicht abbricht. Vielleicht haben Sie gestutzt, dass wir auch eingestellte Bewerber/innen in das Kontaktprogramm aufgenommen haben. Dies geschieht ganz bewusst, denn wenn Sie möchten, dass Mitarbeiter/innen sich mit Ihrem Unternehmen identifizieren, Ihnen lange treu bleiben und sie möglichst weiterempfehlen, dürfen Sie sie nicht einfach vergessen, sobald sie in einem Unternehmen untergebracht sind. Bindung erfordert regelmäßigen Kontakt, Mitarbeiterbindung erfordert Führung. Mehr dazu im Abschnitt »Erfolgsmotor: Externe Mitarbeiter/innen (gut) führen«. In der Spalte ganz rechts finden Sie Vorschläge für Maßnahmen, die die Identifikation mit Ihrem Unternehmen fördern, von ehrenamtlichem Engagement als Beitrag zur Imagekorrektur der Zeitarbeit bis hin Info-Abenden und Fortbildungsangeboten. Generell gilt dabei: Funktionierende Beziehungen sind keine Einbahnstraße. Nur auf Sendung zu sein reicht nicht – Rückmeldungen von (Ex-)Mitarbeiter/innen oder (Ex-)Bewerber/innen sollten möglichst zeitnah beantwortet werden.

Natürlich ist die Übersicht in Abbildung 15 nur ein Vorschlag, den Sie nach Ihren Möglichkeiten, Ihren Kapazitäten und Ihrer Mitarbeiter- wie Bewerberstruktur variieren können und sollten. Einfache Maßnahmen können Sie mit der Gießkanne praktizieren – beispielsweise das Mitgeben von Visiten- und Empfehlungskarten. Es immer zu tun macht weniger Mühe als jedes Mal neu zu entscheiden (und es womöglich zu vergessen). Bei aufwändigeren Maßnahmen können Sie sich zunächst auf die »A-Kandidaten« konzentrieren und Ihre Aktivitäten ausweiten, wenn sich das Ganze eingespielt hat. Schauen Sie nicht nur auf die Kosten, denken Sie unternehmerisch: Sehr schnell amortisieren sich Sprachkurse, Website-Service oder Info-Abende, wenn sie Ihnen im Quartal nur zwei, drei gute Bewerber/innen bescheren, die Sie vermitteln und anstellen können.

Handwerkszeug: Kontaktkettendenken

Bewerber/in wurde angestellt (neuer Mitarbeiter)	Mitarbeiter/in wurde von Kunden übernommen	Bewerber/in sagt nach Gespräch ab	Bewerber/in wurde abgesagt (»2. Reihe« o. kein Auftrag)	Mitarbeiter/in kündigt nach versch. Projekten	Sonstige mögliche Maßnahmen
Willkommensgeschenk bei Anstellung	Sofort: Gratulation zur Übernahme, Rückkehrangebot	Gratulation zum anderen Job, Rückkehrangebot	Bedauern ausdrücken (persönl./telef.), konkrete Gründe nennen	Bedauern ausdrücken und Gratulation (persönl./telef.), Rückkehrangebot	Vernetzung in sozialen Medien. Blog als lebendiges Diskussionsforum
Feedbackbogen zum Bewerbungsverfahren (vgl. Kap. 4)	Anschließend: Gratulation per Brief, Rückkehrangebot	Gratulation per Brief, Rückkehrangebot	Bedauern ausdrücken per Brief, konkrete Absagegründe nennen	Bedauern ausdrücken und Gratulation per Brief, Rückkehrangebot	Nachfrage/Bitte um konkrete Empfehlung (»Kennen Sie jmd., der …?«)
Begleitung zum Einsatzort am 1. Tag	Feedbackbogen zum Arbeitsverhältnis (»Was können wir besser machen?«)	Empfehlungskarte o. -aufforderung per Brief	Aufnahme in Bewerberkartei erbitten (Selbsteintrag wg. DS-GVO)	Feedbackbogen zum Arbeitsverhältnis (»Was können wir besser machen?«)	Prämien-Programm: Mitarbeiter empfehlen Mitarbeiter
Persönliches Einstiegsgespräch nach zwei Wochen: Wie läuft es?	Bitte um Referenz für Website und zum Aushang in der Filiale	Rückfrage nach 2 bis 3 Monaten: »Wie läuft's im Job?«	Zwischenbescheid nach 2 bis 3 Monaten: »Wir haben Sie nicht vergessen …«	Abschiedsgeschenk	Prämien-Programm: Bewerber empfehlen Bewerber
Spontaner Kurzbesuch beim Mitarbeiter, wenn man im Unternehmen ist	Bitte um Bewertung auf Portalen im Netz (Kununu, Google-Rezensionen)	Gratulation zur bestandenen Probezeit im neuen Unternehmen	Einladung Sommerfest, Weihnachtsfeier o. Ä.	Rückfrage nach 2 bis 3 Monaten: Wie läuft's im Job?	Newsletter mit Jobangeboten u. allgemeinen Infos

Abbildung 15: Konkrete Maßnahmen zur Bewerberbindung

Bewerber/in wurde angestellt (neuer Mitarbeiter)	Mitarbeiter/in wurde von Kunden übernommen	Bewerber/in sagt nach Gespräch ab	Bewerber/in wurde abgesagt (»2. Reihe« o. kein Auftrag)	Mitarbeiter/in kündigt nach versch. Projekten	Sonstige mögliche Maßnahmen
Gratulation zur bestandenen Probezeit	Empfehlungskarte o. -aufforderung per Brief	Einladung Sommerfest, Weihnachtsfeier o.Ä.	Geburtstagsgratulation	Einladung Sommerfest, Weihnachtsfeier o.Ä.	Fachliche Fortbildungsangebote
Dreimonatsgespräch, evtl. mit voriger Einsatzbewertung des Mitarbeiters (siehe Muster)	Rückfrage nach 2 bis 3 Monaten: »Wie läuft's im Job?«	Geburtstagsgratulation		Geburtstagsgratulation	Info-Abende in der Filiale
Jahresgespräch (1 X jährlich) Gehaltsgespräch (1 x jährlich)	Gratulation zur bestandenen Probezeit im neuen Unternehmen				Sprachkurse für ausländische Bewerber/innen
Einladung Sommerfest, Weihnachtsfeier o.Ä.	Einladung Sommerfest, Weihnachtsfeier o.Ä.				Info-Angebote auf der Website (Downloads)
Geburtstagsgratulation	Geburtstagsgratulation				Ehemaligen-Treffen (»Alumni-Abende«)
Gratulation zum Jubiläum (jährlich)					Sponsoring und ehrenamtliches Engagement
Lob- und Dankes-schreiben bei positivem Feedback vom Kunden					
Abschluss-besprechung bei Auftragsende					

Abbildung 15: Konkrete Maßnahmen zur Bewerberbindung – Fortsetzung

Erfolgsmotor: Externe Mitarbeiter/innen (gut) führen

Wie oft besuchen Sie Ihre Mitarbeiter/innen? Wann telefonieren Sie mit ihnen? Wann verabreden Sie sich mit ihnen? Dafür haben Sie keine Zeit!? Überlegen Sie kurz, wie viel Geld und Zeit Sie Woche für Woche investieren, um neue Kontakte zu knüpfen und wieder bei null anzufangen. Würde es da nicht Sinn machen, kontinuierlich und wertschätzend mit den Menschen zu kommunizieren, die Sie bereits kennen und unter Vertrag haben? Dass die Arbeitnehmerüberlassung durch eine hohe Beschäftigungsdynamik gekennzeichnet ist, liegt zum Teil in der Natur der Sache und lässt sich mit Zahlen untermauern. So wurden im ersten Halbjahr 2018 laut der Bundesagentur für Arbeit fast genauso viele Zeitarbeitsverhältnisse beendet (776 000) wie neu geschlossen (777 000).[1] Je stärker Sie Mitarbeiter/innen an sich binden und Eigenkündigungen reduzieren, desto mehr reduziert sich auch Ihr Aufwand. Hinzu kommt: Wer externe Kräfte besser führt und wertschätzend behandelt, baut sich einen guten Ruf als Arbeitgeber auf. Das spricht sich herum und sorgt für mehr Zulauf durch Empfehlungen, höheren Bekanntheitsgrad und ein gutes Image.

In Seminaren fragen wir teilnehmende Personalberater regelmäßig: »Wer führt eigentlich Ihre Zeitarbeitskräfte?« Fragte man 100 Zeitarbeitnehmer, wo sie arbeiten, würden vermutlich 95 den Namen des Einsatzbetriebes nennen und nicht die Zeitarbeitsfirma als eigentlichen Arbeitgeber. Das liegt unter anderem daran, dass Führung durch Zeitarbeitsunternehmen kaum stattfindet. Wenn überhaupt, wird die Führungsarbeit vom Kundenunternehmen übernommen. Dort allerdings beschränkt man sich in der Regel auf *fachliche* Führung, bei der es um die korrekte Ausübung des Jobs geht: Arbeitsanweisungen, Schichteinteilung, Arbeitssicherheit usw. Schon bei Rückmeldungen zur Arbeitsleistung »verhungern« Zeitarbeitnehmer regelrecht. Ist der Kunde nicht zufrieden, werden die Mitarbeiter/innen oft ohne Chance auf Verbesserung abgemeldet. Ist man dagegen zufrieden, wird das kommentarlos hingenommen. Was dabei völlig auf der Strecke bleibt, ist der wesentlich wichtigere Teil der Führungsarbeit – die *menschliche* Führung, die dafür sorgt, dass externe Mitarbeiter/innen im Job auch eine Heimat finden. Wer lobt den Mitarbeiter oder die Mitarbeiterin? Wer fragt nach ihrer Meinung, erkundigt sich, wie es ihnen geht? Wer gibt Feedback und übt auch mal Kritik, die die Chance eröffnet, das eigene Verhalten zu korrigieren und zukünftig erfolgreicher zu sein? Wer motiviert oder reduziert zumindest demotivierende Faktoren? All das kommt in Zeitarbeitsverhältnissen in der Regel viel zu kurz. Das ist zugegebenermaßen auch dem System geschuldet – man sieht sich einfach zu wenig. Der Mitarbeiter wird eingestellt, bekommt Einsatzmeldung und Einsatzbeschreibung, fängt beim Kunden an zu arbeiten, und wenn es gut läuft, kann es passieren, dass man ihn wochenlang nicht zu Gesicht bekommt. Die geleisteten Arbeitsstunden werden in vielen Fällen elektronisch übertragen oder der Mitarbeiter schickt seine Stundennachweise mit der Post. Wann soll man da führen? Die Antwort ist einfach: Führung findet nur statt, wenn man selbst dieses Thema priorisiert und aktiv daran arbeitet. Denn Führung bedeutet zuallererst regelmäßigen Austausch mit dem jeweiligen Mitarbeiter. Führungsinstrumente, die diesen Austausch gewährleisten, finden Sie in Abbildung 15 unter »Bewerber/in wurde angestellt (neue/r Mitarbeiter/in)«. Im Folgenden einige ergänzende Hinweise.

Ein guter Start ist der halbe Führungserfolg

Gleich in den ersten Tagen entscheidet sich, ob die Mitarbeiterin oder der Mitarbeiter die Entscheidung für Sie als Arbeitgeber bereut oder nicht. Mit der Einarbeitung hapert es in vielen Unternehmen und auf allen Qualifikationsstufen, daran hat der trendige Anglizismus »Onboarding« bislang wenig geändert. Nicht einmal die Hälfte berufserfahrener Einsteiger beurteilt ihren Onboarding-Prozess im Nachhinein als »strukturiert und angenehm«, für 40 Prozent gab es keinen Einarbeitungsplan und fast ebenso viele fanden keinen ausgestatteten Arbeitsplatz vor, so eine umfangreiche StepStone-Studie.[2] Paradox, wie schlecht die ersehnten und mühsam rekrutierten Mitarbeiter/innen manchmal behandelt werden, sobald sie erst einmal im Hause sind. Da Kundenunternehmen für Zeitarbeitnehmer eher noch weniger tun, wird Ihre Rolle umso wichtiger. Führung beginnt spätestens am Tag der Einstellung des Mitarbeiters, in dem Moment, wo Sie einen Arbeitsvertrag schließen. Eine gute Zusammenarbeit beruht nicht zuletzt auf klaren Spielregeln. Klären Sie:

- Welche Erwartungshaltungen haben Sie an neue Mitarbeiter/innen?
- Wie wollen Sie kommunizieren? Auf welchem Wege erreichen Ihre Mitarbeiter/innen Sie am besten?
- Mit welchen Sorgen, Problemen und Fragen soll man sofort auf Sie zukommen?
- Was sind die Erwartungen der Mitarbeiter/innen an Sie? Welche Fragen gibt es noch?
- Wie laufen Urlaubsplanung und -genehmigung?
- Was passiert im Krankheitsfall?
- Welche weiteren Spielregeln sind zu beachten?
- Wie wird der erste Arbeitstag ablaufen?
- Wie häufig werden Sie und der Mitarbeiter/die Mitarbeiterin sich danach sehen?

Heißen Sie neue Mitarbeiter/innen mit einer Welcome-Box willkommen. Die Geste zählt dabei mehr als der Preis: Kaffeetasse, T-Shirt und andere Give-aways ansprechend verpackt wären ein Beispiel.

»Welcome on bord« mal ganz anders!

Wenn Sie richtig Gas geben wollen, machen Sie es doch ähnlich wie ein bekannter Freizeitpark. Von dort erreichte mich (Nicole) ein fulminantes Willkommensvideo per Mail mit der Betreffzeile »Absolut filmreif – die Vorbereitungen für Ihre Anreise!« Tenor: Alle im Hotel freuen sich auf Sie als unseren Stargast. Und so wird gewienert, geschrubbt und geölt und jede Messingleiste poliert. Wenige kleine Szenen personalisieren den Film per Namensnennung. Ich war begeistert über dieses Beispiel für geniales Marketing. Und jetzt stellen Sie sich vor, ein solcher Film würde zukünftige Mitarbeiter/innen oder auch zum Vorstellungsgespräch eingeladene Bewerber/innen überraschen: »Herzlich willkommen bei uns an Bord. Bald ist es soweit! Nur noch wenige Tage und Sie sind bei uns im Team. Wir haben schon alles für Sie vorbereitet und freuen uns auf Sie!« Positive Mundpropaganda wäre Ihnen sicher. Klar, dass Sie die geweckten Erwartungen dann auch erfüllen müssen ...

Kontinuierlich Kontakt halten

Führen können Sie nur, wenn Sie regelmäßig präsent sind. Nutzen Sie dabei Routineprozesse im Alltag. Dazu zählt zum Beispiel die Arbeitsplatzbegehung, die aus Gründen der Arbeitssicherheit stattfinden muss, sobald ein neuer Mitarbeiter bei einem Kunden begonnen hat. Nehmen Sie sich bei diesem zeitnahen Besuch am Arbeitsplatz auf jeden Fall Zeit für Ihren Mitarbeiter; zeigen Sie ihm, dass Sie für ihn da sind und sich um ihn kümmern. Wie gefällt es ihm? Inwieweit passt die Stelle für ihn? Gibt es eventuell Schwierigkeiten? Was kann man tun? Arbeiten weitere Mitarbeiter/innen bei diesem Kunden, können Sie dort auch gleich vorbeischauen, Hallo sagen und mögliche Fragen klären. Zeitarbeitskräfte aus anderen Unternehmen beobachten das und finden es klasse, wie oft der Chef da ist und nach seinen Mitarbeiter/innen schaut – vor allem, wenn der eigene Chef sich nie blicken lässt. Die Einsatzmeldung ist ebenfalls ein gutes Führungsinstrument, da man hier vieles nochmal schriftlich dokumentieren kann. Und schriftliche Dokumentation ist extrem wichtig in der Personalführung. Führen Sie neben solchen Anlässen einen regelmäßigen Austausch ein:

- Einstiegsgespräch: Nach etwa zwei Wochen Projektdauer fragen Sie neue Mitarbeiter/innen erneut nach ihren Erfahrungen, idealerweise im persönlichen Gespräch in der Niederlassung bei einer Tasse Kaffee. Sollte das zeitlich nicht möglich sein, vereinbaren Sie wenigstens einen Telefontermin.
- Dreimonatsgespräch: Nach acht bis zwölf Wochen im Kundenunternehmen vereinbaren Sie einen Termin zum gegenseitigen Feedback. Ausgangspunkt kann eine Jobbewertung sein, die Sie vorher versenden (siehe Muster).

BEWERTUNG (MUSTER)

Herrn
Max Meise
Irgendwostraße 33

10815 Musterstadt

Projektbewertung

Sehr geehrter Herr Meise,

im Rahmen unseres Qualitätsmanagements führen wir regelmäßig Befragungen innerhalb unserer Belegschaft durch. Die Meinung unserer Mitarbeiterinnen und Mitarbeiter ist uns genauso wichtig wie die unserer Kunden. Deshalb bitten wir Sie um ein kurzes Feedback zu Ihrem derzeitigen Projekt bei der Firma YXZ.

Wie zufrieden sind Sie mit …

der Aufgabe	☺	😐	☹
den Arbeitszeiten	☺	😐	☹
dem Arbeitsumfeld/Arbeitsplatz	☺	😐	☹
dem Umgang mit Ihnen	☺	😐	☹
den Kollegen	☺	😐	☹

Möchten Sie etwas Persönliches hinzufügen? Das können Sie gern hier tun:

_____

_____

Sie können uns diesen Bogen zu unserem Gespräch am XX. XX.20XX einfach mit ins Büro bringen bzw. vorher faxen oder mailen. Danke für Ihr Feedback und bis bald.

Herzliche Grüße

Ihr YX Team aus ………… [+ persönliche Unterschrift]

Gespräch zum Probezeitende: Dieser wichtige Moment wird bei Zeitarbeitskräften leider völlig verpennt. Ein Gespräch findet zumeist nur statt, wenn die Probezeit nicht bestanden wurde. Das ist schade, denn eine erfolgreich absolvierte Probezeit liefert einen super Anlass, miteinander zu sprechen und sich zu gratulieren.
- Jahresgespräch: Einmal jährlich setzen Sie sich mit Ihrem Mitarbeiter zu einem ausführlichen (circa einstündigen) Gespräch zusammen, ziehen Bilanz über das letzte Jahr und sprechen über die weitere Entwicklung, Wünsche und Ziele des Mitarbeiters oder der Mitarbeiterin. In den meisten Unternehmen ist das

gang und gäbe, in der Zeitarbeit findet es leider überhaupt nicht statt. Damit vernachlässigt man ein zentrales Führungsinstrument, das starken Einfluss auf Motivation und Empfehlungsrate haben kann. Wie ein solches Gespräch inhaltlich aussieht, hängt von der Qualifikation und Unternehmensausrichtung ab. Wir helfen Ihnen gerne mit Unterlagen oder bei der Konzeption.

- Gehaltsgespräch: Auch diese Gespräche finden nur sporadisch und ohne System statt, meistens wenn Mitarbeiter/innen sich melden und mehr Geld wollen. Warum eigentlich? Der Wunsch nach mehr Verdienst ist doch völlig normal und je nach Fall auch gerechtfertigt. Deshalb sollten Sie auch hier Standardprozesse schaffen und mindestens einmal im Jahr über das Thema Geld und Verdienst sprechen – idealerweise nicht in Verbindung mit dem Jahresgespräch, da es sonst schnell von gehaltstaktischen Fragen überlagert wird.
- Kritikgespräch: Wo Licht ist, ist auch Schatten. In der Führung von Zeitarbeitskräften gibt es natürlich auch Anlass zu Kritik und Ärger. Da die Branche einen hohen Anteil angelernter und auf dem regulären Arbeitsmarkt schwer vermittelbarer Mitarbeiter/innen hat, werden Sie mit Situationen konfrontiert, die man sich anderswo gar nicht vorstellen kann. Gerade deshalb ist es entscheidend, nah an den Mitarbeiter/innen zu sein. Ein konstruktives Kritikgespräch sollte jede Führungskraft beherrschen, auch und gerade in der Führung von Zeitarbeitskräften. Unserer Einschätzung nach wird entweder viel zu weich (bzw. gar nicht) geführt oder extrem hart und autoritär. Dazu kommt eine gewisse Inkonsequenz, die zusätzlich schadet. Wenn etwas schiefgeht beim Kunden, hören Sie sich bitte immer beide Seiten an. Reagieren Sie nie aus der Emotion heraus. Sprechen Sie mit Ihrem Mitarbeiter persönlich, Kritik am Telefon ist Gift. Bleiben Sie im Lösungsmodus: Fordern Sie sachlich Lösungs- und Verbesserungsvorschläge von Ihrem Mitarbeiter ein. Vermeiden Sie Vorwürfe, Drohungen oder Vorschriften (»Sie müssen …!«). Die »Checkliste Kritikgespräch« unterstützt Sie dabei.

CHECKLISTE KRITIKGESPRÄCH

Name des Mitarbeiters:			
Funktion:		Datum:	

Leitsätze:

»*Sag nie, was dich stört, sag immer was du willst!*«
»*Kritik ist Dolmetschen in die Lösungssprache.*«

Vorbereitung

Kritikpunkt / Sachlage:

....

Ziel des Gesprächs:

....

Best Case:

....

Worst Case:

....

Wie könnte der MA reagieren?:

....

Ihre Gesprächseröffnung:

....

....

....

Die Situation darstellen

Beobachtung / Kritikpunkt

....

Empfindung als Führungskraft (»Ich-Botschaft«)

....

Offene Fragen stellen

....

....

....

....

(Zur Vorbereitung vgl. »Fragen als Führungstechnik« im nächsten Abschnitt. Notieren Sie Fragen, die Sie stellen wollen, eventuell auf einem extra Blatt.)
Beispiele:

»Was sagen Sie dazu?« Oder: »Wie sehen Sie das?«
»Wie ist es dazu gekommen?«
»Inwieweit ist Ihnen der Sinn und Zweck von XY klar/unklar?«
»Welche Lösung schlagen Sie vor?«
»Wie werden Sie dieses Problem lösen?«
»Was werden Sie zukünftig unternehmen, um ... zu ändern?«

> **Abschluss/Vereinbarung zur Lösung des Problems**
>
> Was wollen Sie konkret vereinbaren? Wann sprechen Sie sich wieder, um zu prüfen, ob die Lösung nachhaltig funktioniert hat?
>
> ....
>
> ....
>
> ....
>
> ....
>
> Erneutes Gespräch (oder Telefonat) am
>
> ....

Entscheidend ist, dass Sie gut vorbereitet ins Gespräch gehen, Kritikpunkte sachlich, präzise und schnörkellos formulieren, darauf setzen, dass der Mitarbeiter sich bewegt, und getroffene Vereinbarungen am Ende unmissverständlich zusammenfassen. Ein Beispiel für die Gesprächseröffnung: »*Guten Tag Herr Müller. Schön, dass wir uns heute unterhalten können. Dafür gibt es leider einen ernsten Grund.*«

Die folgende Situationsdarstellung könnte so lauten: »*Ihr Schichtleiter hat mich informiert, dass Sie in den letzten beiden Wochen drei Mal verspätet erschienen sind, zwei Mal eine halbe Stunde und einmal eine volle Stunde. Mich als Ihre Führungskraft bringt das in eine schwierige Lage, denn der Kunde überlegt, sich von Ihnen zu trennen. Was sagen Sie dazu?*« Beziehen Sie sich auf Fakten (Kritikpunkte) und senden Sie »Ich-Botschaften« statt Vorwürfe zu machen.

Wertschätzende und motivierende Führungsmaßnahmen

Jeder Mensch sehnt sich nach Wertschätzung und Anerkennung. Grundvoraussetzung dafür ist ein höflicher und respektvoller Umgang mit Mitarbeiter/innen. Außerdem können Sie mit kleinen Gesten viel bewirken. Woanders geht es eher rau und wenig herzlich zu? Umso wirkungsvoller können Sie sich positiv abheben und für Mundpropaganda sorgen. Einige Vorschläge:

- Geburtstag: Selbstverständlich wird hier gratuliert. Das Minimum ist eine Glückwunschkarte. Aber auch hier kennt die Kreativität keine Grenzen. Mitarbeiter/innen persönlich ein Geschenk vorbeizubringen kann mehr Werbung für Sie machen als manche Anzeige.
- Sonderprämien: Nutzen Sie Möglichkeiten, einen Bonus zu bezahlen. Dafür gibt es viele Anlässe, etwa positive Kundenrückmeldungen. Zahlen Sie zum Beispiel 200 Euro extra, wenn ein/e Mitarbeiter/in sechs Monate einen super Job gemacht hat, ohne Fehlzeiten oder Auffälligkeiten.
- Danke-Brief: Unterschätzen Sie die Wirkung immaterieller Anerkennung nicht. Ein einfaches und sehr wirkungsvolles Instrument zur Motivation und Wertschätzung von Zeitarbeitskräften ist ein schlichtes »Danke für Ihre tolle Leistung«. Ein Briefmuster finden Sie weiter unten.
- Danke an die Familie: Auf ähnliche Weise können Sie sich schriftlich bei der Familie des Mitarbeiters bedanken, vor allem dann, wenn dessen Berufsalltag von Schichtarbeit oder Montage-Einsätzen geprägt ist. Idealerweise verbinden Sie das mit einem kleinen Sachgeschenk, das gemeinsam genutzt werden kann (die Familienjahreskarte für den Zoo, ein Gutschein für ein Familienrestaurant, Freikarten für ein Fußballspiel usw.).
- Betriebsfeiern: Organisieren Sie in der Niederlassung eine Weihnachtsfeier für Ihre Mitarbeiter/innen. Es werden niemals alle kommen, aber es werden von Jahr zu Jahr mehr werden und es wird sich herumsprechen. Dasselbe gilt für Sommerfeste.

DANKE-BRIEF (MUSTER)

Frau
Sophia Schmidt
Irgendwostraße 33

87654 Kleinstadt

Danke schön!

Sehr geehrte Frau Schmidt,

Sie arbeiten seit dem xx.xx. im Einsatz bei der Firma YXZ. Unser Ansprechpartner, Herr ...., ist sehr zufrieden mit Ihrer Leistung, Ihrem Engagement und Ihrem Verhalten. Dies hat er uns bereits mehrfach bestätigt.

Dafür wollten wir uns auf diesem Wege einfach einmal bei Ihnen persönlich bedanken. Das machen Sie wirklich hervorragend.

Wenn Sie das nächste Mal ins Büro kommen, haben wir eine Kleinigkeit für Sie vorbereitet.

Machen Sie weiter so, wir sind sehr froh, Sie als Mitarbeiterin im Team zu haben!

Herzliche Grüße

Ihr YX Team aus .... [+ persönliche Unterschrift]

- Übernahme-Glückwunsch: Wenn Mitarbeiter/innen vom Kunden übernommen werden, muss das gefeiert werden, auch wenn es schade ist fürs eigene Geschäft. Aber es ist nun mal ein Hauptargument für die Zeitarbeit und ein Zeichen dafür, dass Sie einen guten Job gemacht haben. Sie dürfen diese Momente gerne medial »ausschlachten«. Machen Sie Fotos, posten Sie diese in den sozialen Medien immer mit der

Botschaft: »seht her, wieder ein Mitarbeiter, dem wir zu einer Festanstellung verhelfen konnten«. Pflegen Sie den Kontakt zu ehemaligen Mitarbeiter/innen, es sind die besten Empfehlungsgeber, die es gibt!
- Jubiläen: Ein weiterer schöner Moment, der peinlicherweise häufig vergessen wird (im Übrigen nicht nur in der Zeitarbeit), ist der einer bestimmten Betriebszugehörigkeit. Wie Sie das genau definieren, bleibt Ihnen selbst überlassen. Naheliegend sind Jahrestage (ein Jahr dabei, zwei Jahre dabei usw.), origineller sind 99 Tage, 55 Wochen oder Ähnliches. Nach fünf Jahren kann man in der Zeitarbeit schon von einem außergewöhnlichen Jubiläum sprechen. Lassen Sie sich auch hier etwas einfallen, und mit einer entsprechenden Steigerung der Belohnung. Zum Geschenk oder Bonus können Sie beispielsweise auch eine Urkunde überreichen.

In Summe kommt es darauf an, sich für die Menschen zu interessieren, die für Sie arbeiten, ihnen Zeit und Aufmerksamkeit zu schenken und bei Fragen und Problemen ein offenes Ohr zu haben. Klingt simpel, macht aber Arbeit. Gleichzeitig steigert es jedoch die eigene Arbeitsfreude, weil Sie die Wertschätzung, die Sie geben, auch zurückbekommen!

Gewusst wie: Fragen als Führungstechnik

Zum Thema Führung sind tausende Bücher verfasst worden. In den allermeisten geht es um die verbale Kommunikation zwischen Mitarbeiter/innen und Vorgesetzten. Wir möchten in diesem Buch die wichtigste Führungstechnik beleuchten – die Fragetechnik. Alles Weitere würde den Rahmen sprengen. Mit gezielten offenen Fragen (vgl. Kapitel 5 »Zur Sache: Die besten Fragen«) vermeiden Sie viele der häufigsten Führungsfehler: autoritäres Gehabe, Gängelung, Konfliktscheu, Desinteresse, Missverständnisse. Wir tun uns als Vorgesetzte leichter, sobald wir aufhören, Mitarbeiter/innen zu belehren. Die Menschen heutzutage haben keine Lust mehr auf Belehrungen und Bevormundung. Natürlich gibt es Situationen, in denen man nicht diskutieren kann und darf. Und es gibt Mitarbeiter, die klare Ansagen und Anweisungen brauchen, um gut arbeiten zu können. Aber insgesamt sollte der Anteil der Fragen in der Führungskommunikation steigen, auch im Umgang mit Zeitarbeitskräften. Das hat etwas mit Wertschätzung zu tun, denn wer offen nachfragt, begegnet dem anderen respektvoll und auf Augenhöhe. Er wird seinerseits respektiert und geschätzt werden und Loyalität erfahren. Und das wiederum wird sich auch in mehr Bewerbungen niederschlagen: Am Ende will man bei Ihnen arbeiten!

Häufig wird uns entgegengehalten, mit direkten Anweisungen käme man im Führungsalltag aber schneller an Ziel, und Zeit sei nun einmal knapp. Was dabei übersehen wird: Wenn Sie anweisen, können Sie nie sicher sein, ob Ihr Gegenüber Sie richtig versteht, ob er/sie Ihre Meinung teilt und tatsächlich das Gewünschte umsetzt oder ob er/sie Informationen hat, die Sie möglicherweise nicht kennen. Außerdem provozieren Anweisungen nicht selten reflexhafte Abwehr und führen dazu, dass Dinge nur halbherzig erledigt werden. Wenn Sie dann am Ende »alles hundertmal sagen müssen«, sind Anweisungen doch nicht mehr schneller. Fragen kosten erst einmal Zeit, führen aber eher dazu, dass Mitarbeiter/innen sich einbezogen fühlen, sich mit Lösungen und Zielen identifizieren und sie mit mehr Überzeugung umsetzen. Führungsfragen finden Sie im Folgenden. Wichtig: Es handelt sich um Beispiele, aus denen Sie auswählen. Feuern Sie nicht mehrere Fragen auf einmal ab, sondern beschränken Sie sich auf eine oder zwei. Hören Sie genau zu und fragen Sie nach: »Was noch?«, »Wie genau?«, »Was genau?« Außerdem beschreiben die Fragen verschiedene Eskalationsstufen. Gehen Sie vorsichtig mit schärferen Fragen um, denn diese haben eine sehr starke Wirkung auf Ihre Mitarbeiter/innen!

Fragen bei schlechter Leistung des Mitarbeiters oder der Mitarbeiterin:
- »Was genau ist schiefgegangen?«
- »Was war der Grund für …?«
- »Wie beurteilen Sie selbst Ihre Leistung?«
- »Wie können Sie es beim nächsten Mal besser machen?«
- »Wie kann ich Sie unterstützen?«
- »Wie stellen Sie zukünftig sicher, dass …?«
- »Was haben Sie persönlich davon, wenn Sie zukünftig …?«
- »Wie stellen Sie endgültig sicher, dass …?«
- »Was glauben Sie, wie das Ganze auf mich wirkt?«
- »Was würden Sie an meiner Stelle sagen?«
- »Wie glauben Sie, wie fühle ich mich dabei?«
- »Was soll ich Ihrer Meinung nach tun, um …?«

Fragen, wenn Sie wollen, dass mehr Leistung und Einsatz gezeigt wird:
- »Wie viel Leistung ist Ihrer Meinung nach notwendig bei diesem Kunden?«
- »Was bedeutet das konkret für Ihre Einsatzbereitschaft?«
- »Wie schätzen Sie selbst Ihre Fachkenntnisse ein?«
- »Wie können Sie diese zeitnah verbessern?«
- »Wie kann ich Sie unterstützen?«
- »Wie wichtig ist das Thema Leistung für Sie?«
- »Was glauben Sie, warum ist Ihr Einsatz so wichtig für Sie als Mitarbeiter/in und für uns als Unternehmen?«

Fragen bei guter Leistung einer Mitarbeiterin oder eines Mitarbeiters:

Lassen Sie Erfolge nicht unkommentiert, sondern nutzen Sie diese, um Anerkennung zu geben und Mitarbeiter/innen Entwicklungsmöglichkeiten aufzuzeigen. Dass »Nicht geschimpft genug gelobt« sei, ist ein fataler Führungsirrtum. Sie verschenken damit ein entscheidendes Motivationsinstrument.
- »Wie kam es zu diesem Erfolg?«

- »Was genau war für Sie das ausschlaggebende Moment dabei?«
- »Wie können Sie diesen Erfolg multiplizieren?«
- »Was haben Sie dabei empfunden?«
- »Was könnten die Kollegen daraus lernen?«
- »Wie motivierend ist das Ganze für Sie?«
- »Wie wichtig ist dieser Erfolg für Sie?«
- »Was haben Sie persönlich davon?«
- »Was bedeutet das für Ihre weitere Arbeit bei diesem Kunden?«
- »Wie können Sie das Ganze zuverlässig wiederholen und selbst davon profitieren?«

Ein/e Mitarbeiter/in ist unpünktlich:
- »Was ist der Grund für Ihre wiederholte Unpünktlichkeit?«
- »Was kann ich tun?«
- »Wie stellen Sie ab sofort sicher, dass Sie rechtzeitig am Arbeitsplatz sind?«
- »Was meinen Sie, welche Auswirkungen hat dieses Verhalten für Sie und für unser Unternehmen?«
- »Inwieweit sind wir uns einig, dass Sie ab sofort pünktlich hier sein müssen?«

Verständnis- und Abstimmungsfragen:
- »Wie stellt sich die Situation aus Ihrer Sicht dar?«
- »Wie würden Sie selbst das Problem beschreiben?«
- »Welche sinnvolle Lösung schlagen Sie vor?«
- »Was, glauben Sie, ist der Sinn dieser Entscheidung?«
- »Was stört Sie an dieser Entscheidung?«
- »Inwieweit ist Ihnen der Zweck von XY klar/unklar?«

Fragen zu persönlichen Zielen und Vorstellungen:
- »Was sind Ihre beruflichen Ziele?«
- »Warum ist es für Sie persönlich so wichtig, dass …?«
- »Was haben Sie davon, wenn Sie … / wenn wir …?«
- »Warum ist es für uns als Unternehmen so entscheidend, dass …?«

Motivationsfragen:
- »Wie müsste ein Job aussehen, damit Sie sagen, ›Das passt gut, hier gefällt es mir‹?«
- »Worauf legen Sie im Job noch Wert?«
- »Was ist Ihnen persönlich in Ihrem Arbeitsalltag besonders wichtig?«
- »Was motiviert Sie besonders, was spornt Sie an?«
- »Wann macht der Job besonders viel Spaß?«
- »Wie kann ich Sie an unser Unternehmen binden?«

Natürlich ist das nur eine Auswahl von Fragen, die nicht alle Alltagssituationen abdeckt. Sie können nach diesem Muster für weitere Situationen, mit denen Sie häufig konfrontiert sind, Ihre eigenen Führungsfragen notieren. Was man schriftlich fixiert, wird erfahrungsgemäß eher umgesetzt. Berücksichtigen Sie dabei folgende Lebensregel: Kein Mensch tut etwas gerne, ohne einen persönlichen Nutzen davon zu haben. Zielen Sie mit Ihren Fragen auf eben diesen Nutzen und Sie werden erfolgreicher führen!

Ihre Chancen auf einen Blick

- Pflegen Sie systematisch bestehende Bewerberkontakte und sorgen Sie so für mehr Empfehlungen und mehr Anfragen von neuen Bewerber/innen. Konzentrieren Sie sich nicht nur auf Recruiting von neuen Mitarbeiter/innen.
- Beglückwünschen Sie Mitarbeiter/innen, die vom Kundenunternehmen übernommen werden, und feiern Sie diesen Erfolg in sozialen Medien und Aushängen in der Niederlassung. Es erhöht Ihre Attraktivität für andere Bewerber/innen.
- Signalisieren Sie vielversprechenden Bewerber/innen, die Ihnen absagen, sowie guten Mitarbeiter/innen, die bei Ihnen kündigen oder vom Kunden übernommen werden, dass Ihre Tür für eine Rückkehr immer offen steht. Reagieren Sie nicht beleidigt!

- Halten Sie erfolgreich Kontakt durch »Kontaktketten«: Melden Sie sich in regelmäßigen Abständen bei Ihren Zielpersonen. Dieses professionelle Bewerberbindungsmanagement können Sie mithilfe Software-Unterstützung effizient umsetzen.
- Kümmern Sie sich um Ihre Leute – übernehmen Sie durch regelmäßigen Kontakt Führungsverantwortung für Ihre Mitarbeiter/innen. Setzen Sie dabei eher auf offene Fragen als auf Anweisungen. Ein wertschätzender Umgang in der Mitarbeiterführung sorgt für einen guten Ruf und stärkt Ihre Attraktivität für Bewerber/innen.

8 Das eigene Haus bestellen: Recruiting für die Personaldienstleistung

> »Erfolg besteht darin, dass man genau die Fähigkeiten hat, die im Moment gefragt sind.«
>
> (Henry Ford – Gründer der Ford Motor Company)

Wer ein Gebäude errichten will, achtet zuallererst auf ein solides Fundament. In der Personaldienstleistung besteht dieses Fundament in kompetenten internen Mitarbeiter/innen. Sie entscheiden darüber, ob ein Unternehmen den neuen Zeiten in der Arbeitnehmerüberlassung erfolgreich begegnet oder in der Vergangenheit stecken bleibt. Kaum eine andere Branche war in den letzten Jahren so massiven Veränderungen unterworfen wie die Personaldienstleistung. Demografischer Wandel, Digitalisierung, Entwicklung vom Arbeitgeber- zum Arbeitnehmermarkt, diverse Gesetzesänderungen von verkürzter Höchstüberlassungsdauer bis Equal Pay, um nur einige Faktoren zu nennen. Das Geschäft ist anspruchsvoller und dynamischer geworden. Dafür braucht es die richtigen Leute: ambitionierte, kommunikative und vertriebsorientierte Personalexperten, die flexibel und aufgeschlossen für Neues sind. Die alte Lieferantendenke führt in eine Sackgasse. Diese neuen Mitarbeiter/innen findet man nicht an jeder Ecke und sie sind selten günstig zu haben. Doch wer selbst beherzigt, was die Branche ihren Kunden predigt – klar definieren, wen man sucht, keine faulen Kompromisse eingehen und gute Leute anständig bezahlen –, ist schon einen entscheidenden Schritt weiter. Anregungen für ein Business, in dem sich in den nächsten Jahren die Spreu vom Weizen trennen wird, finden Sie auf den folgenden Seiten.

Ambitionierte Rekrutierung bringt gute Leute

Wir geben es zu: Auch wir haben uns bei der eigenen Personalauswahl schon sauber geirrt. Die Ursachen sind einem im

Nachhinein meistens klar, und nicht selten äußern sie sich schon während des Einstellungsprozesses in einem unguten Gefühl. Kurz zusammengefasst sind Eile, Ungeduld, Verzicht auf professionelle Auswahlinstrumente wie Persönlichkeitstests und strukturierte Interviews sowie faule Kompromisse die üblichen Wurzeln des Übels. Die Qualität des Auswahlprozesses entscheidet über die Qualität der Mitarbeiter/innen.

Das Geheimnis einer Supertruppe

Als Trainer arbeiten wir jedes Jahr mit Hunderten von Mitarbeiterinnen und Mitarbeitern aus der Personaldienstleistung, aber diese Truppe war wirklich etwas Besonderes. Im Seminar saßen sechs junge Recruiterinnen im Alter zwischen 22 und 27 Jahren, allesamt schnell im Kopf, wissbegierig und engagiert. Wir fragen nach: Wie ist dieses tolle Team von Jobeinsteigerinnen entstanden? Die Antwort:

- Das Zeitarbeitsunternehmen hatte eine Anzeige geschaltet, in der ausdrücklich »Hochschulabsolventen (m/w/d)« als »Berufseinsteiger« gesucht wurden.
- Das Unternehmen bot neben einer unbefristeten Anstellung und einer offenen Unternehmenskultur ein intensives Einstiegstraining, Mentoring und spätere Weiterbildungsmöglichkeiten.
- Der Bewerbungsprozess verlief vorbildlich zügig und professionell: Rückruf binnen einer Stunde auf die Online-Bewerbung, Terminvereinbarung zum Skype-Interview, Einladung der Besten zum Vorstellungsgespräch mit Übernahme von Flugkosten, halbtägiges Einzel-Assessment-Center inklusive Persönlichkeitstest, anschließend direktes Feedback (»Wir sehen Sie eher im Vertrieb / eher im Recruiting« oder auch »Wir sehen Sie bei uns nicht, Sie werden hier nicht glücklich«),

> Probearbeitstag, moderates Einstiegsgehalt (2600,- €), aber dafür ein klarer Einarbeitungs- und Karriereplan, Eigenverantwortung und rasche Aufstiegsmöglichkeiten.
>
> Kollegiales Miteinander, wertschätzender Umgang – auch mit abgelehnten Kandidatinnen und Kandidaten durch ausführliches Feedback – und die Aussicht, in einem modernen und erfolgsorientierten Unternehmen zu arbeiten, überzeugten offenbar die richtig guten Leute.

Dass die Zeiten schwierig sind, sollte daher kein Anlass sein, die Messlatte bei der Mitarbeiterrekrutierung zu senken, im Gegenteil. Menschen mit Ehrgeiz, Initiative und Köpfchen wissen einen sorgfältigen und hochprofessionellen Auswahlprozess zu schätzen. Weniger Ambitionierte werden durch solche Ansprüche eher abgeschreckt, während die Erfolgsorientierten umgekehrt ins Grübeln kommen, wenn sie den Eindruck gewinnen, »die nehmen ja jeden«. Die resignative Devise »Man muss nehmen, was man kriegt« führt daher geradewegs in eine Abwärtsspirale, denn weniger talentierte Mitarbeiter/innen machen nicht nur weniger Umsatz, sie vergraulen noch dazu ambitionierte Kolleginnen und Kollegen. Nehmen Sie also nicht, wen Sie bekommen können, sondern sorgen Sie dafür, dass Sie bekommen, wen Sie wirklich brauchen. Das ist schließlich Ihr ureigenes Business!

Was für eine Firma wollen Sie sein? Und wen brauchen Sie dafür?

Wenn Sie es also nicht halten wollen wie der Schuster mit den schlechten Schuhen, bedeutet das für Ihre Rekrutierung interner Mitarbeiter: Suchen Sie mit System. Dauerhaft. Nachhaltig.

Kreativ. Und mit höchster Priorität. Die »Richtigen« können Sie nur dann finden, wenn Sie wissen, wen genau Sie suchen und wohin sich Ihr Unternehmen in den nächsten Jahren entwickeln soll. In einer Zeit, in der die Margen im Helferbereich sinken, Schlüsselindustrien wie die Automobilbranche zögerlich agieren, während andere Branchen von der IT bis zur Pflege Bedarf haben ohne Ende, in einer Zeit, in der mit der Digitalisierung ganz neue Recruiting-Pfade entstehen, in so einer Zeit brauchen Sie interne Mitarbeiter/innen, die all dem nicht nur gewachsen sind, sondern es als spannende Herausforderung begreifen. Sie brauchen risikobereite, vertriebsorientierte, engagierte Chancenseher/innen und Macher/innen. Unserer Erfahrung nach rufen zwar viele in der Branche nach »unternehmerisch denkenden« Leuten. Eingestellt werden häufig jedoch zurückhaltende und vermeintlich »pflegeleichtere« Naturen. Doch wenn Sie sich im Wettbewerb behaupten wollen und erst recht, wenn sich Ihr Geschäftsfeld noch erweitert zu Dienstleistungen wie Personalvermittlung oder Contracting oder verlagert vom Helferbereich auf qualifizierte Mangelbranchen und -berufe, müssen Ihre Mitarbeiter/innen das energisch vorantreiben können.

In erster Annäherung können Sie Ihren Blick schärfen, indem Sie sich zwei Fragen stellen:
- Welche Mitarbeiterin, welchen Mitarbeiter würden Sie am liebsten klonen, wenn das möglich wäre, weil sie/er so wertvoll für Ihr Unternehmen ist?
- Wen würden Sie nach heutigem Kenntnisstand nicht wieder einstellen? Oder: Wem würden Sie bei einer Eigenkündigung keine Träne nachweinen?

Idealerweise vertiefen Sie die so gewonnenen Erkenntnisse, indem Sie professionelle psychologische Profile dieser Kandidaten erheben und vergleichen. Überschätzen Sie Ihre »Personalernase« nicht, die bleibt selbst bei langjähriger Erfahrung fehleranfällig (vgl. dazu die in Kapitel 6 unter »Der menschliche Faktor« skizzierten Wahrnehmungsfehler). Liefern Sie Ihr Urteil nicht allein Ihrer Tagesform aus, lassen Sie nicht zu, dass es von Sympathie oder Antipathie getrübt wird. Es gibt eine Vielzahl von Persönlichkeitsmodellen und Testverfahren, mit denen Sie möglicherweise schon bei der Rekrutierung externer Mitarbeiter/innen Erfahrungen gesammelt haben und die Sie für interne Zwecke nutzen können. Wir bei Truchseß und Brandl setzen auf die Insights MDI® -Analyse als professionelles und bewährtes Instrument, um Verhaltenspräferenzen von Menschen mithilfe eines standardisierten Fragenkatalogs zu erheben. Das Verfahren orientiert sich an den Grundkategorien »Dominant«, »Initiativ«, »Stetig« und »Gewissenhaft« und erhebt die Ausprägung von Verhaltensdimensionen und Motivatoren wie zum Beispiel »Objektiv«, »Altruistisch«, »Eigennützig«, »Machtorientiert«, »Kooperativ«, »Prinzipientreu«, »Aufgeschlossen«. Dabei geht es nicht um grundsätzlich »gute« oder »schlechte« Eigenschaften, sondern um die Passung zur jeweiligen Position. Ein Musterprofil zum Download finden Sie auf unserer Website.[1]

Als Personalprofi wissen Sie: Persönlichkeitstest sind keine Wundermittel. Doch seriöse, mit entsprechend großen Normstichproben geeichte Instrumente geben zuverlässig Aufschluss über Verhaltenstendenzen, die zu bestimmten Aufgaben gut oder weniger gut passen. Wer Sie darin unterstützen soll, einen neuen Geschäftsbereich aufzubauen und neue Methoden zu implementieren, wird das beispielsweise selbstverständlicher in Angriff nehmen, wenn er oder sie sich durch ein überdurchschnittliches Maß an Aufgeschlossenheit und Effizienzgetriebenheit auszeichnet. Und wenn Sie Mitarbeiter suchen, die bereit sind, Verantwortung zu übernehmen und eigeninitiativ zu handeln, wären niedrige Werte auf der Skala »Machtorientierung« ein Warnsignal. Sich selbst und andere besser einschätzen zu können hilft auch bei der täglichen Zusammenarbeit im Team. Es stärkt das Verständnis füreinander und kann Konflikte entschärfen, wenn jedem bewusst ist, dass der andere einfach »anders tickt« und nicht aus Gleichgültigkeit oder böser Absicht anders reagiert und handelt als man selbst. Teambildung und interne Führung sind daher häufige Anlässe für die Einführung professioneller Persönlichkeitsinstrumente, deren Akzeptanz sicherlich steigt, wenn Sie die Ergebnisse transparent machen und sich selbst dabei nicht ausschließen.

Anregungen für das Vorstellungsgespräch

Neben Testverfahren sind strukturierte Interviews eine zweite Säule der professionellen Personalauswahl. Dabei können Sie grundsätzlich auf unser Kapitel zum Bewerbungsgespräch zurückgreifen (vgl. Kapitel 5) und aus den dort vorgeschlagenen Fragen diejenigen auswählen, die Sie jedem Bewerber und jeder Bewerberin stellen wollen, um Vergleichbarkeit zu gewährleisten. Daneben bieten sich folgende Fragen für das Recruiting interner Mitarbeiter/innen in der Personaldienstleistung an:

- »Was sind aus Ihrer Sicht zurzeit die wichtigsten Herausforderungen in unserer Branche?«
- »Welche unserer Mitbewerber kennen Sie? Wen schätzen Sie besonders und warum?«
- »Wo müssten wir als Unternehmen Ihrer Meinung nach dringend etwas ändern?«
- »Wenn Sie dieses Unternehmen leiten würden, was würden Sie tun?«
- »Was machen wir aus Ihrer Sicht gut, was weniger gut?«
- »Was meinen Sie, welche Geschäftsfelder in der Personaldienstleistung werden in Zukunft besonders gefragt sein?«
- »Wie beurteilen Sie das Thema E-Recruiting?«
- »Welche Erfahrungen haben Sie mit dem Social-Media-Einsatz im Recruiting?«
- »Was verbinden Sie mit dem Begriff ›Active Sourcing‹?«
- »Wie erklären Sie einem Skeptiker das Thema Zeitarbeit?«
- »Warum ist Neukundenakquise so wichtig, auch in Zeiten des Bewerbermangels?«

- »*Wie funktioniert erfolgreiche Vertriebsarbeit in der Personaldienstleistung?*«

Es ist offensichtlich: Diese Fragen zielen auf fachliche Kompetenz, aber auch auf Engagement, geistige Beweglichkeit und Offenheit für Neues.

- »*Warum sind Sie für diesen Job besonders geeignet?*«
- »*Warum arbeiten Sie im Personalbereich?*«
- »*Wie haben Sie sich auf unser heutiges Gespräch vorbereitet?*«
- »*Wenn Sie sich noch einmal neu entscheiden könnten: Welchen Job würden Sie wählen?*«
- »*Was macht aus Ihrer Sicht eine gute Recruiterin/einen guten Recruiter aus?*«
- »*Wenn Sie auf meinem Stuhl säßen: Wie würden Sie unser Gespräch an dieser Stelle einschätzen?*«
- »*Was würden Sie an Ihrem jetzigen Job sofort ändern, wenn Sie alle Freiheiten hätten?*«
- »*Was war Ihre wichtigste berufliche Lernerfahrung in den letzten sechs Monaten?*«
- »*Sie arbeiten jetzt seit ... Jahren in der Personaldienstleistung. Was hat sich in dieser Zeit für Sie verändert?*«
- »*Wem würden Sie empfehlen, Ihren Beruf zu ergreifen?*«
- »*Welche Weiterbildung würden Sie gern besuchen?*«
- »*Wenn ich Ihre aktuelle Chefin nach Ihren Stärken und Schwächen fragen würde, was würde sie vermutlich sagen?*«
- »*Wie sähe Ihre ideale Einarbeitung aus?*«
- »*Was würden Sie in den ersten drei Monaten im neuen Job vorrangig angehen?*«
- »*Was wäre ein Grund für Sie, dieses Unternehmen schnell wieder zu verlassen?*«
- »*Wo möchten Sie in zwei Jahren stehen?*«

Mit diesen Fragen loten Sie neben konkreten Erfahrungen auch die Motivation und Berufsauffassung der Bewerberin bzw. des Bewerbers aus.

- »*Was schätzen Sie an einem Kollegen bzw. einer Kollegin?*«

- »Was erwarten Sie von Ihrem Vorgesetzten?«
- »Was macht für Sie ein gutes Team aus?«
- »Auf was können Sie im Job auf keinen Fall verzichten?«
- »Was brauchen Sie, um sich am Arbeitsplatz wohlzufühlen?«
- »Was wäre ein absolutes No-Go?«
- »Wie wichtig ist Ihnen, dass der Job auch Spaß macht? Und was trägt dazu bei, dass er Ihnen Spaß macht?«
- »›Dienst ist Dienst und Schnaps ist Schnaps.‹ – Würden Sie dieser Aussage zustimmen?«

Fragen wie diese kreisen um persönliche Werte und die passende Unternehmenskultur.

- »Wie lösen Sie Konflikte am Arbeitsplatz? Bitte geben Sie ein Beispiel!«
- »Wir möchten neue Unternehmenskunden im Bereich … gewinnen. Wie würden Sie diese Aufgabe angehen?«
- »Ein wichtiger und lukrativer Kunde kündigt überraschend die langjährige Zusammenarbeit auf. Was tun Sie?«
- »Immer wieder müssen Sie Aufträge ablehnen, in denen Mitarbeiter/innen in einem Mangelberuf (zum Beispiel IT-Experten) angefragt werden. Welche Konsequenzen ziehen Sie daraus?«
- »Sie werden Leiter/in eines Projektteams zum Thema ›Kreative Wege im Recruiting‹. Wie gehen Sie diese Aufgabe an?«
- »Wie bereiten Sie sich als Recruiter/in auf ein Vorstellungsgespräch vor?«
- »Welche Frage würden Sie selbst in jedem Bewerber-Interview stellen?«
- »Ein Kunde beklagt sich über einen Ihrer externen Mitarbeiter – der sei faul und unpünktlich. Wie reagieren Sie und was unternehmen Sie?«

Situative Fragen verschaffen Ihnen einen Eindruck, wie Bewerber/innen im Alltag handeln, wie engagiert und ideenreich sie sind. Geben Sie sich nicht mit Ausflüchten zufrieden, sondern haken Sie nach: Was würden Bewerber/innen tun, ganz konkret?

Sie finden keine Leute? Was Sie tun können

Schlaue Fragen sind natürlich erst dann hilfreich, wenn Sie auch geeignete Bewerber/innen haben. Häufig hören wir, man habe »schon alles versucht«, ohne dass sich vielversprechende Kandidaten gemeldet hätten. Wenn Sie innerlich nicken, stellen Sie sich folgende Fragen in Sachen Nachwuchsrekrutierung:
- Wie viele Auszubildende konnten Sie in den letzten Jahren gewinnen?
- Wie stark bewerben Sie die attraktiven Aus- und Weiterbildungen der Branche und in welchem Maße bieten Sie sie an? (Ausbildung zum Personaldienstleistungskaufmann bzw. zur -kauffrau, Zusatzausbildung zur Geprüften Personaldienstleistungsfachwirtin (IHK) bzw. zum -fachwirt, weitere Qualifizierung zum Geprüften Betriebswirt (IHK) oder zur entsprechenden Betriebswirtin)
- Wie hoch ist Ihr Bekanntheitsgrad unter den Hochschulabsolventen in Ihrer Region?
- Wie viele Vorträge an Universitäten und Hochschulen halten Sie pro Jahr?
- Auf welche Fakultäten haben Sie sich fokussiert?
- Wie intensiv beschäftigen Sie sich mit Studenten-Netzwerken und Jobbörsen in diesem Bereich?
- Wie hoch ist Ihr Hochschulmarketing-Budget?
- Wie oft bieten Sie Traineeprogramme an?
- Wie viele Studenten beschäftigen Sie während des Studiums oder in den Semesterferien?
- Ist das von Ihnen gebotene Einstiegsgehalt wettbewerbsfähig?

Die Zauberformel lautet: Je kompetenter die internen Mitarbeiter/innen, desto mehr Bewerber/innen werden sich angesprochen fühlen und desto qualifizierter wird die Auswahl externer Mitarbeiter/innen ausfallen, desto zufriedener werden Kundenunternehmen sein und desto erfolgreicher sind Sie am Ende selbst. Interne Rekrutierung ist daher eine Daueraufgabe und überdies

Chefsache. Es soll immer noch Vorgesetzte geben, die im Falle einer Vakanz auf den letzten Drücker die Assistenz beauftragen, möglichst schnell »die übliche Anzeige zu schalten« und dann mal zu sortieren, was an Bewerbungen reinkommt. Sie gehören sicherlich nicht dazu und beschreiben alle möglichen Wege, vielversprechende Fachkräfte auf sich aufmerksam zu machen:

- Mitarbeiterempfehlungsprogramme (gute Leute kennen andere gute Leute),
- Präsenz auf Personalmessen durch Vorträge und Informationsangebote,
- eigene Info-Veranstaltungen mit spannenden Inhalten (etwa interessanten Gastvorträgen) und ansprechendem Ambiente,
- Direktansprache von möglichen Kandidatinnen und Kandidaten,
- Ausbau und Mobilisierung des eigenen professionellen Netzwerkes,
- originelle Stellenanzeigen, die Bedürfnisse und Wünsche der Zielgruppe thematisieren, statt mit angestaubten Jobtiteln wie »Personaldisponent (m/w/d)« zu werben,
- Nutzung brancheninterner Jobportale wie https://www.interne-jobs.de/, https://internespersonal.de/, https://www.vertriebspersonal.eu/jobs/,
- offensiv kommunizierte Einarbeitungs- und Karrierepläne, Entwicklungsmöglichkeiten, Eigenverantwortung (Karrierewebsite, Beiträge in Social Media),
- Perspektiven für interessierte Quereinsteiger (etwa passende Mitarbeiter/innen, die von der fachlichen auf die Recruiting-Seite wechseln wollen),
- Rückkehrangebote für gute Mitarbeiter/innen, die am neuen Arbeitsplatz nicht zufrieden sind,
- Qualifizierung des eigenen Nachwuchses,
- attraktive Gehälter und Erfolgsboni,
- ein Arbeitsumfeld, das für junge Mitarbeiter/innen interessant ist (flexible Arbeitszeit, moderne IT, Projektarbeit, Eigenverantwortung, Aufstiegsmöglichkeiten usw.),

- … und vielleicht noch weitere fantasievolle Wege, auf die wir bislang nicht gekommen sind. Nehmen Sie gern Kontakt mit uns auf und berichten Sie uns von Ihren Erfahrungen!

Daneben gilt für interne Mitarbeiter/innen das Gleiche wie für externe Kräfte: Seien Sie ein guter Arbeitgeber, der gerne weiterempfohlen wird. Außer der Qualität des Recruiting-Prozesses ist es vor allem die Qualität des Führungspersonals, die darüber entscheidet, ob Sie gute Mitarbeiter/innen gewinnen und ob Sie sie auch halten können. Die Fluktuationsrate in der Personaldienstleistung ist hoch, denn der Job ist spannend, aber auch herausfordernd. Neben unternehmerischem Denken und verkäuferischem Geschick verlangt er unter anderem Hartnäckigkeit, kommunikatives Geschick, Empathie und Frustrationstoleranz. Wenn da die Führung nicht stimmt, ist der Weg zur Eigenkündigung nicht weit. Mitarbeiter verlassen in erster Linie Chefs, erst in zweiter Linie Unternehmen, das hat sich herumgesprochen. Bei der Anstellung neuer Führungskräfte können Sie daher gar nicht sorgfältig und anspruchsvoll genug sein. Gerade im Hinblick auf selbstbewusste Nachwuchskräfte bewähren sich flache Hierarchien und eigenverantwortliches Arbeiten, also eher Projektarbeit statt zementierte Dienstwege. Nutzen Sie den Wissensvorsprung und die Kreativität der Digital Natives in Sachen Internet und Social Media, gewähren Sie Freiräume und Experimentierfelder. Ein »Das haben wir schon immer so gemacht« führt heute ohnehin nicht weiter. In bewegten Zeiten ist die Komfortzone ein ziemlich gefährlicher Ort. Vielleicht wird es in der Personaldienstleistung der Zukunft keine Niederlassungsleiter mehr geben, sondern Projektteams, die sich die jeweilige Leiterin oder den Leiter frei wählen? Vielleicht überlassen kluge Chefs und Chefinnen zukünftig ihren Mitarbeiter/innen, welchen Titel sie auf ihre Visitenkarte drucken lassen? Es könnte ja sein, dass sie lieber »HR Consultant« als Personaldisponent/in sind, lieber »Leiter Social Media« als »Marketingreferent/in«? Vielleicht entwickeln und bespielen junge Personalexperten gemeinsam mit jungen externen Mitarbeiter/innen einen Blog, der zeigt, wie spannend Zeitarbeit sein kann? Wir alle können die Zukunft nicht voraussehen. Aber wir können Sie aktiv gestalten. Möglichkeiten gibt es genug. Nutzen Sie sie!

Ihre Chancen auf einen Blick

- Rekrutieren Sie die besten internen Mitarbeiter/innen, die Sie bekommen können, und nutzen Sie dabei vielfältige Wege. Gehen Sie keine faulen Kompromisse ein. Mit exzellenten und weniger exzellenten Mitarbeiter/innen steht und fällt Ihr Unternehmenserfolg.
- Werden Sie sich klar darüber, wohin Ihre Firma sich entwickeln soll und welche Kompetenzen Sie dafür brauchen.
- Verlassen Sie sich nicht nur auf Ihr Bauchgefühl, sondern setzen Sie professionelle Auswahlinstrumente ein, insbesondere Persönlichkeitstests und strukturierte Interviews.
- Schaffen Sie eine moderne, offene Unternehmenskultur und flache Hierarchien, um ambitionierte Nachwuchskräfte anzuziehen.
- Seien Sie besonders sorgfältig in der Auswahl eigener Führungskräfte. Sie brauchen integre Persönlichkeiten mit einem modernen demokratischen Führungsverständnis, sonst laufen Ihnen die besten Leute weg.

9 Ausblick: Das macht Sie zukunftsfähig!

Die Personaldienstleistung war immer eine dynamische Branche mit viel Pioniergeist. Diese Schlüsseltugenden sind heute stärker gefragt denn je. Wer sie mobilisiert und sich nicht von den üblichen Unkenrufern und Vergangenheitsverklärern verunsichern lässt, der wird auch in Zukunft gute Zahlen schreiben. Viele Positivbeispiele in unserem Kundenkreis bestätigen uns in diesem Optimismus. Wenn wir die besonders erfolgreichen Unternehmen Revue passieren lassen, so zeichnen sie sich vor allem durch drei Momente aus:

1. Eine klare Strategie:
   Erfolgreiche Unternehmen wissen, wo sie hinwollen. Sie konzentrieren sich auf vielversprechende Branchen und erobern neue Geschäftsfelder. Dabei verstehen sie sich als Problemlöser und Berater ihrer Kunden, nicht nur als «Personalbeschaffer».
2. Experimentierfreudigkeit:
   Erfolgreiche Unternehmen probieren neue Möglichkeiten aus, sie experimentieren mit neuen Rekrutierungsformen, Führungsinstrumenten und Vertriebsmethoden. So entwickeln sie sich weiter. Was funktioniert, wird ausgebaut, was nicht funktioniert, wird verworfen.
3. Mut
   Erfolgreiche Unternehmen lassen sich nicht lähmen von der Angst vor dem Scheitern. Sie gehen kalkuliert Risiken ein. Nur so lernt man dazu: Ein Experiment bringt immer Ergebnisse!

Also: Seien Sie mutig und handeln Sie konsequent! Dabei wünschen wir Ihnen eine glückliche Hand und von Herzen viel Erfolg. Und sollten Sie Unterstützung brauchen: Zögern Sie nicht, uns anzusprechen!

Anmerkungen

1 Personaldienstleistung heute: Neue Machtverhältnisse

1. Fachkräfteengpassanalyse vom Dezember 2018, S. 6.
2. Stepstone 2018, S. 7.
3. Bosch-Stiftung 2013, S.9.
4. A.a.O., S. 5.
5. Vgl. Bundesagentur für Arbeit, Blickpunkt Arbeitsmarkt 2019, S. 10.
6. Gaedt 2014, S. 23.
7. Ebd., S. 149.
8. Vgl. https://www.on-connect.de/ (»Der Kandidatenmarkt«)
9. Gallup Engagement Index 2018, S. 7.
10. Vgl. Universität Bamberg 2017, S. 11
11. Vgl. Universität Bamberg 2019, S. 30f.
12. Quelle: http://www.bildungswissenschaftler.de/5000-jahre-kritik-an-jugendlichen-eine-sichere-konstante-in-der-gesellschaft-und-arbeitswelt/
13. Mangelsdorf 2015, S. 13 und 22f.
14. Zit. n. »Generationsunterschiede? Bilden wir uns ein!« Pressemitteilung der Universität Marburg vom 31.10.2018; im Internet unter https://www.uni-marburg.de/de/aktuelles/news/generationsunterschiede-bilden-wir-uns-ein
15. Truchseß 2018.

2 Personaler heute: Verwaltung war gestern!

1. Zit. nach Hermann Simon, Geistreiches für Manager. Frankfurt: Campus Verlag 2000. S. 139.
2. Vgl.Schöning 2019, S. 14 und S. 10.
3. Ein Beispiel ist die »Academy« des Personaldienstleisters »Academic Work«, vgl. https://www.academicwork.de
4. Vgl. https://www.daserste.de/information/wirtschaft-boerse/plusminus/sendung/hr/leiharbeit-arbeitsmarkt-100.html
5. Bundesagentur für Arbeit 2019, S. 4, S. 8 und S. 12.
6. Bundesagentur für Arbeit 2019, S. 12.
7. BAP = Bundesarbeitgeberverband der Personaldienstleister e.V.; iGZ = Interessenverband Deutscher Zeitarbeitsunternehmen e.V.

3 Bewerber (m/w/d/*) finden: Erfolg hat, wer anders ist!

1 Das Video finden Sie auf der Facebook-Seite der Glaserei Sterz https://www.facebook.com/glaserei.sterz/videos/vb.668300963251836/1625119947569928/?type=2&theater

2 Quellen: »So suchen die Deutschen nach Jobs« (Statista 2015), »Das sind die meist genutzten Recruitingkanäle« (https://bewerbung.com) mit Daten für die Jahre 2013 bis 2016 sowie Universität Bamberg 2019 (»Recruiting Trends«).

3 Viasto 2018, S. 5f.

4 Schöning 2019, S. 3f. und 6f.

5 LinkedIn o.J., S. 4.

6 StepStone Österreich 2015, S. 4 und S. 10.

7 Mäder 2017, S. 156.

8 Ebd., S. 154

9 StepStone Österreich 2015, S. 6ff.

10 Quelle: Scheller 2018.

11 Dieses Beispiel stammt aus Scheller 2018.

12 Einen Eindruck von der Kampagne finden Sie hier: https://www.uestra.de/fileadmin/Material/Karriere/Arbeiten_Uestra/uestra_arbeitgeber_2016a.pdf

13 https://www.facebook.com/uestra/videos/wir-machen-rockstars/659428554207307/

14 Gaedt 2014, S. 100.

15 Ein Video-Beispiel finden Sie hier: https://www.mondigmbh.de/arbeitnehmer/faq/

16 SEO = Suchmaschinenoptimierung (engl.: search engine optimization).

17 StepStone 2018, S. 13.

18 Vgl. Mollet 2017, S. 93.

19 Vgl. https://www.lolyo.at/

20 Zit. n. Petersohn 2017.

21 Vgl. BAP 2017. Befragt wurden 553 Mitarbeiter in der Zeitarbeit.

22 Sorg 2017, S. 223.

23 Wie funktioniert Social Recruiting in der Praxis? Weber Maschinenbau gibt Einblicke https://www.youtube.com/watch?v=ASJR6lkJt8Y

24 https://de-de.facebook.com/EhringGmbH/ und https://www.mittelstand-digital.de/MD/Redaktion/DE/Unternehmerfragen/Standardartikel/8-wie-gewinne-ich-mehr-fachkraefte-praxisbeispiel-15-neue-mitarbeiter-ueber-facebook.html

25 http://www.semcoglas.com/karriere.html

Anmerkungen

26 https://www.eismannjobs.de/ihr-arbeitgeber/darum-eismann/
27 https://www.youtube.com/watch?v=m62YI9Tb_UY, https://www.youtube.com/watch?v=zaziQotO0GQ
28 http://www.dfs-azubiblog.de/
29 von Wyl 2017, hier S. 200.
30 Vgl. Moßmann 2019 und Brickwedde o.J.
31 Universität Bamberg 2019, S. 31f.

4 Bewerber-Erfahrung im Fokus: »Candidate Experience«

1 Vgl. Verhoeven 2015.
2 Quelle: https://www.jobware.de/Ueber-Jobware/Presse/2017/Keine-oder-spaete-Antwort-auf-Bewerbungseingaenge.html (Befragt wurde 507 qualifizierte und leitende Angestellte zwischen 18 und 60 Jahren.)
3 Quelle: https://www.personio.de/hr-lexikon/candidate-experience-definition/
4 meta HR/stellenanzeigen.de 2017, S. 21.
5 Eine gute Übersicht des Modells gibt Eric Klopp unter https://www.eric-klopp.de/texte/die-psychologie-der-kundenzufriedenheit-und-das-kano-modell.php
6 Vgl. https://www.bewerbermanagement.org/, https://trusted.de/bewerbermanagement, https://systemhaus.com/bewerbermanagement-software/
7 Vgl. StepStone 2018, S. 8.

6 Bewerberauswahl: Augenmaß statt Checkliste

1 Vgl. Gaedt 2014, S. 50.
2 Vgl. zum Beispiel https://www.zeit.de/karriere/beruf/2013-05/probezeit-fehler-beruf
3 Vgl. Braehmer 2018.
4 Vgl. Zahnd 2017 und Becker o.J.
5 Herrmann 2016, S. 37.
6 Download im Internet unter https://www.personaldienstleister.de/fileadmin/user_upload/05_Presse/Downloads/130624_Qualifizierungsfolder.pdf
7 Bundesagentur für Arbeit 2019, S. 10 und S. 4.
8 Stolz äußerte sich in einem Interview anlässlich des Weltflüchtlingstages am 20.06.2018. Quelle: https://blog.germanpersonnel.de/2018/06/sind-fluechtlinge-in-der-zeitarbeit-angekommen/
9 https://wirtschaftslexikon.gabler.de/definition/unternehmenskultur-49642/version-272870
10 Quelle: Fleig 2018.

11 StepStone 2017 (b), S. 7.
12 Ebd., S. 23 und S. 15.
13 Download der Studie unter https://go.softgarden.de/studie-probezeit-fuer-arbeitgeber; eine Kurzfassung gibt es unter https://www.presseportal.de/pm/100361/3943729

7 Bewerberbindung: Kontaktpflege statt Karteileiche

1 Bundesagentur für Arbeit 2019, S. 12.
2 StepStone 2018, S. 19 und S. 17.

8 Das eigene Haus bestellen: Recruiting für die Personaldienstleistung

1 Vgl. https://truchsessbrandl.de/insight-mdi/

Literaturverzeichnis

Becker, Klaus: »Automatisierte Personalbeschaffung: Wenn künstliche Intelligenz über Zukunft entscheidet« (o.J.); im Internet unter https://www.personalberatung-mittelstand.de/automatisierte-personalbeschaffung-wenn-kuenstliche-intelligenz-ueber-zukunft-entscheidet/

Braehmer, Barbara: »Was heißt Candidate Persona auf schlau? Hier sind 7 Umsetzungstipps aus der Praxis« (30.01.2018); im Internet unter https://intercessio.de/was-heisst-candidate-persona-auf-schlau/

Brickwedde, Wolfgang: »Der Linkedin Recruiter im Vergleich zum neuen XING Talentmanager: Goliath gegen David?« (o.J.); im Internet unter http://competitiverecruiting.de/Der-Linkedin-Recruiter-im-Vergleich-zum-Xing-Talentmanager.html

Buckmann, Jörg (Hrsg.): *Einstellungssache: Personalgewinnung mit Frechmut und Können. Frische Ideen für Personalmarketing und Employer Branding.* Wiesbaden: Springer Gabler Verlag, 2., aktualis. und erweit. Aufl. 2017.

Bundesagentur für Arbeit: »Blickpunkt Arbeitsmarkt Januar 2019 – Aktuelle Entwicklungen in der Zeitarbeit«. Nürnberg 2019, Download im Internet unter https://statistik.arbeitsagentur.de/Statischer-Content/Arbeitsmarktberichte/Branchen/generische-Publikationen/Arbeitsmarkt-Deutschland-Zeitarbeit-Aktuelle-Entwicklung.pdf

Bundesarbeitgeberverband der Personaldienstleister (BAP): Ergebnisse der BAP-Studie »Junge Deutsche 2917«; im Internet unter https://www.personaldienstleister.de/bap-studie-ergebnisse.html

Fleig, Jürgen: »Unternehmenskultur verändern – Was leistet eine Unternehmenskultur?«; im Internet unter https://www.business-wissen.de/hb/was-leistet-eine-unternehmenskultur/

Gaedt, Martin: *Mythos Fachkräftemangel. Was auf Deutschlands Arbeitsmarkt gewaltig schiefläuft.* Weinheim: Wiley-VCH Verlag 2014.

Gallup Engagement Index Deutschland 2018 (Präsentation); Download im Internet unter https://www.gallup.de/183104/engagement-index-deutschland.aspx

Herrmann, Brigitte: *Die Auswahl. Wie eine neue starke Recruiting-Kultur den Unternehmenserfolg bestimmt.* Weinheim: Wiley-VCH Verlag 2016.

LinkedIn o.J.: »Der Einstellungsprozess – Spiegelbild der Unternehmenskultur. So beeinflussen Sie die Wahrnehmung Ihres Unternehmens«. Download im Internet unter https://business.linkedin.com/content/dam/me/business/de-de/talent-solutions/resources/pdf/de-final-j2156-3-1-ebook-021119-v1ar-hr.pdf

Mäder, Matthias: »Stellenanzeigen: Die Möglichkeiten der Werbeinserate nuzten«; in: Buckmann, Jörg (Hrsg.) 2017, S. 153ff.

meta HR/stellenanzeigen.de: »Candidate Journey Studie 2017«, Download im Internet unter https://www.metahr.de/wp-content/uploads/Candidate_Journey_Studie_2017.pdf

Mollet, Patrick: »Mitarbeiterempfehlung: Talente kennen Talente«; in: Buckmann, Jörg (Hrsg.) 2017, S. 91ff.

Mangelsdorf, Martina: *Von Babyboomer bis Generation Z. Der richtige Umgang mit unterschiedlichen Generationen im Unternehmen.* Offenbach: Gabal Verlag 2015.

Moßmann, Richard: »Xing Talentmanager – was ist das?« (13.02.2019); im Internet unter https://praxistipps.chip.de/xing-talentmanager-was-ist-das_15650

Osman, Jakob: »Vergleich digitale Mitarbeiterempfehlungsprogramme«; in: Personalmarketing-Nerds.de (Blog); im Internet unter http://personalmarketing-nerds.de/vergleich-digitale-mitarbeiterempfehlungsprogramme/

Petersohn, Hannah: »Das Empfehlungsprinzip«; in: *Human Resources Manager* vom 220.8.2017; im Internet unter https://www.humanresourcesmanager.de/news/das-empfehlungsprinzip.html

Praetorius, Christian: »Die Zielgruppe im Fokus: Dank Candidate Personas erfolgreicher rekrutieren« (18.04.2017); im Internet unter https://blog.germanpersonnel.de/2017/04/die-zielgruppe-im-fokus-dank-candidate-personas-erfolgreicher-rekrutieren/

Robert Bosch Stiftung (Hrsg.): »Die Zukunft der Arbeitswelt. Auf dem Weg ins Jahr 2030«. Stuttgart 2013. Download im Internet unter https://www.bosch-stiftung.de/sites/default/files/publications/pdf_import/Studie_Zukunft_der_Arbeitswelt_Einzelseiten.pdf

Scheller, Stefan: »Wie sehen kreative Stellenanzeigen aus? Echte Musterbeispiele im Praxistest« (15.10.2018); im Internet unter https://persoblogger.de

Schöning, Andreas: *Was erwarten Bewerber in der Zeitarbeit in Stellenanzeigen?* Vortrag auf der Basis einer Studie »Erwartungen an Stellenanzeigen« der HR-Kommunikationsagentur markenfrische Kommunikation im Rahmen des Expertentags Zeitarbeit 2019 (PowerPoint-Präsentation).

Sorg, Jürgen: »Social Media: miteinander sprechen, zuhören und Relevantes erzählen!«; in: Buckmann, Jörg (Hrsg.) 2017, S. 223ff.

StepStone Österreich GmbH (Hrsg.): »Worauf Bewerber beim Lesen von Stellenanzeigen wirklich achten!«, Online-Eye-Tracking-Studie 2015, Download im Internet unter https://www.stepstone.at/Ueber-StepStone/wp-content/uploads/2017/08/Whitepaper_Eyetracking_4.pdf

StepStone GmbH (Hrsg.): »Erfolgsfaktoren im Recruiting (StepStone Recruiting Insights) 2017«, Download im Internet unter https://www.stepstone.de/Ueber-StepStone/wp-content/uploads/2017/12/StepStone_Whitepaper_Erfolgsfaktoren_im_Recruiting_Webversion_Final.pdf

StepStone GmbH (Hrsg.): »Recruiting mit Persönlichkeit (StepStone People Tech Insights) 2017 (b)«, Download im Internet unter https://www.stepstone.de/Ueber-StepStone/wp-content/uploads/2017/09/StepStone_Recruiting-mit-Perso%CC%88nlichkeit.pdf

StepStone GmbH (Hrsg.): »Onboarding im Fokus (StepStone Recruiting Insights) 2018«, Download im Internet unter https://www.stepstone.de/Ueber-StepStone/wp-content/uploads/2019/01/StepStone_Onboarding_Web_neues_Logo.pdf

Truchseß, Nicole/Brandl, Markus: *Erfolgreich in der Personalvermittlung. Vom Personalbeschaffer zum kompetenten Berater in HR-Fragen.* Wiesbaden: Springer Gabler Verlag, 2. Aufl. 2017.

Truchseß, Nicole/Brandl, Markus: *Zeitarbeit erfolgreich verkaufen. Praxistipps für Arbeitgeberakquise, Recruiting und Bewerbermanagement.* Wiesbaden: Springer Gabler Verlag, 2. Aufl. 2017.

Truchseß, Nicole: *Glaubenssätzen auf der Spur. Wie Sie Ihr Leben selbst steuern, statt Hirngespenstern zu folgen.* Offenbach: Gabal Verlag 2018.

Universität Bamberg: »Social Recruiting und Active Sourcing. Ausgewählte Ergebnisse der Recruiting Trends 2017«.

Download im Internet unter https://www.uni-bamberg.de/fileadmin/uni/fakultaeten/wiai_lehrstuehle/isdl/2_Active_Sourcing_20170210_WEB.pdf

Universität Bamberg: «Social Recruiting und Active Sourcing. Ausgewählte Ergebnisse der Recruiting Trends 2019». Download im Internet unter https://www.uni-bamberg.de/fileadmin/uni/fakultaeten/wiai_lehrstuehle/isdl/Studien_2019_01_Social_Recruiting_Web.pdf

Verhoeven, Tim: »Die Theorie der Candidate Experience«; in: ders. (Hrsg.): Candidate Experience: *Ansätze für eine positiv erlebte Arbeitgebermarke im Bewerbungsprozess und darüber hinaus.* Wiesbaden: Springer Gabler 2015, S. 7ff.

Viasto: »Warum Bewerber Unternehmen nicht glauben«. Digital Talent Studie #02/2018. Download im Internet unter https://pages.viasto.com/whitepaper/candidate-experience

von Wyl, Katharina: »Video: Menschen zu Menschen sprechen lassen«; in: Buckmann, Jörg (Hrsg.) 2017, S. 195ff.

Zahnd, Raphael: »Sollen Roboter in Zukunft auch Bewerbungsgespräche führen?« (15.03.2017); im Internet unter https://www.xing.com/news/insiders/articles/sollen-roboter-in-zukunft-auch-bewerbungsgesprache-fuhren-642043

Stichwortverzeichnis

A Arbeitsteilung in der Personaldienstleistung 32
B Babyboomer 24
Bewerberansprache 40, 78, 88
Bewerberansprüche 23
Bewerberauswahl 153
Bewerberbindung 42, 175
Bewerberservice 80, 102
Bewerbungsgespräch 121, 137
Bewerbungsmanagement 113, 115
Bewerbungsprozess 96
Bewerbungsverlauf 96
C Candidate Experience 42, 95–97
Candidate Journey 96, 98–100
Candidate Persona 155–157, 172
Cultural Fit 167, 171
E Empfehlungsgeber 75
Empfehlungsmarketing 41
Empfehlungsprogramme 70–71
Erstkontakt 121
Eye-Tracking 58, 60
F Facebook 59, 90
Fachkräftemangel 13, 15–16, 18–20, 27, 75, 153, 172
Faktor
 – menschlicher 160
Fragetechnik 11, 133, 199, 210
Fragetypen 133
Führung 188, 196, 199
G Generation X 24
Generation Y 24
Generation Z 24
Generationen-Modell 25
Generationen-Modelle 24
Gesprächsstruktur 136
Glaubenssätze 26, 28–29, 37
H Halo-Effekt 162
Hierarchie-Effekt 162
Highlights 102, 106
I Image
 – Zeitarbeit 40, 44, 48

Intromercial 143–144
J Jugend 23
K Kandidatenansprache 21
Kandidatenempfehlung 159
Kommunikation 110
Kontaktpflege 180, 182
Kritikgespräch 194
Kundenorientierung 23, 36, 38
L LinkedIn 59
M Mindset 25, 28
O Organisationsform
 – Personaldienstleistung 32
Originalität 63
P Personaldienstleister
 – Einstellung 22, 36
Platzierung
 – Aktive 146, 148
Primacy-Effekt 162
Q Quereinstieg 164, 166
Quick Check 121, 126
R Recruiting 32, 36, 40, 205
Rekrutierungsmethode 21
S Selbstbewusstsein 50
Selbsterfüllende Prophezeiungen 163
Social Media 84, 91
Stellenanzeige 56–57, 59, 61, 64
Sympathie 162
U Unternehmenskultur 34, 167, 169–170
V Verkaufen 40
Vertrieb 33, 36–37
Vorstellungsgespräch 128, 210
W Website 65–67
Werbung 82
WhatsApp 59
Wording 110
X Xing 27, 59, 88, 90
Z Zeitarbeit 45–46, 48, 50, 52

Über die Autoren

Nicole Truchseß ist Diplom-Betriebswirtin (FH) und bringt mehr als 20 Jahre Erfahrung im Vertriebs- und Personalwesen mit: als Personal-leiterin außerhalb der Zeitarbeit und als Vertriebsleiterin namhafter Zeitarbeitsunternehmen. Als Business Coach und Master akkreditierte INSIGHTS MDI®- und ASSESS®-Beraterin begleitet sie Unternehmen im Bewerberauswahlverfahren und in der Personalentwicklung. Sie steht für Talenterkennung. Besonders stark nachgefragt sind ihre Live-Telefoncoachings in den Bereichen Neukundenakquise und Mitarbeitergewinnung.

Markus Brandl ist Experte für Vertriebs-, Verhandlungs- und Führungsthemen, ebenfalls mit über zwei Jahrzehnten Erfahrung. Als Mitglied der Geschäftsleitung trug er Verantwortung für ca. 120 Vertriebsmitarbeiter/innen in bis zu 45 Niederlassungen und einen Jahresumsatz von über 100 Millionen Euro. Als akkreditierter INSIGHTS MDI®- und ASSESS®-Berater, Coach und Trainer begleitet er insbesondere Verkäufer, Manager und Führungskräfte aller Ebenen zu persönlichem Erfolg und ist auch als Strategieberater gefragt.

Das Unternehmerehepaar steht immer häufiger auch auf großen Bühnen. Sie begeistern mit Vortragsstärke, viel Humor und hoher Fachkompetenz.

Truchseß & Brandl ist als inhabergeführtes Familienunternehmen seit über zehn Jahren am Markt erfolgreich und hat sich auf die Themen Beratung, Training und Coaching im Bereich Vertrieb, Rekrutierung & Führung spezialisiert. Inzwischen erarbeitet ein großes Team mit hoher Beratungskompetenz Vertriebslösungen und Personalentwicklungskonzepte, um Kunden bestmöglich zu unterstützen. Mit der Gründung eines zweiten Unternehmens im Juli 2015, der Truchseß & Brandl Dialogmanufaktur GmbH, erweiterten Nicole Truchseß und Markus Brandl ihr Portfolio um die Bereiche Telefonausbildung von Vertriebsmitarbeitern und Dialogmarketing.

Mehr unter https://truchsessbrandl.de/

www.ingramcontent.com/pod-product-compliance
Ingram Content Group UK Ltd.
Pitfield, Milton Keynes, MK11 3LW, UK
UKHW021446190426
11946UKWH00022B/35